세상을 바꾼 화폐들 그리고
비트코인

홍익희 지음

책과삶

세상을 바꾼 화폐들 그리고

비트코인

왜 부자들은 달러를 버리고 비트코인을 사는가

홍익희 지음

The Currencies That Changed the World
and Bitcoin

책과삶

책과삶
더 들여다보기

프롤로그

돈은 어디에서 와서 어디로 사라지는가
- 지금, 인류가 마주한 가장 오래된 질문에 답하다 -

　돈은 인간이 만든 가장 오래된 약속이자, 가장 현대적인 발명품이다. 우리는 매일 돈을 벌고 쓰며 살아가지만, 정작 그것이 어디서 왔고 어디로 가는가를 묻지 않는다. 그러나 바로 이 물음이야말로 인류 문명과 경제사의 궤적을 이해하는 첫 단추다.

조개껍데기에서 왕의 얼굴까지 – 신뢰의 시작

　고대 사회에서 돈은 신뢰의 상징이었다. 조개껍데기, 곡물, 금속 조각은 단순한 물건이 아니라 '신뢰를 매개하기 위한 상징'이었다. 인간은 그 상징을 통해 교환과 협력을 시작했고, 문명은 '직접 교환의 세계'에서 '상징적 신뢰의 세계'로 넘어갔다.

　하지만 신뢰는 곧 권력의 언어로 변했다. 왕과 제국은 화폐의 발행권을 독점했고, 동전에 새겨진 군주의 얼굴은 단순한 초상이 아니라 '이 화폐를 믿는 것은 나의 통치를 믿는 것'이라는 선언이었다. 화폐는 개인 간의 약속이 아니라, 국가 권력의 명령이 되었다.

금본위제와 중앙은행, 그리고 '국가가 만든 신뢰'

근대 들어 돈은 금속의 무게를 벗어나 제도와 신뢰의 수단으로 진화했다. 금본위제 아래에서 사람들은 종이 한 장을 금으로 바꿀 수 있다는 믿음 속에 거래했다. 그러나 20세기에 이르러 미국의 일방적인 약속 파기로 그 금마저 사라지고, 국가의 약속만 남았다. 중앙은행은 돈을 찍어내며 "이 지폐는 가치가 있다"고 선언했고, 사람들은 그 선언을 믿었다. 이로써 돈은 실물과 완전히 분리된 '추상적 신용'이 되었다. 이른바 신용화폐Fiat Money의 시작이었다.

그러나 그 신용은 언제나 불안했다. 국가는 세금을 걷는 주체이자, 인플레이션을 일으키는 주체이기도 했다. 돈의 양이 늘어나면 통계상 성장률은 높아졌지만, 실질 임금은 정체되고, 금융자산을 가진 자들만 더 부유해졌다.

인플레이션은 단순히 물가가 오르는 현상이 아니라, 불평등이 심화되는 과정이다. 화폐가치가 하락하면 노동자의 임금은 제자리에 머물지만, 부유층의 자산은 빠르게 불어난다. 결국 통화 남발은 부의 재분배가 아니라 부의 편중을 초래한다.

통화 남발의 시대 – 인플레이션이 만든 새로운 불평등

오늘날 중앙은행은 위기의 이름으로 돈을 찍는다. 금융위기, 팬데믹, 경기침체, 전쟁, 부채위기… 그 명분은 언제나 '시장을 구하기 위해서'다. 하지만 구해지는 것은 늘 자산을 가진 사람들이다. 금융완화의 혜택은 먼저 주식과 부동산, 채권시장으로 흘러들고, 실물 경제에 닿기도 전에 버블로 변한다. 그 결과, 돈의 주조권의 혜택을 받는 소수와 노동의 대가로 돈을 버는 다수 사이의 격차는 점점 벌어진다.

미국의 경우, 상위 1%가 전체 부의 40%를, 상위 10%가 전체 부의 77% 이상을 소유하고 있다. 나머지 미국 국민 90%의 부는 23% 이하로 줄어들어 중산층이 점점 붕괴되어 가고 있다. 게다가 전체 부의 1.4%를 소유한 하위 50%는 거의 자기 자산이 없어, 펜데믹 같은 불가항력적 상황에서는 재정의 도움 없이는 붕괴할 수밖에 없는 구조이다. 다른 나라들도 크게 다르지 않다.

화폐는 더 이상 모두의 신뢰와 신용 위에 서 있지 않다. 그것은 권력과 금융자본의 담합 구조, 다시 말해 '금권 정치'의 되풀이 속에 점점 부의 편중이 가속화되고 있다. 금융자본주의 아래에서 돈은 인간의 도구가 아니라, 인간을 지배하는 위력이 되었다.

정치인은 선거를 위해 돈을 풀고, 중앙은행은 시장이 기대를 달래기 위해 금리를 조정하며, 기업은 그 유동성을 빚으로 삼아 주가를 부풀린다. 그사이 실질 경제의 성장은 멈추고, 신용은 거품 위에서 부풀어 오른다.

패권과 화폐 – 달러의 힘과 그 그림자

화폐의 문제는 이제 한 국가의 문제가 아니라 세계 질서의 문제로 확장되었다. 2차 대전 이후, 달러는 세계 기축통화가 되었다. 미국은 국채 발행과 달러 발권이 교묘하게 연결되어 있는 나라다. 곧 무제한의 적자 재정을 통해 세계의 상품을 달러로 사들일 수 있다. 달러를 찍는 행위 자체가 곧 세계의 부를 흡수하는 행위가 된 것이다.

그러나 기축통화의 특권은 반드시 부작용을 낳는다. 패권국의 통화정책은 세계 경제 전체의 운명을 좌우한다. 미국의 금리 인상은 신흥국의 외채 위기를 불러오고, 달러 강세는 타국의 물가를 뒤흔든다. 또 금리 인하는 유동성의 홍수를 불러오고 경쟁국의 통화 팽창을 유도한다. 이 불균형은 곧 환율전쟁, 무역전쟁, 그리고 패권전쟁으로 이어진다. 역사적으로 통화 패권의 쇠퇴는 언제나 무력 충돌의 전조였다. 네덜란드의 길드, 대영제국의 파운드 — 모두 그 절정 뒤에는 과잉 부채와 전쟁이 있었다.

통화는 경제의 피지만, 동시에 제국의 무기이기도 했다. '기축통화'란 곧 '지구적 권력의 상징'이었고, 그 특권은 영원하지 않았다. 오늘날 세계는 그 균열의 초입에 서 있다. BRICS 국가들은 달러 의존을 줄이려 '디지털 브리지' 결제망을 실험하고, 중국은 디지털 위안으로 CIPS 네트워크를 확장하며, 미국은 여기에 맞서 달러 연동 스테이블코인으로 자국 결제 주권을 강화하고 있다. 화폐는 이제 금융의 문제가 아니라, 지정학의 전장戰場이 되었다.

비트코인, 신뢰를 되찾으려는 인간의 시도

이 혼란의 시대에 한 문서가 다시 주목받고 있다. 2008년, 금융 시스템이 무너지고 국가의 신용이 흔들리던 그해 — 익명의 창시자 사토시 나카모토가 남긴 여덟 쪽짜리 백서, 《비트코인: 중앙기관 없는 전자화폐 시스템》. 그는 말한다. *"신뢰를 사람에게서 코드로 옮기자."*

비트코인은 단지 디지털 화폐가 아니다. 그것은 중앙집중적 통화 시스템이 만든 불평등과 불신, 그리고 패권 통화 체제가 낳은 구조적 문제의 대안으로 제시된 '신뢰의 실험'이다.

여기서 신뢰는 더 이상 왕이나 국가, 은행의 약속이 아니다. 블록체인은 누구나 확인할 수 있고 누구도 조작할 수 없는 공개 기록이다. 그 안에서 돈은 중앙의 명령이 아닌 합의consensus로 탄생한다.

돈의 미래를 다시 묻다

이제 우리는 묻지 않을 수 없다. "돈은 누구의 것인가?", "신뢰는 권력으로부터 자유로울 수 있는가?" 화폐의 역사는 언제나 신뢰의 주체가 바뀌는 과정이었다. 왕에서 국가로, 국가에서 중앙은행으로, 그리고 이제 인간에서 알고리즘으로. 비트코인은 화폐의 본질을 다시 원점으로 되돌려 묻는다. "우리가 믿는 것은 진짜 내실을 갖춘 가치인가, 아니면 권력이 만든 숫자인가?"

통화 남발이 만든 인플레이션, 금권 정치가 낳은 불평등, 패권 통화가 유발한 전쟁의 시대를 넘어 — 비트코인은 기술의 언어로 새로운 신뢰를 쓰려는 인류의 도전이다.

새로운 문명의 문턱에서

돈의 역사는 단순한 경제의 연대기가 아니다. 그것은 신뢰의 서사, 권력의 기록, 그리고 자유의 탐구다. 조개껍데기에서 금속으로, 금속에서 제도로, 제도에서 코드로 — 돈은 언제나 인간이 '무엇을 믿을 것인가'를 시험해 왔다.

오늘날 우리는 세 번째 화폐 혁명의 문턱에 서 있다. 그리고 그 문 너머에서, 돈은 더 이상 국가의 명령이 아니라 인류의 합의로 쓰인 새로운 언어가 되려 하고 있다.

"당신은 무엇을 믿는가?", "그 믿음은 앞으로도 계속 돈이 될 수 있을까?"

이 책은 그 물음에서 출발한다. 그리고 그 물음이 향하는 곳에는, 돈의 미래보다 더 근원적인 질문 — 인간의 자유와 문명의 신뢰가 서 있다.

차례

프롤로그
돈은 어디에서 와서 어디로 사라지는가
005

1부. 달러의 시대는 끝났다
신뢰가 무너진 화폐의 민낯

1. 케인즈의 경고, 80년 만에 현실이 되다 — 020
2. 미국이 금 보관소를 잠가버린 진짜 이유 — 028
3. 닉슨 쇼크, 미국이 전 세계를 배신한 날 — 033
4. 당신의 월급만 녹아내리는 비밀 — 036
5. 왜 열심히 일해도 자산 격차는 벌어지는가 — 040
6. 암호화폐는 냉전의 산물이었다 — 045
7. 사토시 나카모토가 빚진 천재들 — 050
8. 2008년, 탐욕이 부른 예고된 파멸 — 057
9. 반反인플레이션 화폐, 비트코인의 탄생 — 067
10. 비트코인이 못하는 것: 리플과 이더리움의 반격 — 073

2부. 스테이블코인, 새로운 제국의 야망
누가 다음 돈의 주인이 될 것인가: 디지털 화폐 대전

1. 디지털 화폐로의 대이동: 돈의 주인이 바뀌고 있다 ... 082
2. 중국의 반격, 세계 최강 양자암호망으로 달러에 도전하다 ... 087
3. 한국은행, 하이브리드형 CBDC, 화폐의 미래를 실험하다 ... 094
4. 브릭스, "달러는 필요 없다" 금 기반 무역통화 도입 논의 ... 101
5. 비트코인, 마침내 무역 통화의 무대에 서다 ... 107
6. 사우디가 달러를 손절하는 징후들: 50년 페트로달러 균열 ... 112
7. 미국의 선택 '스테이블코인', 달러 패권을 지키기 위한 마지막 승부수 ... 117
8. 달러 다음은 이것, 스테이블코인의 무서운 미래 ... 122
9. 돈의 미래를 결정할 3가지 거대 흐름 ... 127
10. 통화 혁명의 변곡점에서 ... 132

3부. 신화 속에 숨겨진 부의 비밀: 돈의 기원
우리는 왜 돈을 믿었는가?

1. 시간 여행자의 이상한 모험과 돈의 미래 이야기 ... 138
2. 최초의 화폐는 무엇이었나: 바닷가의 형제 신화 ... 142
3. 셰에라자드의 하루 일당과 자본 축적 ... 146
4. 스파르타, 예언을 지배한 자가 돈을 가진다 ... 148
5. 스타워즈 속 제국의 경제학 ... 150
6. 〈듄〉의 스파이스는 어떻게 권력이 되었나 ... 153

4부. 돈은 어떻게 인간을 조종하는가
욕망, 신념, 권력을 지배해 온 화폐의 역사

1. 신神도 돈 앞에서는 달라졌다   158
2. 드라큘라와 프랑켄슈타인, 자본주의의 괴물   162
3. 스위니 토드, 화폐가 도시를 타락시킬 때   166
4. 권력은 지갑에서 나온다: 제나라 관중의 통찰   170
5. 시는 금융이다: 문학마저 돈이 된 시대   174
6. 파우스트의 계약, 욕망은 어떻게 빚이 되는가   179
7. 게오르크 짐멜이 간파한 돈의 이중성   183
8. 계급을 무너뜨린 화폐의 힘   188
9. 농사, 장사, 금융: 생존 모드의 긴장 관계   193
10. 오이코노미아: 가정에서 제국으로 번진 경제   197
11. 운명은 돈이 결정했다: 잔혹한 생존 공식   201
12. 돈이라는 최면, 가장 오래된 마법   204
13. 하이에크의 예언: "화폐를 민간에 돌려줘라"   207
14. 프리드먼, 50년 전 암호화폐를 예견하다   210
15. 닉 재보, 비트코인의 철학적 뿌리   213

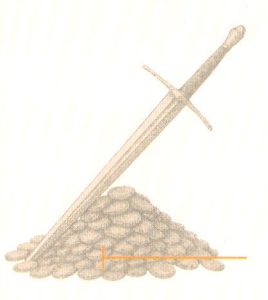

5부. 승자 뒤에는 항상 돈이 있었다
권력과 전쟁의 승패를 가른 유일한 변수

1. 로마는 왜 무너졌나: 화폐가 제국을 죽였다 … 224
2. 성전을 뒤엎은 예수의 분노와 '돈' … 227
3. 르네상스: 예술이 아닌 금융의 승리 … 231
4. 프랑스혁명을 일으킨 진짜 주범, '돈' … 234
5. 지갑이 총보다 강하다: 전쟁의 제1원칙 … 238
6. 히틀러, 돈으로 민족주의에 불을 붙이다 … 242
7. 간디의 물레: 제국에 맞선 경제적 저항 … 245
8. 세계 최초의 주식회사, 동인도회사의 비밀 … 249
9. 아편전쟁, 중국이 패배한 진짜 이유 … 255
10. '오즈의 마법사'에 숨겨진 정치경제학 … 258
11. 악화가 양화를? 지금은 정반대다 … 261

6부. 기축통화의 황혼, 새로운 질서
달러의 몰락은 이미 과거에 예고되었다

1. 달러는 지고 있다: 기축통화의 황혼 … 267
2. '선물' 경제와 자본주의가 잃은 신뢰 … 270
3. 스크루시는 왜 돈에 집착했을까 … 274
4. 칼이 아닌 화폐로 근대를 연 료마 … 278
5. 상평통보, 불완전한 화폐의 운명 … 283
6. 대원군의 패착, 당백전: 신뢰가 무너진 화폐 … 287
7. 케냐는 어떻게 핀테크 성지가 되었나 … 291
8. 비트코인은 마법이다: 사토시가 연 미래 … 294
9. 러브크래프트의 공포와 통화 불안 … 298
10. 화폐 개혁: 무너진 신뢰를 다시 세우는 법 … 301
11. 미국 vs 중국, 최후의 금융 패권 전쟁 … 307

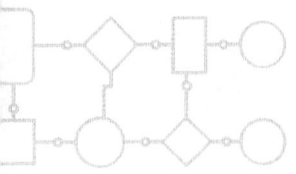

7부. 돈이 사라진 시대, 돈보다 중요한 것
알고리즘 시대, 우리는 무엇으로 살아남는가

1.	탈중앙화의 함정과 인간의 책임	314
2.	알고리즘의 시대, '생각하는 인간'의 가치	317
3.	자유라는 환상과 보이지 않는 강제	321
4.	블록체인 이후, 권력은 재구성된다	326
5.	신뢰는 이제 알고리즘이 만든다	331
6.	DAO는 윤리적인가? 코드의 딜레마	335
7.	기후위기와 화폐: 가치를 시험하는 시대	338
8.	플랫폼 제국, 국가의 권력을 넘보다	342
9.	비트코인 시대의 새로운 윤리	346
10.	인간, AI, 그리고 디지털 자산의 공존	349
11.	익명성의 종말: 모든 거래는 추적된다	352

에필로그
기술보다 오래가는 것

358

The Currencies
That Changed the World

and Bitcoin

Why the Rich Abandon Dollars and Buy Bitcoin?

The Currencies That Changed the World and Bitcoin

1
달러의 시대는 끝났다
신뢰가 무너진 화폐의 민낯

—— Why the Rich Abandon Dollars and Buy Bitcoin?

1
케인즈의 경고,
80년 만에 현실이 되다

1944년, 제2차 세계대전이 막바지에 이르렀을 때, 44개 연합국 대표가 미국 뉴햄프셔주 브레튼우즈의 한 휴양지에 모였다. 이들의 당면 과제는 전쟁으로 폐허가 된 세계 경제를 어떻게 재건할 것인지, 그 청사진을 그리는 것이었다.

이 역사적인 회의의 중심에는 영국의 천재 경제학자, 존 메이너드 케인즈 John Maynard Keynes가 있었다. 그가 제시한 구상은 단순한 국제 금융 체제 수립을 넘어선 것이었다. 그의 궁극적인 목표는 무역전쟁이 다시금 세계 전쟁으로 비화되는 것을 막는 것이었다. 그가 제시한 혁명적 해법이 바로 '방코르 Bancor', 즉 국가 간 이해관계를 초월한 '세계 공용화폐'의 창안이었다.

케인즈의 통찰: 비극은 경제에서 시작된다

케인즈의 이러한 사상은 이미 1차 세계대전의 비극적인 경험에서 잉태되었다. 1919년 1월, 그는 파리 강화회의에 영국 대표로 참석했을 당시, 독일에 대한 과도한 전쟁배상금 부과가 불러올 재앙을 강력히 경고했다. 하지만 승전국들의 정치 논리 앞에서 그의 주장은 묵살되었다.

그는 자국 정치 논리만을 앞세워 경제라는 근본 문제를 무시하는 정치인들의 무지한 행태에 깊은 충격과 분노를 느꼈다. 결국 케인즈는 회의를 박차고 나왔고, 단 2개월 만에《평화의 경제적 결과 The Economic Consequences of the Peace》를 저술했다. 이 책에서 그는 "중요한 문제는 정치가 아니라 금융과 경제라는 사실을 단 한 사람이라도 제대로 이해했더라면…, 아직 시간이 있을 때 흐름을 돌려놓아야 한다."고 주장했다. 또한 "독일의 경제를 짓밟는다면, 그 대가는 반드시 또 한 번의 참혹한 전쟁이 될 것"이라고 예언했다.

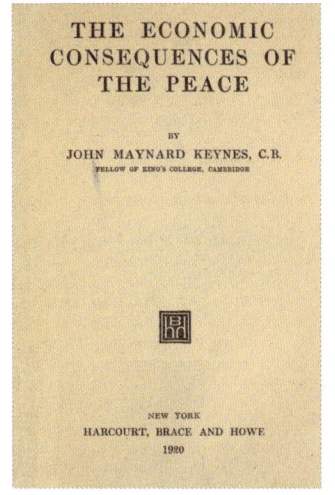

《평화의 경제적 결과》 초판 1919

불행히도 역사는 그의 예언대로 흘러갔다. 혹독한 배상금은 독일 경제를 파탄(초인플레이션)으로 몰고 갔고, 그 경제적 절망을 자양분 삼아 히틀러가 등장했으며, 세계는 2차 세계대전이라는 더 큰 참화 속으로 빠져들었다. 이 모든 비극은 케인즈의 선견지명을 거부한 대가였던 셈이다.

케인즈가 이후 평생을 바쳐 매달린 과제는, 이처럼 '경제의 불균형이 전쟁을 낳는' 이 구조적 모순을 근본적으로 뜯어고치는 시도였다. 그는 인플레이션이나 디플레이션의 충격 없이 안정적인 교역을 보장할 세계화폐의 개발이 필수적이라 믿었고, 이를 위해 오랜 기간 연구에 몰두했다. 1923년 《통화개혁론》을 시작으로 1930년 《화폐론》, 1936년 《고용, 이자, 화폐의 일반 이론》 등을 연이어 출간하며 그 이론을 정립해나갔다.

그가 특히 우려한 것은, 패권국가가 극단적인 무역수지 적자를 감당해야 할 경우, 이것이 무역 분쟁과 환율전쟁으로 비화될 수 있다는 점이었다. 또한 이는 세계 경제 전체를 불경기로 몰아넣을 수 있기에, 이러한 파국을 '예방' 하는 데 초점을 맞추었던 것이다.

'방코르', 흑자국까지 처벌하는 혁명적 구상

케인즈는 대공황과 두 차례의 세계대전을 겪으며, 국가 간의 무역 불균형이 결국 패권 경쟁과 전쟁으로 이어진다는 확신을 가졌다. 그는 이 비극의 고리를 끊기 위한 새로운 국제 통화 체계를 구상했다.

그의 아이디어는 모든 나라가 각자의 통화를 사용하더라도, 국제 무역 결제만큼은 '방코르'라는 단일한 세계화폐로 처리하자는 것이었다. 이 방코르의 가치는 금이나 특정 국가의 화폐에 고정되지 않았다. 여러 주요 상품의 가격 변동을 종합해 만든 '국제 상품가격 지수'를 가치 기준으로 삼도록 설계되었다.

여기서 핵심 역할을 맡는 것이 ICU(국제 청산동맹)다. 국가 간 수출입 차액을 방코르로 기록하고, 장부를 정리해 주는 일종의 '국제 결제센터'다. 오늘날 IMF와 BIS(국제 결제은행)의 기능을 합친 기관에 더 가깝다.

케인스의 제안이 특히 앞서 있었던 부분은 무역 불균형을 자동으로 조정하는 방식이다. 당시 금본위제에서는 적자국만 고통을 감수했다. 그러나 케인스는 한 걸음 더 나아가 흑자국에도 책임을 지우는 대칭적 시스템을 설계했다. 곧, 적자가 너무 커도 벌금이 나오고, 흑자가 지나치게 커도 벌금이 나온다. 그의 논리는 명쾌했다. "수입만 지나친 것도 문제지만, 수출만 계속하는 것도 세계 경제를 왜곡한다."

이 대칭 구조는 세계 최초였다. 국제경제의 균형을 유지하기 위해서는 적자국뿐 아니라 흑자국도 국내 소비·수입 확대 등을 통해 조정에 참여해야 한다는 것이다.

놀란 미국, '유니타스'로 맞불을 놓다

영국의 케인즈 안案이 전해지자, 2차 대전의 승전국이자 세계 최대 금 보유국이었던 미국 역시 대응 전략 개발에 착수했다. 당시 미국 재무부의 모겐소와 화이트(모두 유대인)는 내심 달러 중심 체제를 원했지만, 영국의 방코르 제안에 맞설 명분이 필요했다. 그래서 그들이 고안한 것이 '유니타스Unitas'라는 또 다른 세계화폐였다.

유니타스의 가치는 순금 137.7분의 1그레인, 당시 10달러와 등가를 이루도록 설계되었다. 또한 미국은 케인즈가 제안한 ICU(국제 청산 동맹) 대신, 이를 '세계은행'(100억 달러 규모)과 '국제 안정기금'(50억 달러 규모)으로 이원화하는 복안을 내놓고 영국과 협상에 들어갔다.

미국 안案 가운데 특히 획기적인 것은 '세계은행' 설립안이었다. 이는 100억 달러의 자금을 바탕으로, 연합국의 재건과 경제 부흥에 필요한 자본 공급을 주목적으로 했다.

하지만 이 획기적인 원안은 미국의 정치 정세 변화라는 암초를 만났다. 안案을 제안한 민주당이 1942년 총선에서 패하고 공화당과 남부 민주당의 보수파 세력이 강화되자, 의회 통과 전망이 흐려지며 결국 중요 부분이 수정되었다.

1943년 4월에 공표된 수정안에서 '세계은행' 설립안은 자취를 감추었고, '국제 안정기금'안 역시 초국가적 성격이 약화되며 미국 중심의 내셔널리즘이 강화되었다. 이 수정안이 재차 수정되어 현행 IMF의 모체가 되었다. 그럼에도 이 시점까지, 양측 안은 금과 연결된 '방코르'와 '유니타스'를 세계화폐로 상정하고 있었다.

케인즈의 'ICU'는 어떻게 미국의 'IMF'가 되었나

1943년 4월부터 1944년 4월까지 1년간, 미·영 양측은 실질적인 이견異見 조정 작업을 거듭했으나, 세계화폐의 '역할'에 대한 견해차는 좁혀지지 않았다.

달러를 내심 기축통화로 만들고 싶었던 미국은, 돌연 유니타스를 각국의 통화가치를 평가하는 '계산단위'에 불과하다고 입장을 바꿨다. 반면 영국은 세계화폐가 단순한 계산단위가 아닌, 각국 중앙은행이 실제 사용하는 '참된 국제 통화'가 되어야 한다고 역설했다. 이 치열한 대립은 1944년 7월 브레튼우즈 회의 직전까지도 해소되지 않았다.

브레튼우즈의 승부수: 방코르는 죽이고, 달러를

브레튼우즈 회의에서 만난
화이트(좌)와 케인스(우)

그러나 케인즈의 이상적인 구상은 '세계 최대의 금 보유국'이자 '2차 대전의 승전국'이었던 미국의 현실 정치 앞에서 좌절되었다. 워싱턴은 케인즈의 '세계화폐'보다 자국의 달러를 중심으로 한 체제를 강력히 원했다.

미 재무부의 해리 덱스터 화이트Harry Dexter White는 케인즈의 '국제 청산동맹' 대신 '국제통화기금IMF'과 '세계은행World Bank' 설립안을 밀어붙였다. 표면적으로는 비슷해 보였지만, 핵심 차이는 통화의 주도권이 ICU라는 세계(방코르)에 있느냐, 미국(달러)에 있느냐였다.

결국 1944년 브레튼우즈 회의에서 케인즈의 '방코르'는 최종 탈락했다. 미국은 금 1온스를 35달러에 고정하고, 다른 모든 국가의 통화를 이 달러에 연결하는 '달러 본위제'를 관철시켰다. 이로써 '달러 패권 체제', 곧 미국 중심의 국제 통화질서가 탄생했다.

'닉슨 쇼크', 20년 만에 터진 케인즈의 경고

케인즈는 회의가 끝나며 "이 체제는 결국 스스로의 모순으로 무너질 것"이라 말했다. 그의 두 번째 예언 역시 20여 년 만에 현실이 되었다.

미국은 전후 복구 지원과 베트남 전쟁으로 막대한 재정 적자에 시달렸다. 달러를 과도하게 찍어내자, 우방국들은 달러 가치를 의심하며 금 태환을 요구하기 시작했다. 미국의 금 보유량은 급속히 줄어들었고, 그 결과 1971년 닉슨 대통령은 달러의 금태환 중단을 일방적으로 선언했다. 브레튼우즈 체제는 그렇게 붕괴했다. 케인즈가 우려했던 바로 그 '달러의 신뢰 붕괴'가 정확히 일어난 것이다.

기축통화의 저주, '트리핀 딜레마'

인플레이션의 근본 원인은 통화 팽창과 재정적자에서 비롯된다. 그런데 미국은 재정적자가 발생해야만 달러 발행이 가능한 구조를 가졌다. 또한 경상수지 적자를 내야만 달러가 해외로 공급될 수 있었다.

국제통화기금IMF 추정에 따르면, 1950년대 세계 경제에 공급된 국제 유동성 85억 달러 중 미국이 제공한 몫은 무려 70억 달러에 달했다. 이로 인해 미국은 만성적인 적자 상태를 감수해야 했다. 1950년대 내내 미국의 경상수지 적자가 이어지자, 과연 이 상태가 지속 가능할지에 대한 의문이 제기되었다. 1960년에 이르자 과잉 공급된 달러는 외환시장에서 평가절하 압력에 시달렸다.

1960년, 예일대 경제학자 로버트 트리핀Robert Triffin은 미국 의회 청문회에서 이 구조적 모순을 정확히 짚었다. 그는 "미국이 경상적자를 허용하지 않아 국제 유동성 공급이 중단되면 세계 경제는 크게 위축될 것"이며, "반대로 적자 상태가 지속돼 달러화가 과잉 공급되면 달러 가치가 떨어져 준비 자산으로서의 신뢰도를 잃고 고정환율제도도 붕괴될 것"이라고 증언했다.

예일대학교 강단에 선 로버트 트리핀

"달러가 기축통화로 기능하려면 미국은 적자를 내야 하지만, 그 적자가 누적되면 달러의 신뢰가 무너진다." 그의 이 통찰은 '트리핀 딜레마'로 불리며, 기축통화 국가가 안게 되는 구조적 모순을 명확히 지적했다.

이 딜레마는 결국 1970년대 달러 붕괴와 인플레이션으로 귀결되었다. 아이러니하게도, 트리핀이 제시한 해법은 바로 30년 전 케인즈가 제안했던 '세계화폐'와 거의 흡사했다. 그는 "달러 대신 국제적 청산화폐를 도입하라"고 주장했다.

'방코르'의 유령, 디지털 화폐로 부활하다

케인즈의 원대한 발상이 완전히 사라진 것은 아니었다. 비록 방코르는 역사 속으로 사라졌지만, 그 정신만큼은 현대에 여러 형태로 되살아났다. IMF의 '특별인출권SDR'이나 유럽의 '유로화Euro'가 그 대표적인 예다. 2024년 브릭스 정상회의에서 논의된 금 기반 무역통화 '브릭스 유닛' 역시, 모두 케인즈의 아이디어에서 뿌리를 찾을 수 있다.

오늘날 세계 경제는 80년 전 케인즈가 경고했던 그 구조적 모순, 즉 달러 의존의 불균형에 여전히 시달리고 있다. 미국 금리 인상 한 번에 신흥국 전체가 금융위기를 맞는 현상이 이를 증명한다.

그는 말했다. "세계 경제는 공동의 화폐를 통해서만 평화를 얻을 수 있다." 전쟁 없는 세계를 꿈꾸었던 그의 염원은, 21세기인 지금도 여전히 우리 앞의 과제로 남아 있다.

2

미국이 금 보관소를 잠가버린
진짜 이유

　브레튼우즈 체제 초기인 1947년까지만 해도 미국은 전 세계 금의 70% 이상을 보유한 압도적인 패권국이었다. 하지만 그 위상은 영원하지 않았다. 일본과 서독이 전쟁의 폐허 속에서 눈부신 경제 성장을 이루며 미국의 무역 비중은 점차 축소되었다. 설상가상으로 베트남 전쟁으로 인한 막대한 국가 채무와 통화 팽창까지 겹치면서, 달러 가치는 1960년대 들어 심각한 하락세를 맞이했다.

　결정적으로 1960년대에 들어서자, 유럽과 일본이 보유한 달러 자산 총액이 미국 정부가 보유한 금의 가치를 초과하는 사태가 발생했다. 미국의 '금태환 능력'에 대한 근본적인 의심이 시장에 퍼지기 시작한 것이다. 런던 금시장에서 1960년 10월, 금값은 온스당 40달러를 호가하며 브레튼우즈 체제의 기준선(35달러)을 위협했다. 결국 금이 미국에서 빠져나와 유럽으로 흘러 들어가기 시작했다.

흔들리는 금값과 '금풀Gold Pool' 협정

금값이 폭등하자 다급해진 미국은 1961년 12월, 주요국들이 달러를 공동으로 출자해 금값을 안정시키기 위한 기금을 마련하자고 제안했다. 이것이 '금풀Gold Pool' 협정이다. 미국이 50%를 부담하고, 프랑스·독일·이탈리아·영국 등이 나머지를 분담했다. 이 기금은 런던 현물 시장에서 금값이 온스당 35달러 이상으로 오르려 하면 금을 매도해 가격을 강제로 안정시키는 데 사용되었다. 다른 출자국들은 금풀 운영 손실액의 절반을 미국에 보상해주어야 하는 불평등한 조약이기도 했다.

2차 대전 이후 세계 외화 결제는 대부분 달러로 이루어졌다. 금환본위제라는 약속에도 불구하고, 미국은 암암리에 금 보유량과 무관하게 달러 발행을 남발했다. 당연히 달러의 실질 가치는 폭락했고, 이에 따라 "모든 결제를 달러에만 의존하는 것이 과연 옳은가"에 대한 의문이 유럽을 중심으로 제기되기 시작했다.

드골의 도발 "금이 곧 세계화폐다"

1964년 국제통화기금IMF 연례총회, 달러의 독점적 위상에 가장 강하게 반발하던 프랑스의 샤를 드골 대통령은 IMF가 직접 '세계 준비통화', 즉 세계화폐를 발행해야 한다고 제안했다. 이 제안은 당연히 미국에 의해 즉각 거부되었다.

세계화폐 제의가 거부되자, 드골은 "세계화폐는 새로운 개념이 아니라, 역사 속에서 늘 통용되던 '금'이 바로 그것"이라며, IMF의 세계화폐가 싫다면 국제체제의 평등성 회복을 위해 금본위제로 복귀하자고 주장했다. 그러면서

샤를 드골 프랑스 대통령

프랑스가 보유한 막대한 달러를 미국의 금과 당장 바꾸겠다는 의향을 내비쳤다.

이러한 협박은 미국의 공식 입장을 바꿀 만큼 강력했다. 달러의 위상이 더 이상 난공불락이 아님을 인식한 미국은, 마지못해 드골의 세계화폐 제안에 동의하는 척했다. 하지만 미국은 IMF가 발행하는 통화에 '세계화폐'라는 단어를 붙이는 것을 극도로 꺼렸다. 그래서 고안해 낸 이름이 바로 '특별인출권SDR·Special Drawing Rights'이었다.

결국 IMF는 1969년, 케인즈의 방코르 아이디어를 차용해 새로운 국제 준비자산인 특별인출권을 만들었다. SDR은 IMF 회원국의 국제수지가 악화되었을 때 담보 없이 필요한 만큼의 외화를 인출해 갈 수 있는 '권리'이다. 쉽게 말해, SDR은 IMF에서 사용하는 준비통화로, 달러 체제를 보완하기 위한 제한적인 세계화폐였다. 미국은 지금도 이 SDR을 그리 달가워하지 않는다.

"누가 미국을 믿는가" 무너진 신뢰

케인즈가 우려했던 '달러의 모순'은 전후 세계 경제 속에서 차례차례 현실로 드러났다. 1965년 케네디를 승계한 린든 존슨 대통령이 베트남 전쟁을 확대하면서 미국 경제는 걷잡을 수 없는 수렁으로 빠져들었다.

그는 부족한 재정을 메우기 위해 연방준비제도에 금 보유와 상관없이 달러를 더 발행하도록 압력을 가했다. 이는 금환본위제를 정면으로 위배하는, 브레튼우즈 체제 참가국 전체를 속이는 비도덕적 행위였다. 연방공개시장위원회 위원들은 대통령의 압력에 굴복해 화폐 발행량을 늘렸고, 물가상승률은 6%까지 치솟았다.

달러 가치의 불안정성이 정점에 달했던 1967년 11월, 영국은 파운드화의 평가절하를 단행할 수밖에 없었다. 이 충격은 금 시장에 투기 압력을 몰고 왔고, '금풀' 협정마저 붕괴시키는 결과를 낳았다. 그럼에도 미국의 달러 남발은 멈추지 않았으며, 그 결과 1970년대 미국 인플레이션은 두 자릿수를 넘나들었다.

금고가 비어간다 "달러 말고, 금을 달라"

1971년에 이르자, 미국의 금 보유량은 전 세계의 절반 이하로 줄어들었음에도 달러 통화량은 그해에만 10%나 늘어났다. 가장 먼저 불안을 느낀 서독이 그해 5월 브레튼우즈 체제를 탈퇴했다. 달러 가치는 마르크 대비 7.5%로 폭락했다.

이어 다른 동맹국들 역시 본격적으로 동요하기 시작했다. 이제 각국은 달러를 의심하며 보유한 달러를 금으로 바꾸기를 원했다. 스위스가 7월에 5,000만 달러를 금으로 바꾸어갔고, 프랑스는 1억 9,100만 달러를 금으로 태환해갔다. 드골은 심지어 해군 함대를 동원해 금을 운반하는 장면을 과시하며 미국을 압박했다. 스페인 역시 6,000만 달러를 금으로 교환해갔다. 이로써 미국의 금 보유고는 바닥을 드러내기 시작했다. 8월에는 스위스마저 브레튼우즈 체제를 떠났다.

미국의 금고에 결정타를 날린 것은 영국이었다. 1971년 8월 9일, 영국 경제 대표는 미 재무부를 찾아와 무려 30억 달러에 달하는 금 교환을 요구했다. 미국 정부는 국가 부도 사태를 불러올지도 모르는 비상 국면에 직면했다.

그 다음 주인 8월 13일의 금요일, 리처드 닉슨 대통령은 행정부 주요 경제

정책 담당자 16명에게 헬리콥터를 타고 캠프 데이비드 군사기지로 이동하라는 긴급 명령을 내렸다. 외부와 통하는 모든 길을 차단함으로써, 금 고갈에 직면한 미국이 자신만이 살 길을 찾기 위한 비밀회의 정보가 새어나가지 못하도록 했다.

3

닉슨 쇼크,
미국이 전 세계를 배신한 날

영국마저 막대한 양의 금태환 움직임을 보이자, 미국은 결국 1971년 8월 15일 '닉슨 쇼크'를 단행했다. 이는 달러와 금의 교환을 일방적으로 중단하겠다는 선언이자, 브레튼우즈 체제를 스스로 파기하는 비도덕적 배신이었다.

1971년 8월 15일 닉슨 대통령의 달러의 금태환 정지 발표

닉슨은 "투기꾼들이 달러를 공격하고 있다"며 금태환을 '일시적으로' 중지한다고 발표했다. 이 발표는 지극히 부정직했다. 미국이 말한 '투기꾼들의 공

격'이란, 사실 달러를 믿기로 약속했던 세계가 더 이상 달러를 신뢰하지 않기로 결정한 순간을 의미했기 때문이다.

이 선언으로 금과 달러의 연결고리는 하루아침에 끊어졌다. 그간 '금 교환권'이라고 믿어왔던 달러와, 그 달러에 연동되어 있던 전 세계의 화폐가 순식간에 단순한 종잇조각으로 전락할 위기에 처했다. 너무나 갑작스러운 충격에 국제 외환시장은 아수라장이 되었고, 세계 경제는 브레튼우즈 체제 붕괴 이후 3~4년간 효과적인 국제 통화제도를 찾지 못한 채 극심한 혼란을 겪어야 했다.

닉슨 쇼크는 금태환 중단 선언만이 아니었다. 미국 정부는 이와 동시에, 밖으로는 모든 수입품에 10%의 관세를 매기는 극단적인 보호무역 조치를 단행했고, 안으로는 90일간 물가와 임금을 동결시켰다. 또한 대외적으로는 달러의 평가절하를 단행, 금값을 온스당 35달러에서 38달러로 변경했다. 1972년에는 다시 금 1온스당 42.22달러로 달러 가치를 절하했다. 금본위제가 공식적으로 폐지된 것은 제럴드 포드 대통령 시절인 1974년이었다.

이는 명백한 '인근 궁핍화 전략'이었다. 사실 달러가 이런 전략을 사용한 것은 처음이 아니었다. 1934년 프랭클린 루스벨트 대통령 역시 금 1온스당 20.67달러였던 달러의 가치를 35달러로 하루아침에 69%나 일시에 평가절하한 전례가 있었다. 다른 나라들의 고통은 고려하지 않고, 오직 미국 혼자만 살아남겠다는 이기적인 조치였다.

금이라는 족쇄가 풀린 달러는 이후 틈만 나면 발행량을 늘렸다. 이 통화 팽창은 '인플레이션'이라는 올가미가 되어 가난한 사람은 더 가난하게 만들고 부자는 더 부유하게 만드는, 전 세계적인 양극화를 몰고 왔다.

동시에 달러 자체의 가치 하락도 가파르게 진행되었다. 1971년 초 금 1온스는 35달러였지만, 2025년 10월 현재 4,300달러 내외를 기록하고 있다. 불과 50여 년 사이에 달러 가치의 99% 이상이 증발해버린 것이다.

닉슨 쇼크는 단순한 경제정책의 변화가 아니었다. 그것은 '신뢰 구조의 근본적인 변화'였다. 금본위제에서 달러 중심 고정환율 체제로, 다시 달러의 무제한 자유발행 체제로 전환되면서, 달러는 오직 미국의 신용에만 의존하는 '신용화폐Fiat Money'가 되었다.

이후 화폐와 신뢰, 제도 간의 관계가 뿌리부터 흔들리며, "이제 어떤 통화와 어떤 제도를 믿을 것인가?"라는 근본적인 질문이 인류 앞에 새롭게 던져졌다.

4

당신의 월급만
녹아내리는 비밀

2020년 팬데믹 사태는 막대한 유동성을 시장에 풀었고, 그 결과 미국의 집값은 50% 이상 폭등했다. 주식을 비롯한 자산 가격 역시 엄청나게 올랐으며, 식료품과 식량 등 장바구니 물가도 급등했다. 하지만 이런 심각한 물가 상승은 '근원 인플레이션' 지수에는 잡히지 않는다. 인간 생존에 필수적인 의식주衣食住 중 주住와 식食이 통계에서 빠져있기 때문이다.

현실에서는 집값이 폭등하는 등 엄청난 물가 상승이 일어나고 있음에도, 통화정책을 주관하는 중앙은행들은 '근원 인플레이션Core Inflation'이라는 지표를 내세워 통화정책의 근거를 삼고 국민을 안심시켰다. 이 지표는 통화 팽창이나 유동성 공급을 정당화하기 위한 수단으로, 근원 인플레이션 수치가 낮다며 '물가는 안정 상태'라고 발표하는 데 사용되곤 한다.

"이 시스템은 국민을 위한 것이 아니다"

1944년 브레튼우즈 회의에서 존 메이너드 케인즈는 특정 국가의 기축통화가 불러올 무역·환율 전쟁의 위험을 경고하며 '세계화폐 방코르'를 제안했다. 하이에크는 《화폐의 탈국가화》를 통해 화폐의 민간 발행 경쟁을 주장했으며, 밀턴 프리드먼은 인플레이션을 '알코올 중독'에 비유하기도 했다. 이처럼 시대를 막론하고 수많은 경제학자가 중앙은행의 정치적 종속과 인플레이션 문제의 심각성을 지적해왔다.

비트코인을 창시한 사토시 나카모토 역시 같은 문제의식을 가졌다. 그는 기존 통화·금융 시스템이 국민경제의 안정보다는 기득권의 이익을 지키는 데 복무한다고 보았다. 이는 중앙은행의 통화정책이 인플레이션 억제라는 본연의 임무보다, 정치적·재정적 이해관계에 따라 결정된다는 통찰이다.

닉슨의 재선과 '길들여진' 연준

1970년대 초, 재선을 노리던 닉슨 대통령은 경기부양을 강력히 원했다. 그는 자신의 경제 보좌관이던 아서 번스를 새로운 연준 의장에 앉히고, 완화적 통화정책을 지속하도록 압력을 가했다. 번스는 물가 상승 압력에도 불구하고 긴축을 선택하는 대신, 정부에 임금·물가 동결을 제안하며 통화팽창 기조를 이어갔다.

1971년 8월 15일, 닉슨은 결국 금태환 정지(닉슨 쇼크)를 선언했다. 달러가 금과의 고리를 끊고 완전한 '신용화폐'가 된 것

아서 번스 1995

이다. 동시에 임금과 물가가 동결되었다. 이 조치는 단기적인 경기부양 효과를 냈을지 모르나, 결국 끔찍한 물가 폭등과 공급망 위축을 초래하며 미국 경제를 스태그플레이션의 수렁으로 밀어 넣었다.

인플레이션을 지우기 위한 '꼼수', 근원물가의 탄생

아서 번스는 연준의 독립성 대신 대통령의 재선 가도를 택했다. 오일 쇼크로 물가가 치솟았지만, 그의 선택은 긴축이 아닌 통화 팽창이었다.

하지만 명분이 필요했다. 인플레이션을 잡아야 할 시점에 돈을 더 풀기 위한 새로운 통계가 필요했고, 그렇게 탄생한 것이 '근원인플레이션지수'(핵심물가지수Core Inflation)이다. 번스는 어떻게든 인플레이션이 심각하지 않다고 보여주고 싶었다.

그의 첫 번째 작업은 석유 등 에너지 가격을 소비자물가지수에서 제외하는 것이었다. 연준의 연구원들(대부분 경제학 박사)은 소비자물가지수에서 11% 이상을 차지하는 핵심 요소를 무시하는 것은 통계 왜곡이라며 강하게 항의했다. 하지만 번스는 요지부동이었고, 오히려 반대 의견을 낸 이들에게 불이익을 주었다.

유가 폭등은 곧 식음료 물가 폭등으로 이어졌다. 이번에도 번스는 식음료를 물가 지표에서 제외해야 한다고 주장했다. 이번에는 연준 연구원들도 군인처럼 그의 의견에 복종했다. 소비자물가지수에서 25%의 비중을 차지하는 식음료마저 그렇게 통계에서 사라졌다. 번스가 내세운 표면적인 이유는, 일시적 외부 충격으로 인한 변동성은 장기적인 통화 계획 수립에 방해가 된다는 것이었다.

번스의 '통계 마사지'는 여기서 멈추지 않았다. 이후 수년간 그는 기이한 논리를 펼쳤다. 이동주택, 중고차, 아이들 장난감, 여성 장신구 가격까지 '일시적이고 이례적'이라며 물가지표에서 제외시켰다. 그는 심지어 주택 소유 비용(당시 16% 비중)을 포함하는 것에도 이의를 제기했다. 번스의 입맛대로 항목들을 제외하자, 소비자물가지수에서 남은 요소는 과거 대비 35%에 불과했다. 그는 이렇게라도 인플레이션의 존재를 부정하려 했다.

이 '근원인플레이션' 지수는 통화 팽창에 걸림돌이 되는 요소들을 의도적으로 빼버림으로써, 인플레이션을 심각하게 과소평가하게 만들었다. 그렇게 현실을 왜곡했음에도 불구하고, 물가는 결국 두 자릿수로 치솟았다. 이후 레이건 행정부는 한술 더 떠, 집값 대신 '자가 임대비'라는 생소한 개념을 넣어 물가상승률을 더욱 낮게 보이도록 수정했으며, 서비스·금융 부문의 가중치를 높였다. 그 결과, 통계상 물가와 국민이 느끼는 실제 체감물가 사이의 괴리는 걷잡을 수 없이 벌어지게 되었다.

폴 볼커의 '충격 요법', 그 값비싼 대가

닉슨과 번스가 초래한 정책 실패의 대가는 혹독했다. 물가상승률은 통제 불능의 두 자릿수까지 치솟았다. 결국 후임인 폴 볼커 의장은 1980년, 기준금리를 19%까지 끌어올리는 극약 처방을 내릴 수밖에 없었다.

이 '충격 요법'으로 인플레이션은 진압되었으나, 그 과정에서 미국 경제는 두 번의 혹독한 경기침체를 겪었고, 수많은 기업이 파산했다. 이는 통화 정책의 '타이밍 실패'가 얼마나 값비싼 대가를 초래하는지를 보여주는 역사적 교훈이 되었다.

5

왜 열심히 일해도 자산 격차는 벌어지는가

돈의 본래 목적은 생산과 분배를 원활하게 돕는 교환 수단이었다. 그러나 1971년 닉슨 대통령이 달러의 금태환을 중지시키면서 이 본질이 흔들렸다. 금이라는 족쇄가 풀린 달러는 '근원 인플레이션'이라는 모호한 허용 범위 안에서, 사실상 금의 제약 없이 무제한 발행이 가능한 '신용화폐Fiat Money'가 되었다.

돈이 돈을 버는 속도, 땀의 속도를 앞지르다

이 시점부터 세계 금융자산은 실물 경제가 성장하는 속도를 완전히 압도하기 시작했다. 1970년, 금융자산은 세계 GDP의 절반 수준에 불과했지만, 통화가 남발되기 시작한 1980년에는 GDP를 넘어섰고, 2008년 금융위기 직전 선진국에서는 그 비율이 400%를 돌파했다.

이 '자본집적도Financial Depth'의 급격한 상승은 '돈이 돈을 버는 속도'가 노동자가 땀 흘려 얻는 임금 상승 속도를 추월하는 시대를 열었다. GDP가 연 3~4% 성장하는 동안 금융자산은 연 15% 내외로 불어났다. 근로소득이 산술급수적(연 3~4%)으로 증가할 때 자본소득은 기하급수적(연 15%)으로 팽창한 것이다. 그 필연적 결과는 '소득 불평등'과 '부의 편중'이었다.

이러한 금융자산의 비정상적 팽창은 통화 시스템 자체에 대한 불신을 키웠다. 그리고 바로 이 통화 남발을 원천적으로 봉쇄하도록 설계된 비트코인이, 글로벌 금융위기가 한창이던 2009년 초에 등장하게 되었다.

무너지는 중산층, 가속화되는 양극화

닉슨 쇼크 이전 시대에는 생산성이 향상되면 임금도 그에 발맞춰 올랐다. 하지만 1970년대 이후 주주자본주의가 득세하면서, 기업은 이익의 대부분을 주주에게 환원했고 노동자의 임금은 상대적으로 정체되기 시작했다.

생산성 증가의 과실이 근로자가 아닌 자본가에게 집중되면서, 소득 불평등은 가속화되었다. 2008년 글로벌 금융위기 역시 이러한 과도한 자본 집적과 부의 편중이 낳은 참사였다.

1980년대 레이건 정부가 추진한 신자유주의 정책(감세, 규제 완화, 금융 자유화)은 '워싱턴 컨센서스'라 불리며 전 세계로 확산되었다. 각국은 무역·자본 시장은 물론 외환시장의 빗장을 강제로 열어야 했다.

한국 또한 1997년 외환위기 당시 IMF 관리 체제를 거치며 은행과 대기업 지분 상당수가 외국 자본에 넘어갔고, 글로벌 금융자본이 국내 시장을 빠르게 장악하기 시작했다. 이 시기 금융자산은 GDP의 3배를 넘어서며, 자본주의의 중심축이 '산업'에서 '금융'으로 완전히 이동했다.

가장 큰 문제는, 소득이 상위 10%에 극단적으로 집중되면서 사회 전체의 총소비력이 약화되었다는 점이다. 상위 계층은 버는 족족 소비하기보다 저축과 투자에 집중하므로, 돈이 실물 경제로 흐르지 않고 금융자산의 가격만 부풀리는 현상이 발생한다.

미국 연준의 통계는 충격적이다. 상위 1%가 전체 소득의 23%를, 상위 10%가 절반 이상을 가져간다. 이는 나머지 90%의 국민이 남은 절반을 두고 경쟁해야 한다는 의미이며, 불행히도 이들의 몫은 매년 줄어들고 있다.

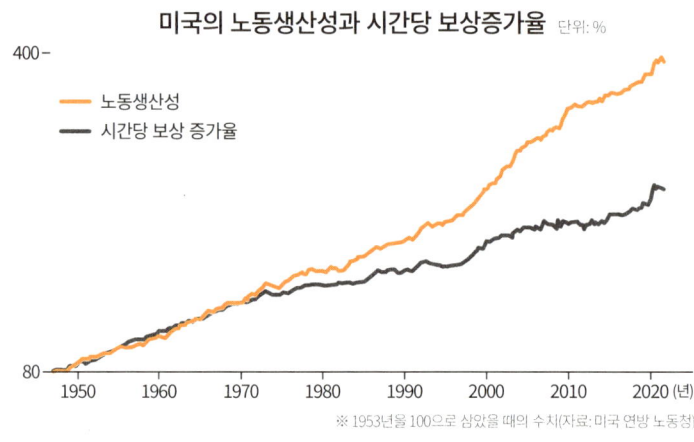

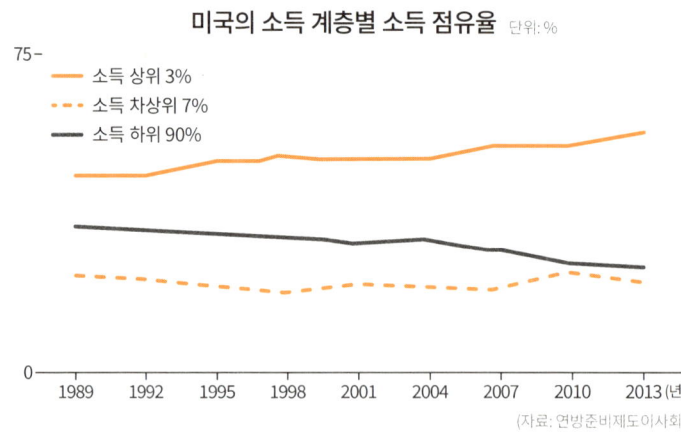

10명이 사는 사회에서 가장 부유한 1명이 나머지 9명을 합친 것보다 더 많이 버는 구조다. 이 경우, 사회 전체 소득의 절반이 소비로 이어지지 못하고 특정 계층의 금고에 쌓이게 된다. 이는 사회 전체가 만성적인 '수요 부족' 상태가 되며, 공황으로 이어질 수밖에 없다. 더 심각한 문제는 이 불평등 구조가 개선되기는커녕 더욱 심화되고 있다는 사실이다.

　2014년, 당시 연준 의장이었던 재닛 옐런은 이 자료를 발표하며, 이 불평등의 주된 원인이 '주식 투자'임을 인정했다. 금융자산의 팽창이 부자들의 소득을 기하급수적으로 높이고 있음을 중앙은행 스스로 인정한 것이다.

　이러한 현상은 자본주의 시스템의 근간을 위협한다. 사회의 허리인 중산층이 붕괴되어 하류층으로 전락하면, 건전한 자본주의 사회는 지탱될 수 없다.

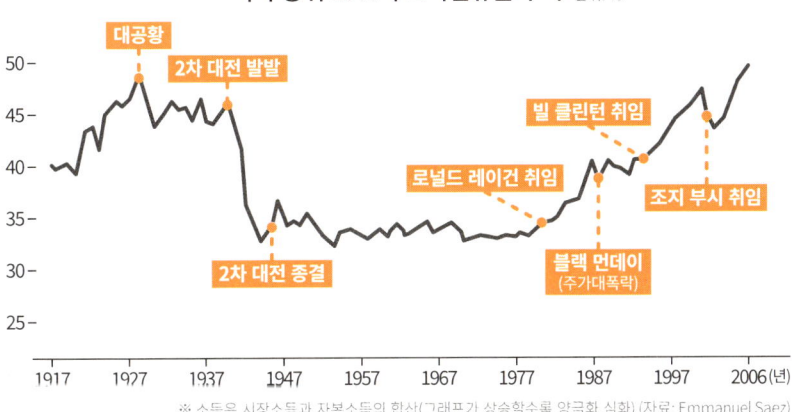

미국 상위 10%의 소득점유율 추이 단위: %

※ 소득은 시장소득과 자본소득의 합산(그래프기 상승할수록 양극화 심화) (자료: Emmanuel Saez)

　역사적으로 1929년 대공황과 2008년 금융위기 모두 상위 10%의 소득 점유율이 50%에 육박하던 시점에 터졌다. 중산층이 무너지고 소비가 급감하면 경제는 불황으로 빠져든다는 역사적 교훈이다.

　'신용화폐'는 그 이름처럼 신용에 기반한다. 하지만 정부와 금융기관이 그 신용을 남용할 때, 화폐는 신뢰의 상징이 아닌 불평등의 도구로 변질된다. 닉슨 쇼크 이후 시작된 무제한 통화 공급은, 자산가에게는 더 큰 부를 안겨주고, 노동자에게는 인플레이션이라는 '보이지 않는 세금'을 강요했다.

결국 신뢰를 잃은 '신용화폐'가 세계 불평등을 가속하는 엔진이 된 것이다. 2008년 금융위기 직후, 이 모든 부조리를 목격하며 비트코인이 등장했다.

6
암호화폐는
냉전의 산물이었다

암호화폐의 탄생 배경을 이해하려면, 1970년대 미국이 직면했던 총체적 난국을 먼저 살펴봐야 한다. 이 시기 미국 경제는 1971년 '닉슨 쇼크'로 인한 달러 가치 폭락과 베트남 전쟁이 남긴 막대한 재정적자로 만성적인 인플레이션에 시달렸다. 여기에 두 차례의 '오일 쇼크'1973, 1978가 덮치며, 물가 상승과 경기 침체가 동시에 발생하는 스태그플레이션의 늪에 빠져들었다.

당시 연준Fed은 인플레이션을 잡기 위해 기준금리를 19%까지 끌어올렸고, 이는 대규모 기업 파산과 실업률 급증이라는 혹독한 대가를 치렀다. 이 경제 위기 속에서 서민들은 고통받았지만, 금융 자산가들은 오히려 인플레이션을 이용해 주식과 부동산을 사들이며 부를 늘려갔다. 경제학자들은 스태그플레이션의 원인을 오일쇼크뿐 아니라, 정부의 방만한 통화정책과 재정 확대에서도 찾았다.

냉전, 감시 기술을 발전시키다

경제적 혼란과 더불어, 냉전은 '감시와 통제'의 기술이 극한으로 발전한 시기였다. 미국은 국가 안보라는 명분 아래 국내외적으로 광범위한 정보 수집을 감행했다.

이때 '펜 레지스터Pen Register'와 '메일 커버Mail Cover' 같은 합법적 감시 시스템이 운영되었다. 펜 레지스터는 전화 통화의 내용을 듣지 않고도 발신·수신 번호와 통화 시간의 '패턴'을 기록해 관계망을 추적했다. 메일 커버 역시 우편물의 겉면 정보만을 기록해 누가 누구와 소통하는지 파악하는 감시 기법이었다.

이러한 감시와 통제는 대외 정책에도 그대로 적용되었다. 미국은 1953년 이란의 모사데크 총리 축출을 시작으로, 2003년 이라크 전쟁까지 총 15차례에 걸쳐 반미 성향의 정부를 무너뜨렸다. 9번은 직접적인 무력 침공이었고, 6번은 CIA 공작을 통한 쿠데타 조장이나 반군 지원 방식이었다. 특히 '미국의 뒷마당'으로 불린 중남미에서 사회주의 세력의 확산을 막기 위해 과테말라, 칠레, 파나마 등 여러 국가의 정권 교체에 깊숙이 개입했다. 이러한 미국의 개입은 해당 국가들에 극심한 정치적 혼란을 남겼고, 반미 감정을 확산시키는 계기가 되었다.

인터넷 시대가 도래하며 이 감시 기술은 더욱 고도화되었다. 1993년 클린턴 행정부가 추진한 '클리퍼 칩Clipper Chip'은 통화 감청을 목적으로 했으나, 시민 단체와 실리콘밸리의 거센 반발로 무산되기도 했다. 하지만 NSA(국가안보국)의 무차별적인 감시 활동은 2013년 에드워드 스노든의 폭로로 그 거대한 실체가 드러나며 큰 논란을 낳았다.

1970년대의 경제 위기와 '분산형 네트워크'의 등장

바로 이 혼란의 시기에, 훗날 블록체인 사상과 맞닿는 기술적 진보가 아이러니하게도 군사적 목적에서 이루어지고 있었다. 오늘날 인터넷의 시초는 1960년대 미 국방부가 개발한 군사용 네트워크 '아파넷ARPANET'이다.

이는 핵 공격에 대비해, 정보를 중앙 서버에 집중하는 대신 여러 곳에 분산시키고 상호 연결함으로써 일부 서버가 파괴되어도 전체 네트워크가 유지되도록 고안된 시스템이었다. 이 '탈중앙화' 개념은 정보 저장 방식의 중요한 전환점이 되었다.

1975년은 민간 암호 기술 역사에 중요한 전환점이 되었다. 이전까지 군과 정보당국이 독점적으로 관리하던 고급 암호화 기술이 처음으로 민간에 개방된 것이다. 이때 공개된 것이 바로 IBM에 연구용역을 맡겨 개발한 새로운 암호체계, DESData Encryption Standard였다.

하지만 여기에는 정보당국의 술수가 숨어 있었다. 암호 내용을 검열할 수 있도록 알고리즘에 '뒷문backdoor'을 설치한 것이다. 이 뒷문은 결국 발각되어 제거되었지만, 이 사건은 암호학자들과 프라이버시 옹호자들에게 정부에 대한 깊은 불신을 심어주었다. '암호는 통제를 위한 도구가 아니라, 자유를 지키는 도구여야 한다'는 사상이 태동하는 순간이었다.

저항의 시작, '사이퍼펑크' 운동

이러한 시대적 배경은 유대인 암호학자 데이비드 차움David Chaum을 자극했다. 그는 두 가지 핵심 문제의식을 가졌다: 바로 개인의 프라이버시와 부조리한 통화금융 시스템이었다.

그는 1970년대 CIA의 감시로 칠레 아옌데 대통령이 비참한 최후를 맞은 사건을 접하고, 익명성 보호가 민주주의의 필수 요소임을 절감했다. 또한 금융 자본가들의 이익을 위해 통화가 남발되고 서민들이 고통받는 현실을 목격하며, 기존 시스템을 대체할 대안을 모색했다.

데이비드 차움

그의 저항은 1985년 '신분 없는 보안: 빅브라더를 이기는 방법'이라는 기념비적인 논문을 발표하며, '사이퍼펑크cypherpunk' 운동을 촉발시켰다. '암호cipher'와 '저항punk'의 합성어인 이 운동은, 정부의 감시와 검열에 맞서 강력한 암호 기술로 개인의 자유를 지키려는 사상을 담고 있다.

차움은 이 사상을 공유하기 위해 암호학자들이 뭉쳐야 한다고 생각했다. 그는 정보를 공유하고 정부 규제에 공동 대응하기 위해 '암호학 연구동아리'를 조직했다(이는 혼자보다 동료와 토론하며 공부하는 유대인의 탈무드 공부법과도 맞닿아 있었다. 유대인들은 혼자 공부하면 아집이나 독단에 빠질 수 있다며, 항상 친구와 토론하라고 가르친다). 그는 이 조직을 네덜란드 암스테르담, 이스라엘, 영국 등과 교류하는 '국제암호학연구회IACR'로 발전시켰다.

차움은 연구에 매진해, 사이퍼펑크 운동이 시작되기도 전인 1981년, '추적 불가 전자메일' 논문(믹스 넷)으로 익명 통신의 토대를 마련했다. 이듬해에는 거래 당사자의 정보를 암호화하는 '은닉 서명Blind Signature' 기술을 적용한 세계 최초의 암호화폐 '이캐시eCash'를 창안했다.

이 사이퍼펑크 운동의 구심점이던 '크립토그래피 메일링 리스트'를 통해 훗날 사토시 나카모토가 비트코인 개념을 공개하면서, 블록체인과 가상자산 역사의 중요한 출발점이 되었다. 결국 암호화폐는 국가가 신뢰를 독점하려 했던 냉전 시대가 남긴 부작용이자, 그에 대한 저항의 산물이다. 감시의 기술이 역설적으로 자유의 기술로 변형된 것이다.

7
사토시 나카모토가 빚진 천재들

1988년, 암호학자 데이비드 차움은 익명성을 보장하는 디지털 화폐, 즉 암호화폐의 개념을 세계 최초로 제시했다. 그는 미국 정부의 감시망을 피해 1990년 네덜란드에 디지캐시DigiCash를 설립했고, 1993년에는 세계 최초의 익명성 디지털 화폐 '이캐시eCash'를 시장에 선보였다.

차움의 '이캐시', 그 위대한 실패

이캐시의 핵심 기술은 '은닉서명Blind Signature'이었다. 이는 거래 당사자의 신원을 암호화하여, 은행조차 거래 내역을 추적할 수 없게 만드는 당시로서는 혁명적인 발상이었다. 디지캐시는 마이크로소프트, 비자카드 등으로부터 투자를 유치하고 여러 은행과 계약을 맺는 등 초반에는 성공 가도를 달리는 듯했다.

하지만 이캐시는 몇 가지 명확한 한계로 인해 결국 실패의 길을 걷고 말았다.

첫째, '중앙화된 구조'의 역설이었다. 이캐시는 '은행'의 신뢰에 의존해야만 작동하는 시스템이었다. 이는 정부가 마음만 먹으면 언제든 감시하거나 중단시킬 수 있음을 의미했다. '탈중앙화된 화폐'라는 본래의 철학이 실현되지 못한 것이다.

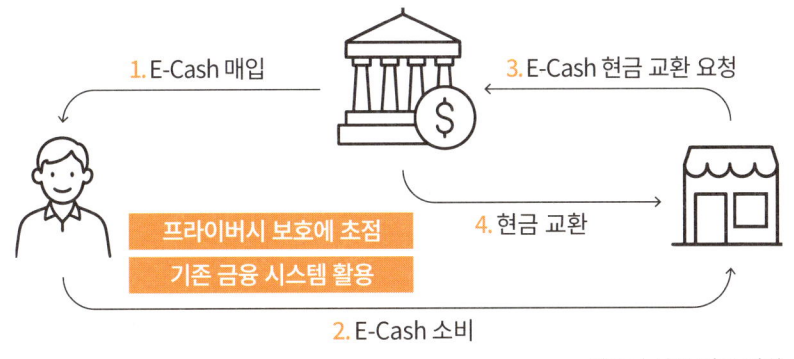

이캐시 사용 기본 개념

둘째, 시대적 인프라의 한계가 명확했다. 1990년대 초의 인터넷 속도와 보안 수준은 이 복잡한 암호화 프로토콜을 감당하기에 역부족이었다. 기술적 복잡성과 느린 속도로 인해 대중은 이캐시를 '실용적 결제 수단'으로 받아들이기 어려웠다. 결국 1998년 디지캐시는 파산했다.

그럼에도 이캐시의 시도는 단순한 실패로 끝나지 않았다. '분산 공유 원장'이나 '암호화된 계좌', '이중지불 방지'와 같이 이캐시가 제시했던 핵심 기술 원리들은, 훗날 비트코인이 탄생하는 데 결정적인 기술적 토대가 되어주었다.

'디지털 금'을 꿈꾼 인턴, 닉 재보

이캐시 개발에 인턴사원으로 참여했던 닉 재보Nick Szabo는 디지캐시의

1994년 디지캐시 개발팀. 오른쪽에서 두 번째가 닉 재보로 추정된다.

실패를 교훈 삼아, 제3자에 의존하지 않는 완전한 탈중앙화 암호화폐를 구상하기 시작했다. 그는 새로운 디지털 화폐가 '디지털 금'처럼 희소성과 내재적 가치를 지녀야 한다고 생각했다.

그들이 세운 새로운 암호화폐의 조건은 다음과 같았다. 첫째, 우발적인 분실 및 도난으로부터 안전해야 한다. 둘째, 그 가치는 위조가 불가능할 정도로 비용이 많이 들어 희소성을 인정받아야 한다. 셋째, 그 값은 간단한 관찰로 정확하게 측정되어야 한다.

차움의 아이디어를 한 단계 발전시킨 닉 재보는 '가치를 스스로 증명할 수 있는 디지털 자산', 즉 '디지털 금Digital Gold'의 개념을 구상했다.

하이에크의 사상과 '스마트 계약'의 탄생

닉 재보는 경제학자 프리드리히 하이에크의 저서 《법, 입법 그리고 자유》와 《화폐의 탈국가화》에서 깊은 영감을 받았다. 그는 하이에크의 '자유 은행 옹호론'(개인 은행이 자체 통화를 발행하고 시장이 이를 선택)에 큰 관심을 보였다. 또한 인간 사회의 기반이 되는 규정과 계약을 온라인 도메인으로 옮겨야만, 특정 국가의 패권에서 자유로운 진정한 세계화폐가 탄생할 수 있다고 보았다.

그는 먼저 법을 이해하기 위해 워싱턴대 법학대학원에 입학해 박사학위까지 받았다. 닉 재보의 또 다른 관심은 인터넷 전자상거래 프로토콜 개발이었는데, 특히 '신뢰 없는 거래'를 가능케 하는 자동 실행 프로토콜 연구에 몰두했다.

프리드리히 하이에크

1994년, 그는 '스마트 계약Smart Contract'이라는 개념을 탄생시켰다. '계약에 필요한 요소들을 코드화하여 스스로 실행하는 전산화된 거래 프로토콜'이라 정의된 이 개념은, 신뢰할 수 있는 제3자나 사고의 가능성을 최소화하는 것을 목표로 했다.

닉 재보는 스마트 계약을 '자동판매기'에 비유했다. 돈을 투입하면 정해진 약속(가격)에 따라 자동으로 제품이 나오는 것처럼, 계약을 인간의 신뢰가 아닌 기계적 코드로 구현하겠다는 것이었다. 이는 훗날 이더리움 스마트 계약 시스템의 개념적 출발점이 되었다.

그는 1996년에 스마트 계약이 P2P 방식으로, 제3의 중개 없이 당사자 간 합의된 조건에 따라 자동 실행되어 분쟁 없는 투명한 거래를 가능하게 한다고 제시했다. 특히 이는 국경을 넘나드는 해외 계약에서 송금 비용을 획기적으로 줄일 수 있는 장점이 있었다.

1998년, 비트코인의 청사진 '비트골드'

1998년 닉 재보는 '스마트 계약'을 기반으로 한 암호화폐 '비트골드Bit Gold' 백서를 발표했다. 비트골드는 금처럼 채굴의 난이도와 희소성을 가지되, 정부나 은행의 통제를 받지 않는 완전한 탈중앙화 화폐를 목표로 했다. 닉 재보가 만들고 싶었던 것은 누구나 인정하는 '디지털 금'이었다.

"나는 해결하기 어려운 문제를 푸는 것과 금을 채굴하는 어려움 사이의 유사점을 생각했다. 퍼즐을 푸는 데 시간과 에너지가 많이 든다면, 그것은 가치 있는 행위로 여겨질 수 있다. 이 어려운 문제를 푼 사람에게 디지털화폐로 보상할 수 있다."

이는 훗날 등장할 비트코인의 뼈대를 이루는 기본 설계도와 사실상 다르지 않았다.

* 작업증명Proof of Work: 컴퓨터 연산으로 복잡한 암호 퍼즐을 해결하면 보상으로 비트골드를 얻는다.
* 희소성: 시간이 지날수록 채굴 난이도가 상승해 공급량이 조절된다.
* 분산 검증: 제3자 없이 네트워크 참여자들이 P2P로 거래를 검증한다.

이처럼 비트골드는 탈중앙화, 작업증명, 이중지불 방지, 합의 구조 등 비트코인의 핵심 메커니즘을 거의 모두 구현한 선구적인 모델이었다. 비록 비트골드는 어떤 이유에선지 실제 출시되지는 못했지만, 비트코인을 만들 때 결정적인 참고가 되었다.

거인들의 어깨 위에 선 비트코인

암호화폐의 발전은 데이비드 차움과 닉 재보의 공로만은 아니었다. 1997년, 영국의 유대인 암호학자 아담 백Adam Back은 '해시캐시Hashcash'를 통해 결정적인 기여를 했다. 본래 스팸메일을 차단할 목적으로 고안된 이 기술은, '작업증명Proof-of-Work' 개념을 암호화폐에 적용함으로써 중앙 관리자 없이도 이중지불 문제를 해결할 수 있는 실마리를 제공했다. 이 아이디어는 훗날 비트코인 채굴 알고리즘에 그대로 차용되었다.

해시캐시가 의존한 '해시 함수Hash Function' 기술 역시 중요한 요소였다. 1979년 랠프 머클Ralph Merkle이 개발한 이 기술은, 대량의 거래 데이터를 일정한 길이의 암호값으로 변환하여 데이터의 위변조 여부를 쉽게 판별할 수 있게 만들었다. 이는 블록체인 기술의 근간을 이루는 핵심 원리가 되었다.

아담 백에 이어, 1998년에는 웨이 다이Wei Dai가 '비머니B-Money'라는 개념을 고안했다. 이는 익명성과 분산 방식을 한층 더 강화하며 암호화폐 기술을 발전시키는 계기가 되었다.

이처럼 이캐시(데이비드 차움), 비트골드(닉 재보), 해시캐시(아담 백) 등 초기 암호학자들의 끊임없는 연구와 실패는 '혁신의 토양'이 되었다. 탈중앙화, 익명성, 보안, 이중지불 방지라는 핵심 원리들은 이들의 시도를 통해 정립되었으며, 이 모든 기술적 진보가 쌓여 훗날 비트코인이 탄생하는 필수적인 기반이 된 것이다.

디지캐시의 파산은 단순한 실패가 아니었다. 차움이 '감시 없는 화폐'를 꿈꾸었고, 재보가 '신뢰 없는 신뢰'를 설계했다면, 사토시 나카모토는 그들의 어깨 위에서 그것을 현실로 구현해냈다. 결국 암호화폐의 역사란 '신뢰의 주체를 인간에서 블록체인으로, 권력의 근원을 제도에서 코드로' 옮기려는 거대한 시도라 요약할 수 있다. 이 실험은 아직 완벽하지 않지만, 화폐의 역사를 단순한 기술의 차원을 넘어, 인간의 윤리와 신념의 차원으로 격상시킨 중대한 사건임은 분명하다.

8
2008년,
탐욕이 부른 예고된 파멸

실물 경제를 삼킨 금융, 불평등이라는 그림자를 만들다

　1980년대 이후 세계경제는 규제 완화, 민영화, 감세로 상징되는 신자유주의 흐름 속에서 완전히 새로운 성장 방식을 택했다. 이때부터 금융부문은 실물부문과 똑같은 속도로 자라지 않았다. 훨씬 빨랐다. 원래 화폐란 상품과 서비스가 매끄럽게 교환되도록 돕는 윤활유에 가까웠는데, 이 시기부터 돈 자체가 레버리지와 파생상품이라는 도구를 통해 스스로를 불리는 '증식자산'으로 변신한 것이다. 속도는 실질 GDP 증가율보다 앞섰고, 그 결과는 분명했다. 일을 해서 얻는 근로소득보다 자산에서 나오는 불로소득이 더 큰 몫을 차지했고, 부는 위쪽으로만 몰렸다. 중앙은행이 경기 둔화를 막겠다고 완화정책을 펴면 펴는 대로 그 돈은 소비현장으로 내려가지 못하고 먼저 주식·부동산 등 자산시장으로 흘러 들어가 상층의 자산가치만 밀어 올렸다. 불평등의 구조가 이렇게 고착됐다.

'증권화', 무한 레버리지의 문을 열다

이 비대해진 금융이 단순한 시장의 기분 탓이 아니었던 이유가 있다. '증권화securitization'라는 제도가 이를 제도적으로 뒷받침했기 때문이다. 은행이 갖고 있는 주택담보대출을 한데 묶어 MBSMortgage-Backed Securities로 포장해 외부에 팔아버리면, 은행은 원래 몇십 년 동안 회수해야 할 대출을 단숨에 현금으로 바꾼 셈이 된다. 현금이 생기면 다시 대출을 내줄 수 있는 힘도 생긴다. 이렇게 굴러가기 시작하자 신용 창출 능력은 현실의 저축을 훨씬 넘어서는 영역으로 확장됐다. 투자은행은 MBS를 다시 조립해서 CDO(부채담보부증권)라는 새로운 상품으로 팔았고, 여기에 위험을 나눠 든다는 명목의 CDS(신용부도스와프) 시장까지 붙었다. 겉으로는 위험이 여기저기 나뉘어 간 듯 보였지만 실제로는 위험이 보이지 않는 곳으로 옮겨지고, 특정 부문에 농축되는 구조였다.

정책이 부추긴 '투기 자산으로서의 집'

빌 클린턴 전 미국 대통령

미국은 소비가 GDP의 70% 안팎을 차지하는 나라다. 그래서 주택 경기를 띄우는 것이 가장 손쉬운 경기부양책이었다. 모기지 이자 공제, 1997년 클린턴 행정부가 도입한 1가구 주택 매도 차익 비과세(부부 50만 달러까지) 같은 제도는 집을 단순한 거주재가 아니라 '수익을 내는 자산'으로 보게 만들었다. 여기에 2000

년 닷컴버블 붕괴와 9·11 테러 이후 연준이 6.5%까지 올라가 있던 금리를 2003년 1%까지 내리며 값싼 돈이 시장에 쏟아졌다. 금리가 낮아지자 대출이 쉬워지고, 대출이 쉬워지자 집을 사겠다는 사람이 늘어난다. 실제로 미국의 주택 자가율은 1995년 64%에서 2005년 69%까지 올라갔다. 가계 입장에서는 레버리지를 일으켜 집을 사는 것이 부자가 되는 가장 빠른 길로 보이기 시작했다.

'무無자본 주택 매입', 탐욕의 시그널

2004년 대선을 앞두고 조지 W. 부시 대통령이 더 많은 미국인이 자기 집을 가져야 한다고 강조하자 정책은 즉각 반응했다. 주택이 투자수단으로까지 떠오르던 2005년에는 새로 구입한 주택의 40%가 사실상 두 번째 집일 정도였다. 시장은 집값이 오르기만 하면 된다고 생각했다. 결정적인 것은 2006년에 들어서면서다. 기존에는 50만 달러짜리 집을 사려면 최소 10만~15만 달러 정도의 자기자본이 있어야 했는데, 이 시기에 이런 규정이 느슨해지면서 사실상 보증금 없이도 집을 살 수 있는 길이 열렸다. 은행은 주택 가격만 계속 오르면 채무자의 현재 신용은 큰 문제가 되지 않는다는 생각으로 심사를 서류 몇 장으로 마무리하거나 아예 생략하기도 했다. 바로 이 극단적 완화가 서브프라임 위기를 싹틔웠다.

조지 부시 전 미국 대통령

'묻지마 대출'과 포장된 숫자의 착시

저금리로 유동성은 차고 넘쳤고, 증권화 덕분에 대출에 들어갈 돈도 얼마든지 만들어낼 수 있었다. 그러자 심사는 느슨해질 수밖에 없었다. 소득도, 직장도, 자산도 묻지 않고 빌려주는 NINJA 대출No Income, No Job, No Asset이 일상화됐다. 수익성과 상환능력이 불분명한 이런 대출조차도 우선·중간·후순위로 쪼개 CDO에 담으면 신용평가상으로는 상위 등급을 받을 수 있었다. 여기에 신용을 보완해주는 CDS가 붙으니 겉으로 보기에는 '잘 구조화된 안전한 상품'처럼 보였다. 하지만 실제로는 위험한 대출이 겉모습만 그럴듯해져서 금융시스템 안으로 대량 유입된 것이다.

'골디락스'라는 환상, CDS의 두 얼굴

블라이드 마스터스

1995년 JP모건의 블라이드 마스터스가 고안한 CDS는 당시 금융시장이 오랫동안 두려워하던 한 가지, 즉 대출했는데 돈을 못 받으면 어떻게 하나를 해결해주는 듯 보였다. 구조는 매우 단순하다. 어떤 금융기관이 한 기업의 채권을 사면 그 기업이 부도 날까 봐 걱정이 되는데, 이때 다른 보험사나 은행이 일정 수수료를 받고 그 위험을 대신 떠안아주는 것이다. 이렇게 위험을 떠안아 줄 '구매자'가 등장하자 은행은 경기 사이클이 꺾이는 시점에도 대출을 급격히 줄일 필요가 없어졌다. 실제로 CDS가 폭발적으로 늘던 시기에 경기침체기가 평균 6~10

개월로 짧아졌고, 사람들은 이제는 길고 깊은 불황은 오지 않는다는 안도감에 젖었다. 미국 주택 가격이 2002~2006년 사이에 75%나 뛴 것도 이런 낙관의 공기와 무관하지 않다. 부동산은 떨어지지 않는다는 믿음이 위험관리의 자리를 대신했다.

연준의 금리 인상, 버블의 방아쇠가 되다

문제는 이 모든 것이 낮은 금리를 전제로 돌아가고 있었다는 점이다. 유동성이 넘치고 집값이 너무 가파르게 오르자 연준은 물가를 잡기 위해 2004년부터 2006년까지 매번 0.25%p씩 금리를 올려 5.25%까지 끌어올렸다. 변동금리로 빌렸던 가계는 이자 부담이 눈에 띄게 늘었고, 매수세가 꺾이면서 주택 가격은 하락 반전했다. 가격이 떨어지자 담보인정비율LTV이 무너졌고, 신용도가 낮은 차주들부터 연체와 부도가 잇달았다. 이 대출들이 MBS와 CDO로 쪼개져 세계 각지의 금융기관에 판매되어 있었기 때문에, 한쪽에서 난 불이 구조를 따라 금융시스템 전체로 옮겨붙었다. CDO 가치가 떨어지자 담보추심과 마진콜이 한꺼번에 쏟아졌고, 은행과 보험, 헤지펀드는 일제히 레버리지를 줄이느라 자산을 내던졌다. 이것이 파이어세일 악순환이다.

'보이지 않는 폭탄', 불투명성이 위기를 키우다

2007년 CDS 잔액은 62조 달러에 달했다. 그해 세계 GDP가 약 54조 달러였으니 실물 경제보다 큰 파생시장 하나가 장외OTC에서 따로 돌아가고 있었던 셈이다. 이 거래들은 거래소가 아니라 OTC에서 이뤄졌기 때문에 누가 어느 정도의 위험을 쥐고 있는지 시장이 알 수 없었다. 상대가 얼마나 노출되어 있는지 모르는 상태에서는 아무도 돈을 빌려주려 하지 않는다. 단기자금시장(커머셜페이퍼·ABCP·레포)이 얼어붙고, 각 금융기관은 우량자산까지 팔아서 현금을 확보해야 했다. 이러면서 위기의 속도는 더 빨라졌다.

리먼 파산, '개별'이 아닌 '연쇄' 붕괴의 시작

2007년 베어스턴스 산하 헤지펀드가 먼저 무너지며 균열이 드러났고, 2008년 3월에는 베어스턴스 자체가 연준의 비상 조치 아래 JP모건에 인수됐다. 미국 주택담보대출을 보증하던 패니메이와 프레디맥은 규모가 너무 커 시스템 리스크로 번질 우려가 있어 9월에 국유화됐다. 그 직후 리먼브라더스가 파산하자 CDS 네트워크로 얽혀 있던 채권시장은 공포에 빠졌다. 이 시점부터 위기는 '저 회사가 부도났네'가 아니라 '저 회사가 물고 있던 모든 계약이 동시에 흔들린다'는 인식으로 바뀌었다. 위기의 성격이 개별기업에서 네트워크·상호연쇄로 이동한 것이다.

'배드뱅크'의 실패와 '양적완화'라는 미봉책

미국 정부도 대공황 때처럼 부실자산을 따로 떼어내 배드뱅크에 모으고, 공적자금을 빨리 투입해 깔끔하게 정리하는 방안을 논의했다. 그러나 이해관계가 복잡해 절반만 실행됐고, 결국 제로금리와 양적완화QE라는 '대규모 유동성 투입' 카드로 불을 껐다. 단기적으로는 성공이었다. 금융 시스템이 붕괴되는 건 막았으니까. 하지만 부실과 손실을 제때 털어내지 못하면서 도덕적 해이와 좀비기업이 남았고, 무엇보다 시중에 풀린 유동성이 실물보다 자산시장으로 먼저 들어가 자산 인플레 → 불평등 심화라는 부작용이 커졌다.

위기의 본질은 하나, '과잉 유동성'

1907년 미국의 은행 공황을 설명할 때는 '과잉자본'이라는 말을 썼고, 1929년 대공황 때는 '통화 팽창'이라 불렀다. 2008년에는 '글로벌 유동성'이라고 했다. 표현은 매번 달랐지만 본질은 같았다. 경제가 받아들일 수 있는 속도보다 돈이 더 빨리 늘어나면 거품이 생기고, 거품은 신뢰가 깨지는 순간 위기로 전환된다. 특히 버블의 꼭대기에서는 레버리지와 만기불일치가 동시에 쌓여 있기 때문에 일단 충격이 가해지면 하락이 전염병처럼 번진다.

경제학에서 거의 예외 없이 확인되는 사실이 하나 있다. 많이 찍힌 화폐는 결국 약해진다는 것이다. 겉으로는 다른 이유가 붙더라도, 강했던 제국들이 내적으로 흔들릴 때 보면 대개 재정적자를 메우려고 화폐를 과도하게 발행했고, 그게 인플레이션을 불러 통화의 신뢰를 먼저 무너뜨렸다. 밀턴 프리드먼이 '인플레이션은 언제 어디서나 화폐적 현상이다'라고 거듭 말한 것도 이 지점 때문이다. 정부가 가장 손쉬운 처방인 '돈 더 풀기'를 선택하면 단기 위기는 넘길 수 있지만, 그 비용이 화폐가치 하락으로 밀려온다. 고대 그리스나 로마가 그랬고, 은銀과 금을 쏟아부은 스페인이 부채 부담으로 주저앉은 것도 결국 같은 계열의 이야기다. 그래서 우리는 화폐가 본성상 인플레이션 성분을 품고 있다는 사실을 경계해야 하고, '과잉유동성'이라는 말을 들으면 언제든 통화 붕괴 쪽으로 기울 수 있다는 신호로 읽어야 한다.

2020년 팬데믹, 돈은 어떻게 실물 경제를 공격했나

2008년 이후의 양적완화는 주로 금융기관 안에서 돌았기 때문에 주가나 부동산은 올랐어도 소비자물가CPI는 상대적으로 조용했다. 반면 2020년 팬데믹 때는 양적완화에 더해 정부가 가계와 기업으로 직접 재정을 투입하는 방식이었고, 동시에 공급망까지 막혀 있었다. 그러니 돈이 실제 수요로 곧바로 연결되며 물가가 튀어 오른 것이다. 어빙 피셔의 교환방정식으로 보면, 그동안 잠자고 있던 통화 M이 유통속도 V의 회복과 만나 P(물가)와 T(거래량)를 실제로 밀어 올린 셈이다. 이후의 급격한 금리 인상은 물가를 진정시키지만, 그 과정에서 이미 부채가 많은 영역의 취약성을 먼저 건드려 '경착륙' 위험을 증폭시킨다. 역사적으로 금리의 급가속·급제동이 자주 문제를 일으킨 것도 같은 이유다.

파생과 헤지는 약이면서 독이다

CDS, 선물, 옵션 같은 파생상품은 애초에 위험을 나눠 들고 충격을 줄이자는 목적에서 나왔다. 그러나 장외에서 불투명하게 거래되고, 낮은 증거금과 상호 연계된 담보 구조가 겹치면 이 상품들이 오히려 레버리지 승수를 키우는 역할을 한다. 위기 때는 헤지를 위한 헤지가 연쇄로 작동하고, 담보가치 하락이 마진콜을 부르고, 이게 다시 자산 매도를 부르며 시스템의 불안을 키운다. 2007년 말 장외파생 약정 잔액이 600조 달러를 넘어섰다는 사실은 이 승수 효과가 얼마나 컸는지를 잘 보여준다.

결국 봐야 할 것은 돈의 '양·질·흐름'

첫째, 많이 찍히는 화폐는 결국 값이 떨어진다. 프리드먼이 인플레이션은 언제 어디서나 화폐적 현상이라고 반복해서 말한 이유다. 오늘날에는 이 인플레가 자산 → 소비 순서로 단계적으로 올 수 있으니, 정책은 통화량M만 볼 것이 아니라 그 돈이 금융에서 실물로 어떻게 옮겨가는지 경로를 함께 관리해야 한다.

둘째, 위기가 터졌을 때는 유동성 공급과 부실 정리가 결합돼야 한다. 배드뱅크처럼 손실을 빠르게 사회화·정리하지 않으면 양적완화는 시간을 벌 뿐 다음 사이클에서는 더 큰 불평등과 더 큰 거품만 남긴다.

셋째, 규제는 보이게 만드는 방향이어야 한다. 장외 파생을 중앙에서 청산하고, 증거금을 강화하고, 스트레스 테스트를 정례화하는 것은 결국 누가 얼마나 위험을 들고 있나를 보이게 만들어 신뢰 붕괴를 막는 장치다.

탐욕이 만들어낸 위기, 그리고 새로운 대안

2008년 사태의 핵심은 집값 하나가 떨어졌다는 데 있지 않았다. 실물보다 앞서 나간 돈, 그것을 더 벌어들이려는 금융자본의 과속이 문제였다. 증권화와 파생, 레버리지로 부풀려 놓은 유동성은 상승기에는 모두를 풍요롭게 하는 듯 보였지만, 하강기에는 그 풍요를 지탱하던 신뢰를 한꺼번에 무너뜨렸다. 팬데믹 이후 급등한 자산가격, 다시 빠르게 정상화되는 금리 사이클이 남긴 질문도 다르지 않다. 결국 돈을 누가, 얼마나, 어디로 흘려보내는가?

해답은 단순하다. 돈의 양과 질과 속도를 함께 다스리고, 부실을 제때 걷어내고, 금융의 투명성을 높이는 것 — 이 세 가지가 다음 위기의 크기를 결정한다. 문제는 시장의 탐욕이 이 셋을 스스로 해내지 못한다는 데 있다. 그래서 중앙통제에서 벗어난 화폐, 국가의 재정 위기와 분리된 화폐를 실험하는 흐름이 등장했고, 그 중 하나가 비트코인이다.

9
반反인플레이션 화폐, 비트코인의 탄생

신뢰가 무너진 시대에 등장한 새로운 신뢰

2008년 8월 18일. 세계가 금융위기의 소용돌이 한가운데에 있던 때였다. 그날 이름을 드러내지 않은 한 사람이 익명 등록 서비스인 '어나니머스 스피치Anonymous Speech'를 통해 bitcoin.org라는 주소를 조용히 열었다. 그 순간만 놓고 보면 별 의미 없는 기술 실험처럼 보였다. 그러나 불과 몇 달 후, 이 작은 움직임이 인류 화폐사의 궤도를 비틀어 놓을 것이라고는 누구도 짐작하지 못했다.

두 달 반이 지난 10월 31일, 암호학자 메일링 리스트에 한 편의 짧은 논문이 올라왔다. 제목은 《비트코인: 개인 간P2P 전자화폐 시스템》, 필명은 사토시 나카모토Satoshi Nakamoto. 논문의 분량은 길지 않았으나, 그 안에는 중앙은행과 상업은행이 독점해온 화폐 발행·검증 권한을 소프트웨어와 네트워크로 대체하겠다는 대담한 구상이 들어 있었다.

사토시가 내세운 핵심은 다음과 같이 정리된다.

* 중앙은행을 통하지 않는 P2P 기반의 전자화폐 시스템
* 디지털 화폐가 안고 있던 이중지불 double spending 문제에 대한 기술적 해결
* 조폐권과 중앙기관을 완전히 바깥으로 밀어내는 구조
* 작업증명 Proof of Work, PoW 에 의해 돌아가는 신뢰 알고리즘
* 참여자들이 서로의 신원을 드러내지 않고도 자동으로 검증하는 분산 구조

이 백서는 단순한 프로그래머의 문서가 아니었다. 중앙에서 필요한 만큼 돈을 찍어내고, 정치적 필요에 따라 인플레이션을 용인해온 기존 통화체제에 대한 하나의 선언이었고, "이제는 그런 식으로 가치가 훼손되는 화폐를 쓰지 않겠다"는 반反인플레이션의 목소리였다.

이중지불 막는 코드, 사람 대신 알고리즘

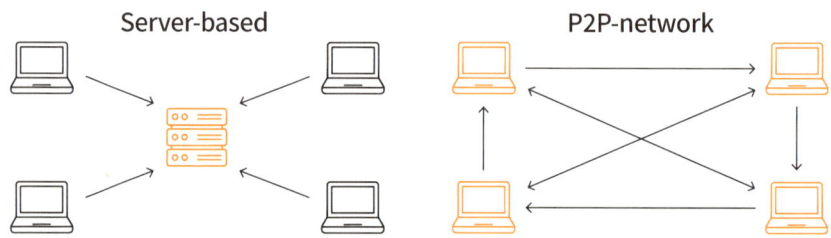

비트코인이 품은 가장 큰 발명은 P2P peer-to-peer 네트워크를 화폐 시스템에 적용했다는 점이다. 기존 인터넷 서비스가 중앙 서버를 거쳐야만 데이터가 오가던 구조였다면, P2P는 이용자끼리 직접 연결되어 정보를 교환한다. 가운데를 통제하는 주체가 없으니 어느 한 곳이 고장 나도 전체가 멈추지 않고, 동일한 기록이 수많은 컴퓨터에 복제되어 저장되므로 조작도 쉽지 않다. 한마디로 '중앙이 없어도 유지되는 시스템'을 만들 수 있게 된 것이다.

사토시는 여기에 작업증명 PoW 을 덧붙였다. 네트워크에 참여한 노드가 일

정한 난이도의 연산을 수행해 거래를 검증하면, 그 대가로 새로운 비트코인 보상을 받도록 한 것이다. 이 덕분에 '신뢰할 제3자trusted third party'가 없어도 거래가 정당하게 이뤄졌다는 사실이 네트워크 전체에 의해 확인된다. 사람의 선의가 아니라, 코드가 강제하는 기계적 신뢰mechanical trust가 자리 잡는다. 이 지점에서 비트코인은 은행도, 국가도 없이 작동하는 화폐 시스템이 되었다.

인터넷이 '정보를 주고받는' 네트워크였다면, 비트코인은 처음으로 '가치를 주고받는' 네트워크를 실제로 구현해냈다. 은행 계좌가 없어서 기존 금융에 접근하지 못했던 전 세계 수십억 명에게도 지갑만 있으면 참여할 수 있는 지대를 열어준 것이다. 거래 기록은 블록체인 위에 투명하게 공개되지만, 참여자의 신원은 암호화로 가려진다. 그리고 이 모든 구조는 해시캐시Hashcash를 응용한 채굴 보상 덕분에 스스로 돌아가도록 설계됐다. 2009년 1월 3일, 사토시는 비트코인의 오픈소스 코드를 세상에 공개했다. 이후 수많은 암호화폐가 이 코드를 바탕으로 탄생했고, 개발자 커뮤니티의 합의로 시스템을 조금씩 진화시키는 길도 그때부터 열렸다.

탄생의 순간에 새겨 넣은 문장

같은 날 사토시는 첫 번째 블록, 이른바 '제네시스 블록Genesis Block'을 만들었다. 그 블록의 코인베이스에는 매우 인상적인 한 줄이 기록되어 있다.

"Chancellor on brink of second bailout for banks."
"은행들의 두 번째 구제금융을 앞두고 있는 재무장관"

이 문장은 2009년 1월 3일자 영국 《더 타임스The Times》 1면 제목이었다.

더 타임스 The Times

세계 금융위기 후유증을 덜어주기 위해 정부가 다시 한 번 은행을 살리려 한다는 기사다. 사토시는 이 문장을 일부러 박아 넣었다. "정치와 은행이 결탁해 돈을 마음대로 풀기 때문에 화폐가치가 떨어진다. 우리는 그 가치를 지킬 다른 방식을 만들겠다"는 메시지였다. 다시 말해 비트코인은 중앙은행의 재량과 통화 팽창으로부터 스스로를 분리하겠다는, 탈脫인플레이션 화폐로 태어난 것이다.

첫 거래, 그리고 시스템이 살아 있음을 증명한 사람들

제네시스 블록에서 나온 50비트코인 가운데 10비트가 곧바로 한 사람에게 전송됐다. 사토시와 함께 초창기 비트코인 개발에 참여했던 할 피니Hal Finney다. 이것이 인류가 기록으로 남긴 최초의 암호화폐 송금이다. 두 사람은 버그를 잡고, 블록 생성을 시험하고, 네트워크가 끊기지 않고 돌아가는지를 확인했다. 며칠 뒤 사토시는 커뮤니티에 이렇게 적었다.

"첫 번째 비트코인이 생성되었습니다. 이 시스템은 중앙 서버도, 중앙 권력도 없이 완전히 탈중앙화된 전자화폐입니다."

이어서 할 피니가 실제 채굴을 시도했고, 그가 가동한 노드가 네트워크에 블록을 보태기 시작했다. 나중에 넷스케이프를 만든 마크 안드레센Marc Andreessen이 이 구조를 보고 "오, 신이여. 우리가 기다리던 바로 그거다"라고 말했던 일화도 이 무렵이다. 안전성과 송금 비용을 동시에 만족시킨 첫 디지털 화폐라는 평가는 그래서 나온 것이다.

신뢰가 아니라 암호화된 증거 위에 선다

2009년 2월, 사토시는 비트코인 P2P 포럼에 의미심장한 글을 남긴다.

"기존 화폐가 가진 근본 문제는 신뢰에 있습니다. 우리는 중앙은행이 화폐 가치를 훼손하지 않으리라고 믿어야 하고, 은행이 우리의 돈을 온전히 보관 하리라고 믿어야 합니다. 그러나 화폐의 역사는 그 신뢰가 무너진 사례로 가득합니다."

그는 은행이 낮은 지급준비금으로 대출을 확대하고, 신용을 과도하게 만들어내는 순간부터 화폐 시스템이 왜곡된다고 보았다. 교환과 가치저장이라는 본래 기능보다, 신용확장과 투기적 대출이 앞설 때 화폐는 결국 버블의 매개가 되기 때문이다. 비트코인이 겨냥한 것은 바로 이 '신뢰를 믿어야만 작동하는 구조'였다. 그 대신 그는 암호화된 증거cryptographic proof를 기반으로 하는 시스템을 제안했고, 참여자들은 더 이상 특정 기관의 말을 믿을 필요가 없게 되었다.

기존 금융에 대한 반감이 낳은 첫 탈중앙 화폐

사토시가 비트코인을 설계할 때 겨냥한 대상은 분명했다. 중앙은행이라는 단일한 발행 주체, 그리고 그 주변에서 이익을 극대화해온 금융자본의 구조였다. 그가 원했던 것은 정책 실패나 탐욕이 끼어들 수 없는 화폐, 다시 말해 버블을 의도적으로 만들거나 임의로 풀 수 없는 화폐였다. 그래서 비트코인은 발행량을 2,100만개로 한정해뒀다. 더 찍을 수 없으니 인플레이션 압력도 원천적으로 차단된다.

또한 거래 기록은 분산 네트워크 위에서 다수의 노드가 동시에 검증하고 저장한다. 은행이 빠진 자리에는 기술이 서고, 사람을 믿는 대신 프로토콜을 믿게 된다. 낯선 사람끼리도 중개자 없이 거래할 수 있는 신뢰 구조가 완성된 것이다. 이는 2008년 금융위기와 그 이후의 무제한 양적완화, 그리고 반복되는 통화 팽창에 대한 가장 급진적인 대답이었다. "이제는 국가도, 은행도, 오직 수학과 코드만을 믿겠다"는 21세기식 화폐선언이 바로 비트코인이었다.

비트코인은 그래서 단순한 디지털 기술이 아니다. 신뢰가 떨어진 시대에 다시 신뢰를 세우려는 시도, 그것이 비트코인이었고, 화폐를 인플레이션의 도구가 아닌 '신뢰의 프로토콜'로 되돌려 놓으려는 최초의 실험이었다.

10

비트코인이 못하는 것: 리플과 이더리움의 반격

임호화폐 영역을 확장한 리플과 이더리움

국제송금을 겨냥한 실용주의, 리플Ripple

리플의 씨앗은 의외로 오래됐다. 2004년 캐나다 개발자 라이언 푸거Ryan Fugger가 은행 사이를 더 빠르게 이어보겠다며 'RipplePay.com'이라는 이름의 실시간 결제 시스템을 만들었다. 이때만 해도 블록체인도, 암호화폐도 없던 시절이라 지금 우리가 아는 리플과는 거리가 있었다. 아이디어는 흥미

제드 맥칼렙

로웠지만 대중적 주목은 받지 못했다. 이 초기 시도를 오늘날의 암호화폐 리플로 다시 살려낸 사람이 제드 맥칼렙Jed McCaleb이다.

맥칼렙은 2007년 잘 알려진 첫 비트코인 거래소, 마운트곡스Mt.Gox를 연 인물이다. 원래는 온라인 판타지 카드 거래 사이트로 만들었다가, 2009년 비트코인이 등장하자 이를 사고파는 플랫폼으로 바꾸었다. 비트코인이 2010년 7월 12일 0.008달러에서 0.08달러로 급등한 직후라 관심이 갑자기 몰렸고, 취미로 시작했던 사이트는 순식간에 커졌다. 그는 2011년 이 사이트를 마크 카펠레스에게 넘겼고, 이후 마운트곡스는 세계 비트코인 거래의 70% 이상을 다룰 정도로 비대해졌다가 2014년 2월 85만 개 비트코인 해킹 사건으로 파산하며 '암호화폐도 해킹에 취약할 수 있다'는 인식을 퍼뜨렸다.

이 무렵 국제금융 질서에도 균열이 생겼다. 2012년 미국이 국제은행간통신협회SWIFT 망에서 이란을 퇴출시키면서, '서방이 마음만 먹으면 국제 송금을 막을 수 있다'는 사실이 드러난 것이다. 이후 중국의 국제 결제시스템 CIPS, 러시아의 루블 결제망, 인도의 루피 결제망 같은 대안 시스템이 잇달아 등장했다. 송금이 국가안보·제재의 도구가 되자, '좀 더 분산된 국제결제 수단'에 대한 수요가 커졌다.

맥칼렙은 이 틈을 노려 잠들어 있던 리플 프로젝트를 인수하고, 2012년 오픈코인OpenCoin이라는 회사를 세워 본격적인 블록체인 기반 리플을 만들기 시작한다. 여기에는 암호학자 데이비드 슈워츠David Schwartz 등이 합류했다. 목표는 명확했다. 'SWIFT로는 느리고 비싸고 복잡하다. 그걸 빠르고 싸고 자동화된 방식으로 바꾸자.'

그 결과 나온 것이 2012년의 리플렛저Ripple Ledger, XRPL와 암호화폐

XRP다. C++로 구현된 이 네트워크는 원장을 P2P 방식으로 분산 저장해 누구나 송금 기록을 내려받고 보관할 수 있게 만들었다. 다만 개인정보는 드러나지 않게 처리했다. 구조상 리플은 비트코인과 달랐다.

첫째, 채굴이 없다. 처음부터 1,000억 개의 XRP를 한꺼번에 생성해 더 이상 발행되지 않도록 했다.

둘째, 완전한 탈중앙화가 아니다. 리플은 '사전 검증된 소수 노드'만이 합의에 참여하는 구조를 택했다. 처리 속도를 높이려면 어느 정도 중앙화가 필요하다는 현실적 선택이었다.

셋째, IOUI Owe You라는 '차용증' 개념을 도입해 서로 다른 네트워크의 자산이라도 리플 위에서는 서로 주고받을 수 있게 했다. 이러니 은행 입장에선 '기존 시스템 위에 덮어서 쓰기 좋은' 블록체인이 된 것이다.

크리스 라슨

리플사는 영리기업 형태로 움직였고, 구글벤처스 같은 곳에서 투자를 받았다. 제드 맥칼렙은 회사 경영을 위해 전문 경영인 크리스 라슨Chris Larsen을 CEO로 영입했다. 그러다 경영권을 둘러싸고 문제가 생겼다. 이상주의자에 가까운 맥칼렙과 실용주의자 크리스 라슨이 계속 부딪혔고, 결국 2013년 이사회는 라슨의 손을 들어줬다. 맥칼렙은 회사를 나와 비영리 재단 스텔라Stellar를 세우고, 스텔라루멘XLM을 만드는 길을 택한다.

흥미로운 점은, 이런 내부 다툼에도 리플이 실제 금융권에서는 꽤 쓰였다는 것이다. 미국 BOA, HSBC를 포함해 100여 개가 넘는 은행이 리플을 국제송금에 도입하며 SWIFT의 대체재로 시험했다. 2020년에 미국 증권거래위원회SEC가 'XRP는 미등록 증권'이라며 소송을 걸어 큰 위기를 맞았지만,

2023년 법원에서 일부 승소 판결이 나며 숨을 돌렸고, 2025년 제2순회항소법원 판결로 사건이 마무리되면서 다시 성장의 여지가 열렸다. 실물 결제와 가장 가까운 곳에 서 있는 암호화폐라는 점이 여전히 리플의 힘이다.

암호화폐의 쓰임을 폭발시킨 이더리움Ethereum

비트코인이 '디지털 희소성을 가진 최초의 돈'이었다면, 이더리움Ethereum은 '그 돈 위에 뭘 올릴 수 있는가'를 보여준 플랫폼이었다. 한마디로 화폐를 넘어서 암호화폐 생태계를 통째로 키운 주역이다.

이 프로젝트의 창시자는 러시아계 유대인으로 캐나다에서 자란 개발자 비탈릭 부테린Vitalik Buterin이다. 그는 17세 때 비트코인을 접하고 곧바로 '비트코인 매거진Bitcoin Magazine'이라는 온라인 매체를 만들 정도로 열성적이었다. 2013년 5월 캘리포니아 새너제이에서 열린 비트코인 콘퍼런스에 다녀온 뒤로

비탈릭 부테린

는 '이 분야에 전부를 걸어야겠다'는 확신을 가지게 됐다고 회고한다.

그는 한동안 비트코인 개발 커뮤니티와 함께했지만, 곧 한계를 느꼈다. 비트코인은 의도적으로 기능을 최소화한 시스템이어서 '돈'으로는 훌륭하지만, 그 위에서 다양한 애플리케이션을 올리기에는 스크립트가 지나치게 제한적이었다. 부테린은 더 유연한 스크립팅을 제안했으나 받아들여지지 않자, 아예 독립 플랫폼을 만들겠다고 결심한다.

2013년 말 그는 '이더리움' 백서를 공개했고, 2014년 7월부터 42일 동

안 당시로서는 파격적인 방식인 ICOInitial Coin Offering를 진행해 약 3만 1,500 비트코인을 모아 개발 자금을 확보했다. 그리고 2015년 7월, 마침내 이더리움 메인넷이 세상에 나왔다.

이더리움의 가장 큰 혁신은 두말할 것 없이 스마트 계약Smart Contract이

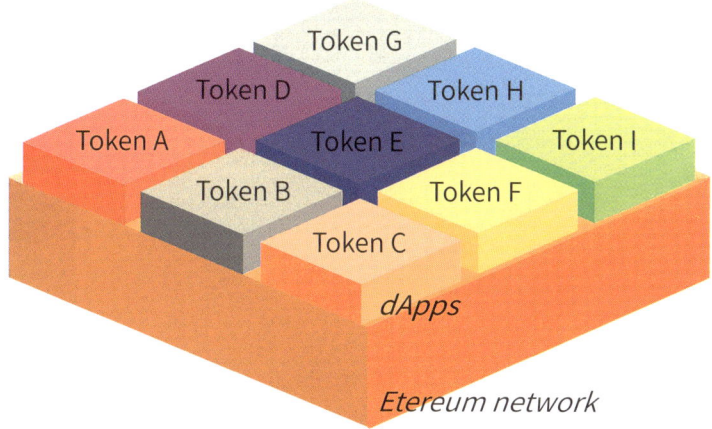

다. '조건이 충족되면 자동으로 실행되는 코드'를 블록체인 위에 올려버린 것이다. 사람이 계약 이행을 확인하고 중개하던 과정을 코드가 해버리니 비용이 줄고, 신뢰가 자동화된다. 이 구조는 금융(대출·파생), 유통, 게임, 전자투표 등 거의 모든 영역에 응용할 수 있어 '블록체인이 실제 산업으로 들어갈 문'을 열어줬다.

여기에 이더리움은 DAppDecentralized Application이라는 개념을 도입해 중앙서버 없이도 돌아가는 프로그램을 구현했고, ERC-20 토큰 표준을 만들어 누구나 자기 토큰을 찍어낼 수 있게 했다. 이 간단한 표준 하나 덕분에 수십만 개가 넘는 토큰이 이더리움 위에서 태어났고, 나중에 디파이DeFi와 NFT 시장이 폭발할 때도 기반이 되었다. 오늘날 우리가 보는 '온갖 코인들'의 상당수가 이더리움의 이 구조 위에서 나온 것이다.

'블록체인 트릴레마'와 이더리움의 진화

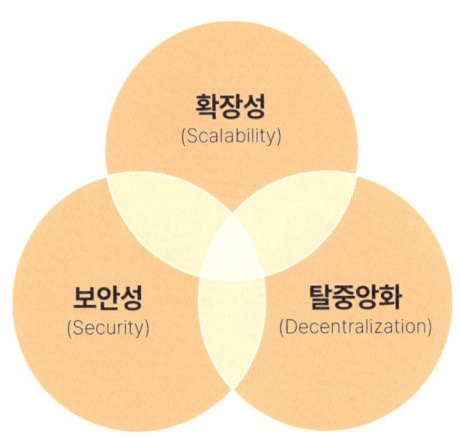

 부테린은 일찍부터 블록체인이 가진 근본 난제를 지적했다. 확장성 Scalability, 탈중앙화Decentralization, 보안Security 이 세 가지를 동시에 최상으로 가져가기는 어렵다는 것, 이것이 이른바 '블록체인 트릴레마'다. 비트코인은 탈중앙성과 보안은 최고 수준이지만 초당 처리속도가 느리고 수수료가 비싸다. 이더리움도 DApp이 늘자 네트워크가 막히고 가스비가 치솟는 문제가 나타났다.

 이 틈을 타 솔라나Solana같은 레이어1 프로젝트들은 '어느 정도 중앙화를 감수하더라도 초당 수만 건을 처리하겠다'는 전략으로 나왔다. 사용자 편의는 높아졌고, 일부 코인은 이 덕에 가격도 크게 올랐다.

 이더리움 진영은 다른 방법을 택했다. 프로토콜 자체를 단계적으로 업그레이드하는 것이다. 여러 단계로 나뉜 이더리움 로드맵 가운데, 최근에는 2단계 업그레이드인 '덴쿤Dencun'이 진행돼 거래 처리 효율을 높이고 수수료를 낮추는 방향으로 개선이 이뤄지고 있다. 동시에 본체의 부담을 덜어주는 레이어2 들(롤업, 옵티미스틱 롤업, ZK 롤업 등)이 빠르게 성장하면서 '기본 체인은 안전과 합의를 담당하고, 실제 트래픽은 위쪽에서 처리한다'는 구조가 굳어지고 있다. 이렇게 해서 이더리움은 트릴레마를 정면 돌파하기보다는 '여러 층으로 나눠 부담을 줄이는' 방식으로 생태계를 키워가고 있다.

초당거래처리량 TPS 비교

기존 이더리움	더머지 + 롤업 이더리움	이더리움 2.0	비자 VISA
20	6,000	100,000	24,000

(자료: 이더리움재단 등)

결국 리플이 '기존 금융을 더 빠르고 싸게'라는 현실적 목표에서 출발했다면, 이더리움은 '블록체인 위에 새로운 경제를 통째로 올릴 수 있는가'라는 철저히 확장형 비전을 보여준 셈이다. 둘 다 비트코인 이후에 나왔지만, 서로 다른 방향으로 암호화폐 지형을 넓혀준 주역들이다.

The Currencies That Changed the World and Bitcoin

2

스테이블코인,
새로운 제국의 야망

누가 다음 돈의 주인이 될 것인가: 디지털 화폐 대전

Why the Rich Abandon Dollars and Buy Bitcoin?

1

디지털 화폐로의 대이동: 돈의 주인이 바뀌고 있다

디지털 시대, 돈의 주인은 다시 국가라고 말하기 시작했다

'중앙은행들의 중앙은행'이라 불리는 국제결제은행BIS이 먼저 움직였다. 민간 암호화폐가 보여준 블록체인 기술의 효용은 인정하되, 통화 주권만큼은 민간에 넘길 수 없다는 판단이었다. 그래서 BIS는 각국 중앙은행에 "디지털화폐CBDC 연구와 발행 준비를 실제로 시작하라"고 권고했다. 기술은 민간이 열었지만, 통제는 국가가 다시 가져오겠다는 선언이었던 셈이다.

이 흐름에 가장 빠르게 반응한 곳이 중국이다. 중국 인민은행은 2014년부터 전담 조직을 만들어 디지털 위안화e-CNY를 개발하기 시작했고, 지금은 가장 앞선 CBDC 실험국으로 꼽힌다.

암호화폐 시장이 급팽창하면서 각국 정부는 한 가지 공통된 고민을 하게 됐다. 자금세탁 방지, 금융 안정성, 통화정책의 실효성을 지키려면 완전히 탈중앙화된 민간 코인만으로는 어렵다는 것이다. 국제통화기금IMF의 크리스틴 라가르드도 "CBDC는 금융 포용성을 높일 수 있는 수단"이라고 평가했고, 조지프 스티글리츠 같은 경제학자들은 "현금이 사라지는 것은 시간문제"라고까지 했다. 디지털 전환의 방향만큼은 거스를 수 없다는 공감대가 형성된 것이다.

'소매용'과 '도매용', CBDC의 두 얼굴

소매형과 도매형 개발 비중 - 세계적으로 소매형을 선호하는 경향을 보인다

CBDC는 크게 두 갈래로 나뉜다. 하나는 국민과 기업이 직접 쓰는 소매용 retail, 다른 하나는 은행 간 결제에만 쓰는 도매용 wholesale이다.

소매용은 말 그대로 중앙은행이 찍은 '디지털 지폐'다. 우리가 현금 대신 쓸 수 있는 형태다. 도매용은 중앙은행이 상업은행에게만 내려보내는 일종의 디지털 지급준비금에 가까워서 일반 국민은 직접 만질 일이 없다.

BIS 조사에 따르면 2023년 기준 전 세계 중앙은행의 93%가 CBDC를 연구 중이었고, 이미 10여 개 국가는 실제 발행에 들어갔다. 유럽중앙은행ECB은 2023년 10월 '디지털 유로' 개발 단계로 진입했고, 한국은행도 2단계 모의 실험을 진행 중이다.

가장 앞서 있는 나라는 단연 중국이다. 2019년부터 주요 도시에서 실사용 테스트를 했고, QR코드와 근거리통신NFC으로 오프라인 결제까지 구현해냈다. 이 디지털 위안화가 일대일로一帶一路 참여국과의 무역 결제에 본격 투입되면, 지금까지 달러가 장악하던 국제 결제 질서에 균열이 생길 가능성이 커진다.

'계좌형' vs '토큰형': 돈은 어떻게 기록되는가

CBDC를 어떻게 만들 것인가에 따라 계좌 기반account-based과 토큰 기반token-based으로 다시 갈라진다.

계좌 기반은 방식이 익숙하다. 계좌가 상업은행이 아니라 중앙은행에 열려 있다는 점만 다를 뿐 구조는 우리가 인터넷뱅킹으로 돈 보내는 것과 비슷하다. 사용자가 앱이나 웹페이지로 중앙은행 시스템에 접속해 "이 계좌로 보내라"고 요청하면 중앙은행이 중앙 원장에 그 내역을 기록하면서 결제가 확정된다.

토큰 기반 CBDC는 좀 다르다. 단순히 장부상의 숫자를 바꾸는 게 아니라 실제 디지털 토큰이 이동한다. 이때 그 토큰이 진짜인지, 한 번 쓴 것을 다시 쓰는 건 아닌지 확인해줄 제3의 검증절차가 필요하다. 그래서 토큰 기반이라고 해도 현금처럼 완전한 익명성을 주기는 어렵다. 기술적으로는 현금에 가깝고, 제도적으로는 계좌 기반과 닮아 있는 구조가 되는 이유다.

'디지털 위안화', 달러 패권을 겨누다

CBDC 가운데서도 세계의 시선이 중국에 머무는 이유는 단순하다. '가장 열심히, 가장 넓게' 하고 있기 때문이다. 중국은 2016년부터 상업은행이 참여하는 시범사업을 시작했고, 2021년에는 베이징·상하이 같은 대도시뿐 아니라 홍콩 등 역외지역으로까지 테스트 범위를 넓혔다. 동시에 여러 나라가 함께 쓰는 다자간 CBDC 브리지 프로젝트에도 참여해 디지털 위안화를 국제결제 영역으로 끌고 나가려 하고 있다.

중국 4대 국유은행 가운데 하나인 농업은행ABC의 디지털 지갑을 보면 재미있는 점이 보인다. 전통적인 지폐처럼 발행연도와 고유번호가 디지털 위안화 화면 안에 들어가 있다. 추적이 가능하다는 뜻이다. 사용법은 알리페이·위챗페이와 크게 다르지 않

농업은행ABC 디지털 지갑

다. QR코드를 찍어 결제할 수 있고, 송금도 된다. 여기에 스마트폰 두 대를 맞대기만 해도 전송되는 일종의 '부딪치기' 기능이 들어가 있는데, 이것은 인터넷망이 불안정한 지역에서도 NFC로 오프라인 결제를 하게 하려는 의도다. 중국이 왜 이런 기능을 넣었을까? 아프리카, 중앙아시아, 일대일로 국가처럼 인프라가 미흡한 지역에 디지털 위안화를 빠르게 퍼뜨리기 위해서다.

중국은 지금 세계 최대 무역국이다. 앞으로 중국과 거래하는 나라들이 수출입 대금을 디지털 위안화로 치르기 시작하면 달러 중심의 국제 결제망에 분명한 변화가 생긴다. 이 흐름은 브릭스BRICS 국가들이 추진하는 탈脫달러화 노력과도 이어져 있다. 브릭스는 이미 공동 금융기구를 만들었고, 2018년에는 블록체인 기술 공동 연구에 합의했으며, 지금은 자체 국제 결제 시스템을 구상 중이다. 여기에 사우디아라비아와 아랍에미리트UAE가 중동 산유국이 쓸 디지털 통화를 준비하면서 또 하나의 축이 만들어지고 있다. 만약 이 경제권들이 서로 호환되는 CBDC를 내놓는다면, 국제통화는 지금보다 훨씬

'분권화·다원화'된 모습이 될 것이다.

'빅브라더'의 딜레마와 '관리 가능한 익명성'

그러나 여기에는 민감한 문제가 하나 있다. CBDC는 기본적으로 추적 가능한 중앙집권형 화폐다. 국가가 원하면 언제, 누가, 누구에게, 얼마를 보냈는지 알 수 있다는 뜻이다. 당연히 "빅브라더 사회가 오는 것 아니냐"는 우려가 나온다. 그래서 많은 중앙은행이 이원화dual 운영 구조를 고민하고 있다.

구상은 이렇다. 중앙은행이 상업은행에 CBDC를 공급할 때는 완전히 추적 가능한 형태로 발행한다. 대신 상업은행이 이것을 국민과 기업에 내려보낼 때는 소액 거래에 한해서는 익명성을 일부 보장해 주는 것이다. 이렇게 하면 정부는 돈세탁, 불법거래, 제재 위반 같은 대형 위법은 통제할 수 있고, 국민 입장에서는 일상적인 소액 결제까지 모두 감시당하는 불편을 줄일 수 있다. BIS가 말하는 '관리 가능한 익명성controlled anonymity' 이 바로 이 모델이다. 작은 돈은 얼굴을 가려주되, 큰돈은 누가 썼는지 알 수 있게 하자는 것이다.

CBDC는 종이화폐를 디지털로 바꾸는 기술일 뿐만 아니라, "디지털 시대의 신뢰를 누가 정의할 것인가"라는 훨씬 큰 질문에 대한 국가의 답변이기도 하다. 민간 암호화폐는 '암호가 지배하는 돈'을 꿈꿨지만, 중앙은행의 CBDC는 '암호 위에서 국가가 다시 통제하는 돈'을 그린다. 결국 미래의 화폐는 어떤 알고리즘을 쓰느냐보다, 그 알고리즘을 작동시키는 권한이 누구에게 있는가가 더 중요한 시대가 오고 있는 것이다.

2

중국의 반격,
세계 최강 양자암호망으로 달러에 도전하다

중국이 본 것 "SWIFT에서 한 번 쫓겨나면 끝이다"

2012년 미국이 이란을 SWIFT망에서 배제했을 때, 중국은 분명히 깨달았다. 국제 결제의 관문을 누가 쥐고 있느냐가 곧 경제 주권이라는 사실이다. 그래시 2015년 독자 위안화 결제망인 CIPSCross-Border Interbank Payment System를 가동했다. SWIFT가 메시지를 중계하는 역할에 가까웠다면 CIPS는 메시지 + 결제·청산을 한꺼번에 처리하는 더 진화된 인프라다. 지금은 일부를 SWIFT와 연동해 쓰지만, 자체 네트워크 비중을 조금씩 키우고 있다. 중국식 "우린 우리 길로도 갈 수 있다"는 선언이다.

e-CNY를 얹자, 속도와 비용이 뒤집혔다

CIPS 위에 디지털 위안e-CNY이 올라가자 그림이 달라졌다. 홍콩-아부다비 간 mBridge 시범 거래에서는 몇 초 만에 결제가 끝났고, SWIFT를 통했을 때보다 수수료가 98% 줄었다. 이건 단순한 실험이 아니다. "달러 체제로만 국제 결제를 해야 하느냐"는 질문을 기술로 던진 것이다. 중국은 지금 결제 체계의 언어를 종이 문서에서 암호와 코드로 바꾸는 중이다.

'양자 방패'를 두른 결제망

양자컴퓨터로도 해킹 불가능한 양자암호 통신망을 구축한 중국

중국이 더 독특한 건 여기다 양자암호통신QKD과 자체 위성항법을 붙여버렸다는 점이다. '묵자Micius' 위성을 이용한 실험과 4,600km가 넘는 지상-우주 네트워크 덕분에, 이 송금망은 양자컴퓨터로도 뚫기 어려운 보안을 갖게 됐다. 세계에서 가장 앞선 금융 통신망 가운데 하나다.

이 보안망이 디지털 위안 결제의 앵커anchor역할을 하면서 참여국의 신뢰가 올라간다. 중국은 이 결합으로 디지털 무역 효율을 400% 개선했다고 주

장한다. 실제로 유럽 제조사의 북극항로 물류비를 e-CNY로 정산한 사례, 중동 에너지 기업이 결제 수수료를 75% 줄인 사례가 이어지고 있다. 여기서부터 디지털 위안은 기술이 아니라 지정학의 언어로 읽어야 한다.

기술을 일대일로에 꽂다: '디지털 실크로드'

중국 육·해상 실크로드 '일대일로'

　중국은 이 결제 인프라를 곧바로 일대일로BRI와 연결한다. 2023년 10월 열린 일대일로 국제포럼에는 140개국과 30개 국제기구가 들어왔다. 중국은 이들과의 무역·투자·인프라 사업 결제를 디지털 위안으로 해보자고 제안하고 있다. 실크로드가 이제는 철도와 항만만이 아니라, 결제망까지 중국 것을 타게 되는 셈이다. 이게 '디지털 실크로드'다.

위안화도 이렇게 쓴다: 달러 독점에 생긴 금

2023년 중국의 대외 무역·자본 거래에서 위안화 결제 비중이 달러를 앞섰다는 통계가 나왔다. 한때 0%대였던 위안화 결제가 2023년 48.4%까지 올라가고, 달러는 46.7%로 내려갔다는 보고다. 2024년 ASEAN 지역 위안화 결제는 5.8조 위안으로 3년 만에 120% 뛰었다. 러시아와는 무역의 90%를 위안-루블 직거래로 바꿔버렸고, 태국에서는 e-CNY로 석유가 거래됐다. 말레이시아·싱가포르·필리핀도 외환보유고에 위안화 비중을 늘리고 있다.

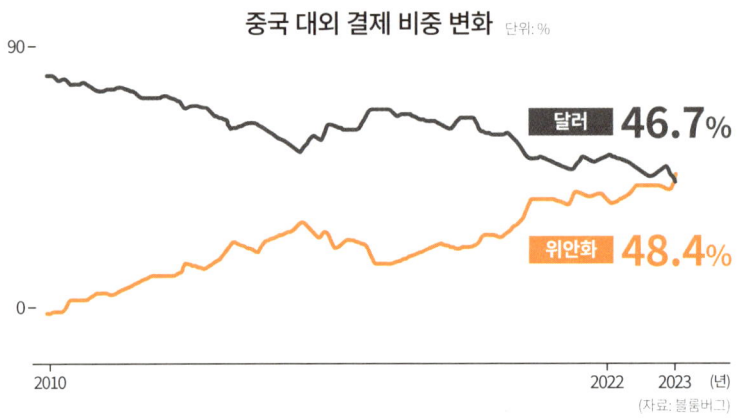

물론 글로벌 금융시장의 깊이와 신뢰에서는 아직 달러가 우위다. 그러나 '달러만' 쓰던 구조가 '달러와 위안, 그리고 몇 개 더'로 바뀌는 순간 달러의 절대성은 흔들리기 시작한다.

무역·외환지형이 바뀌면, 결제도 바뀐다

지금 140개국 이상이 중국을 최대 교역상대로 삼고 있다. 미국의 약 4배다. 이런 환경에서는 '중국과 거래하는 나라들'이 자연스럽게 디지털 위안으로 바로 결제하는 방향으로 갈 수밖에 없다. 가운데서 달러로 한 번 바꾸는 과정을 줄이면 비용이 내려가고 속도는 빨라진다. 특히 석유·광물·원자재처럼 물량이 큰 거래에서 위안화 결제가 늘면, 국제통화 체계의 무게중심도 조금씩 이동한다.

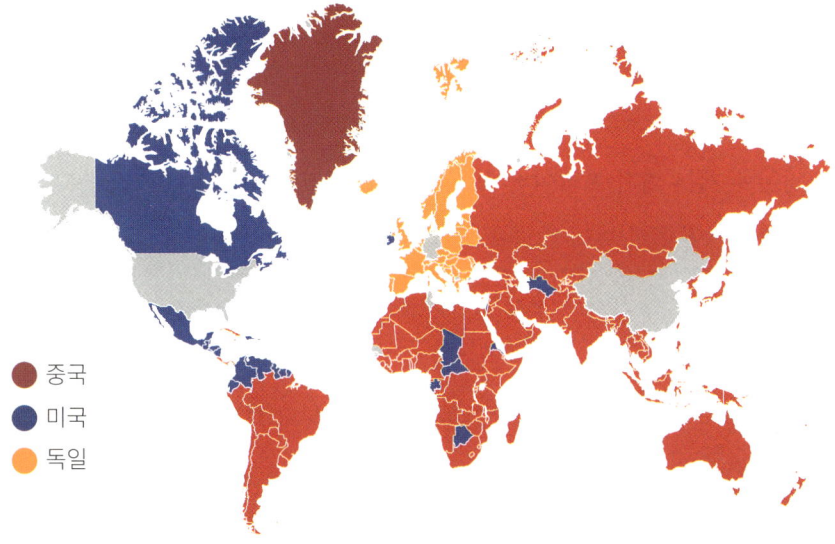

중국, 미국, 독일의 최대 교역 대상국들

프로그래밍되는 돈, 통화정책이 달라진다

디지털 위안의 힘은 바깥에서만 발휘되는 게 아니다. 안에서도 강하다. 지금까지는 인민은행이 시중은행을 통해 돈을 풀었다면, e-CNY 시대에는 중앙은행이 개인 전자지갑으로 직접 넣어줄 수 있다. 더 나아가 "이 돈은 3개월 안에 써라", "이 지역에서만 써라", "이 업종에서만 써라" 같은 조건을 돈에다 직접 코딩할 수 있다.

이렇게 되면 경기부양의 전달 속도가 빨라지고, 거래 데이터가 실시간으로 쌓이니 부패 방지나 세수 관리도 쉬워진다. 일부 지방정부가 급여·보조금을 e-CNY로 지급하고 있는 것도 이 때문이다. 앞으로는 공공 조달, 세금, 환급 등 행정영역에서 디지털 위안이 기본 통화가 될 가능성이 높다.

프라이버시, 여기서 갈린다

남는 문제는 역시 프라이버시다. e-CNY 지갑은 신원과 연결돼 있고, 필요하면 중앙은행이 거래 내역을 볼 수 있다. 중국 당국은 '제한적 익명성'을 약속했다. 소액 일상거래는 건드리지 않되, 대규모 송금이거나 불법이 의심될 때는 법원 영장으로 추적하겠다는 것이다. 하지만 어디까지나 정부를 신뢰할 때 가능한 약속이다. '아무도 모른다'를 목표로 하는 비트코인과는 철학이 확연히 다르다.

지정학의 무기: 표준 전쟁이 시작됐다

중국은 디지털 위안을 가지고 러시아, 이란 같은 제재 대상국과 금융 인프라를 공유하려 한다. 이는 곧 달러 동맹 체계를 우회·대체하겠다는 뜻이다. 이 전략이 브릭스 국가, 더 나아가 제3세계로 확장되면서 글로벌 결제는 '어느 CBDC 표준을 따를 것인가'의 문제로 바뀌고 있다. 미국은 민간 스테이블코인이라는 다른 길을 택해 맞서고 있고, 그 결과 국제금융은 두 모델의 표준 경쟁이라는 새로운 냉전 구도로 들어가고 있다. CBDC 협의체, ISO 표준, 보안·프라이버시 규범까지 모든 곳에서 '어떤 모델이 세계 규칙이 될 것인가'를 두고 다투는 중이다.

우리의 선택

중국의 디지털 위안은 지금 가장 공격적인 중앙집중형 디지털 통화 실험이자, 달러 체제에 보낸 가장 뚜렷한 신호다. 세계 각국은 이걸 그대로 받아들일지, 일부만 쓸지, 아니면 자국 CBDC와 병행할지 선택해야 한다. 한국처럼 중견국은 자기 CBDC를 갖되, 양쪽 진영과 호환되는 개방형 구조로 가야 한다. 프라이버시를 얼마나 보장할지, 국제표준에는 얼마나 깊이 들어갈지가 앞으로의 신뢰와 주도권을 가를 것이다.

질문은 이미 던져졌다.
"다음 글로벌 금융 질서의 중심을 차지할 모델은 누구의 디지털 화폐인가."

3
한국은행, 하이브리드형 CBDC, 화폐의 미래를 실험하다

현금, 계좌, 토큰이 한 화면에서 오가는 시대를 한국은행은 아예 전제로 깔았다. 한국은행이 택한 건 '중앙은행이 전 국민 지갑을 직접 관리하는' 강경한 CBDC가 아니라, 중앙과 은행·민간이 역할을 나눠 쓰는 하이브리드 모델이다. 중심에는 도매형 CBDC → 예금토큰이라는 2단 구조가 있다. 중앙은행은 은행에만 디지털화폐를 공급하고, 은행은 그걸 담보로 예금토큰을 만들어 국민과 기업이 쓰게 하는 방식이다. 이 틀을 다중 원장으로 열어두면 나중에는 스테이블코인 같은 다른 디지털 자산까지 같은 결제망 안으로 끌어들일 수 있다.

왜 하이브리드인가: 셋 다 잡으려면 나눠야 한다

CBDC가 풀어야 할 난제는 보통 세 가지다.

한국은행은 그래서 신뢰는 중앙, 서비스는 민간이라는 분업을 택했다. 중앙은행은 도매형 발행과 결제 안정성 같은 '앵커'만 맡고, 은행과 핀테크는 그 위에서 속도·편의성·신규 서비스로 경쟁하게 하는 구조다. 공공성과 시장성을 동시에 살리려는 현실적인 절충안이다.

1. 중앙은행이 소매까지 전부 떠안으면 운영 부담과 책임이 폭증한다.
2. 모든 거래가 중앙으로 올라오면 프라이버시 논란이 커진다.
3. 공공이 너무 세게 들어가면 민간 혁신이 꺾인다.

이 모델은 이렇게 돈다

이러면 국민 입장에선 '중앙은행 돈을 쓰는 듯한 안정감'과 '민간 앱의 편리함'을 동시에 얻는다. 신뢰는 공공이 제공하고, 사용자 경험은 민간이 만든다.

- 도매형 CBDC(중앙은행 → 은행): 중앙은행은 국민이 아니라 은행에만 디지털화폐를 내려보낸다.
- 예금토큰(은행 → 국민·기업): 은행은 받은 도매형 CBDC를 담보로 토큰화된 예금을 찍어내 일상 결제에 쓰게 한다.
- 다중 원장의 상호운용: 중앙은행 원장, 은행 코어시스템, 민간 블록체인이 인터페이스로 연결돼 하나의 결제 생태계처럼 정산된다.

한국은행의 실험: 파일럿으로 이미 한 번 돌려봤다

한국은행은 2021~2022년 두 차례 모의실험에서 발행·유통·환수 같은 기본 기능과, 오프라인 결제, 한도·이자 부여, 압류, 국경 간 결제 같은 확장 기능까지 돌려봤다. 특히 영지식증명ZKP을 얹어 신원은 안 드러내고 소유만 증명하는 익명 송금도 테스트했다. 기술 구현은 그라운드X(클레이튼) 컨소시엄이 맡아 블록체인 기반 실현 가능성을 보여줬다.

이후 최대 10만 명 규모의 국민 참여 테스트로 가려던 단계에서 새 정부의 원화 스테이블코인 기조와 만나 일시 보류된 상태인데, 이 본 실험은 사실상 '예금을 토큰화해서 일상 결제에 쓰는' 다중 원장 결제망의 리허설에 가깝다.

'스마트 머니'를 겨냥한다

한국은행이 하려는 건 단순한 '종이돈의 디지털화'가 아니다. 조건이 붙은 돈, 즉 프로그래머블 머니를 실험하고 있다. 특정 조건 충족 시 자동 결제, 정책 예산의 사용처 제한, 토큰증권STO과의 연동까지 염두에 둔 설계다.

이 방향은 BIS가 말하는 '통합 원장Unified Ledger' 구상과 같다. 중앙은행 화폐, 은행 예금, 토큰화 자산이 하나의 프로그래머블 인프라 위에서 호환되는 구조, 다시 말해 '결제의 인터넷'을 지향한다. 한국형 CBDC는 이걸 현실에서 테스트하는 대표 사례가 된다.

프라이버시는 '관리 가능한 익명성'으로

디지털화폐가 나오면 항상 "그럼 내 거래 다 보는 거냐"는 질문이 따라온다. 한국은행은 이걸 이원화 구조로 낮추려 한다. 중앙은행은 은행에만 발행하고, 실제 고객 정보는 은행이 들고 있는 구조다. 조회도 암호화 기반 접근통제로 고객 동의 범위 안에서만 열리게 한다.

기본 원칙은 BIS가 권고한 Controlled Anonymity(관리 가능한 익명성)이다. 소액은 익명에 가깝게, 고액·의심 거래는 실명 확인이 가능하게 해서 건전성과 자유를 동시에 잡으려는 방식이다.

미국도 비슷한 퍼즐을 맞춘다: FedNow–예금토큰–RLN

미국 연준은 2023년 FedNow로 24시간 365일 실시간 소액결제 인프라를 깔았다. CBDC는 아니지만 속도·비용·접근성을 한꺼번에 개선해 디지털 결제 혁신의 바닥을 만든 셈이다. 미국은 원래 소액은 묶어서 천천히 싸게, 거액은 바로 비싸게 보내는 이원 구조였는데, FedNow가 이 '느린 구간'을 실시간으로 바꿔준 것이다.

같은 시기 JP모건 은 은행이 발행하는 예금토큰 계획을 내놨다. 스테이블코인과 닮았지만 발행 주체가 규제권 안의 은행이라 신뢰와 적법성이 높다. 이 흐름이 뉴욕연준의 프로젝트 RLN Regulated Liability Network으로 이어진다. 여기서는 도매형 CBDC, 예금토큰, 스테이블코인이 하나의 DLT 기반 다중 원장에서 서로 결제되는지를 시험했다. 핵심은 똑같다. 민간이 만든 속도와 편의성을 버리지 않으면서도, 공공이 제공하는 신뢰를 앵커로 삼는 혼합형 통화 시스템이다. 미국은 '배제'가 아니라 '편입'을 선택했다.

한국형 전략: 네 가지 돈을 한 무대에

앞으로 디지털 결제망을 채우는 배우는 네 가지다.

- 암호화폐: 탈중앙·검열저항성, 글로벌 개방
- CBDC: 공공성·안정성, 통화정책의 기준
- 예금토큰: 기존 금융과 블록체인의 가교, 규제 친화적
- 스테이블코인: 속도·확장성, 디지털 생태계 친화

이 중 하나가 나머지를 다 밀어내기는 어렵다. 답은 공존과 상호운용이다. 한국은행 모델은 CBDC의 신뢰 위에 예금토큰의 민첩성을 얹고, 필요하면 민간 스테이블코인과 비트코인·이더리움·리플XRP 같은 디지털 자산까지 포용하는 개방형 설계로 갈 수 있다. 이렇게 해야 미국이 끌고 가는 스테이블코인 진영과 중국이 끌고 가는 CBDC 진영을 동시에 연결하는 '브리지' 역할을 할 수 있다.

리디노미네이션이라는 현실 변수

리디노미네이션 후 발행된 구권(위)과 신권(아래)

CBDC가 본격화되면 한국에서도 다시 리디노미네이션(화폐 단위 변경) 이야기가 나올 수 있다. 다른 나라 통화와 단위 밸런스를 맞추고, 지하경제

를 드러내는 부수 효과를 노릴 수 있기 때문이다. 우리는 1953년(원→환, 100:1), 1962년(환→원, 10:1) 두 번 경험이 있다. 디지털 전환 시기에는 이런 제도적 리셋이 함께 논의될 가능성이 있다.

양 진영을 모두 포용하는 한국형 브리지

중국은 디지털 위안화로 중앙집중형 CBDC를 정교하게 만들고 있고, 미국은 민간 스테이블코인 + 공공 결제 인프라FedNow·RLN라는 혼합 모델을 키우고 있다. 한국은 이 두 극단을 그대로 따라가기보다 공존·상호운용이라는 제3의 길을 설계할 수 있다. 이것이 곧 "신뢰를 누가 설계하고 유지할 것인가"에 대한 우리의 답안이다.

이제 남은 건 설계와 용기

지금은 통화 혁명의 골든타임이다. 우리가 준비해야 할 건 세 가지다.

핵심은 '뭘 막을까'가 아니라 '어디까지 연결해줄까'다. 디지털화폐는 인프라이자 플랫폼이어서 설계 자체가 금융·산업 정책이 된다.

가치의 인터넷을 먼저 설계하는 나라가 주도권을 가진다. 한국은행의 하이브리드형 다중 원장 CBDC는 그 출발선이다. 이제 남은 건 조금 더 과감한

- 제도: 관리 가능한 익명성의 범위, 데이터 거버넌스, 책임과 소비자 보호를 법·가이드로 박아두기
- 기술: 메시지·토큰·ID의 상호운용 표준, 오프라인 결제, 보안·복원력
- 시장: 스타트업·은행·빅테크가 함께 돌리는 규제 샌드박스, 공공 조달로 초기 수요 만들기

파일럿과, 국제표준을 염두에 둔 개방형 규칙이다. '돈이 코드가 되는 시대'에 한국이 먼저 신뢰의 구조를 그릴 수 있느냐가 다음 판을 결정할 것이다.

4

브릭스, "달러는 필요 없다"
금 기반 무역통화 도입 논의

2023년 4월, 도널드 트럼프 전 미국 대통령이 자신의 SNS에 이런 말을 올렸다.

"중국이 세계 기축통화 자리를 노리고 있다. 그게 현실이 된다면 미국엔 역사상 가장 큰 패배가 될 것이다."

그건 단순한 호들갑이 아니었다. 미국 내부에서도 '달러가 예전만큼 압도적이지 않을 수 있다'는 불안 신호가 감지되기 시작했다는 뜻이다.

도널드 트럼프 미국 대통령

'탈달러화'의 무게 중심이 된 브릭스BRICS

달러 중심 질서에 가장 노골적으로 도전하는 쪽은 브릭스BRICS다. 브라질·러시아·인도·중국·남아공이라는 5개국으로 출발했던 이 모임은 최근 UAE, 사우디아라비아, 이란, 이집트, 에티오피아, 인도네시아 등까지 손을 잡으며 덩치를 키웠다. 경제 규모만 놓고 보면 이미 G7과 맞먹거나 일부 영역에서는 넘어섰다.

- 각국의 CBDC(중앙은행 디지털화폐)를 엮어 새로운 결제 시스템을 만들자.
- 금을 바탕으로 한 무역통화, 이른바 '브릭스 유닛BRICS Unit'을 만들자.
- 필요하면 암호화폐를 무역 결제에 활용하자.

이들이 2024년 러시아 카잔에서 모였을 때 테이블 위에 오른 의제는 매우 분명했다.

이 모든 게 한 줄로 정리된다. "달러를 경유하지 않고도 서로 거래할 수 있는 길을 만들자." 이것이 브릭스판 탈脫달러화 전략이다.

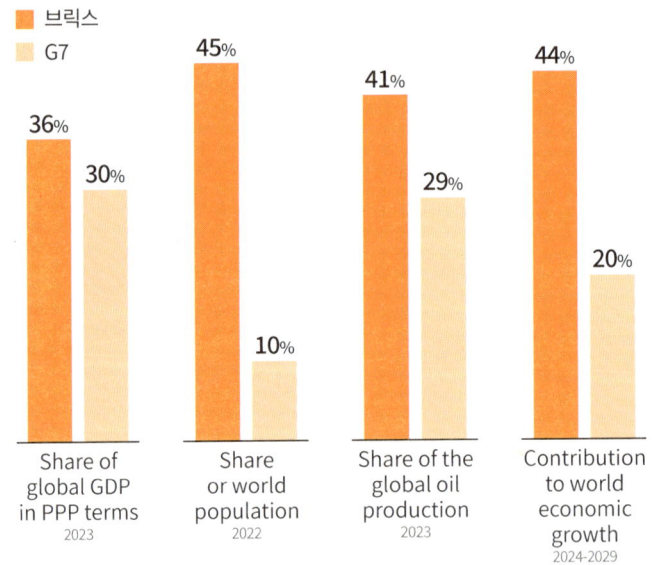

2023년 기준 구매력평가지수PPP로 환산한 세계 GDP에서 브릭스가 차지하는 비중은 약 36%로, G7(약 30%)을 앞질렀다.

디지털 결제망: 'BRICS Pay'와 'BRICS Bridge'

브릭스가 특히 힘을 주는 부분은 블록체인 기반 국제 결제 인프라다. 서방의 금융제재로 SWIFT에서 부분적으로 배제된 러시아가 이 프로젝트에 적극적인 것도 그 때문이다.

1. BRICS Pay

기본 구상은 이렇다. 브릭스 각국이 개발한 CBDC를 하나의 앱으로 묶어, QR코드만으로 회원국 간 송금을 실시간 처리하자는 것이다. 비자나 마스터카드 같은 서방 결제망을 거치지 않아도 된다. 중국 관광객이 러시아 상점에서 물건을 사면, 위안화가 자동으로 루블로 바뀌어 몇 초 안에 결제가 끝나는 그림이다.

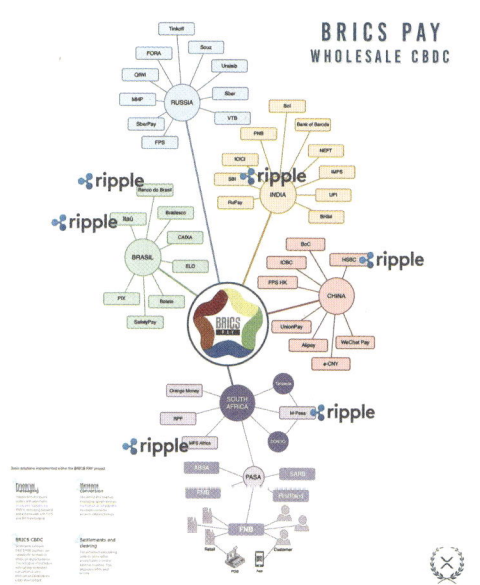

2. BRICS Bridge

여기는 한 단계 더 나간다. 각국의 CBDC를 서로 연결해서 하나의 블록체인 네트워크 안에서 자동으로 교환·정산되게 하자는 모델이다. 쉽게 말해 "CBDC 시대의 SWIFT를 브릭스 버전으로 만들겠다"는 뜻이다.

이 시스템이 실제로 돌아가기 시

신용카드 기능을 겸한 브릭스 페이

작하면 브릭스 회원국은 미국 은행망을 거치지 않고도 무역을 처리할 수 있고, 그만큼 제재에도 덜 묶인다. 러시아가 이 구상을 밀어붙이는 이유가 정확히 여기에 있다. 우크라이나 전쟁 이후 '달러를 안 거쳐도 되는 통로'가 절실해졌기 때문이다.

금으로 다시 묶는 무역통화, 'BRICS Unit'

블라디미르 푸틴 러시아 대통령

2024년 러시아 카잔 정상회의에서 블라디미르 푸틴 대통령은 한 걸음 더 나아간 구상을 내놨다. 디지털 결제망만으로는 부족하니 금에 연동된 무역통화, 곧 '브릭스 유닛'을 만들자는 것이다.

이 설계는 완전히 새것도 아니다. 1944년 브레튼우즈 회의에서 경제학자 존 메이너드 케인즈가 제안했던 초국가적 결제통화 '방코르Bancor'의 현대판에 가깝다. 케인즈는 "한 나라의 화폐가 세계를 지배하면 무역 불균형과 군사적 갈등이 따라온다"고 보고, 금·원자재 가치를 기준으로 삼는 공동통화를 제안했다. 미국 달러가 채택되면서 묻혀버린 안이었을 뿐이다.

브릭스 유닛은 이 아이디어를 80년 만에 다시 꺼내 들었다.

- 금 40%
- 브릭스 통화 바스켓 60%

이렇게 섞어 변동성을 낮춘 디지털 무역통화를 만들겠다는 것이다. 1971년 닉슨 대통령이 달러의 금태환을 끊어버린 이후 사실상 처음으로 '금 기반

질서'를 다시 시도하는 셈이다. 브릭스는 여기에 약 4조 달러 규모의 준비금을 조성해 장기적으로는 역내 채권·무역 결제의 기준통화로 키우겠다는 계획을 밝혀왔다. 인도처럼 신중한 태도를 보이는 나라들도 있지만, 이 논의 자체가 "달러 말고도 쓸 수 있는 공동통화가 있다"는 상징성을 만들어낸다.

왜 달러의 자리가 흔들리기 시작했나

달러는 오랫동안 미국이 원하는 만큼 찍어도 세계가 받아주는 화폐였다. 그 덕분에 미국은 큰 재정적자와 군사비를 유지할 수 있었고, 이것을 '달러의 특권seigniorage'이라 불렀다.

그런데 최근 들어 러시아 제재, 미·중 갈등, 그리고 블록체인이라는 새로운 결제 기술이 동시에 등장하면서 '달러를 꼭 써야 하나?'라는 질문이 현실적인 문제가 되기 시작했다. 기축통화 지위가 살짝만 흔들려도 미국이 누리던 금융 패권과 신용의 기반이 얇아질 수 있다는 우려가 트럼프 발언에도 묻어 있는 것이다.

'달러 이후'를 향한 여러 갈래의 실험

브릭스의 시도는 아직 완성형은 아니다. 그러나 방향은 뚜렷하다.

- 각국이 CBDC를 찍어 서로 연결하고,
- 블록체인으로 결제 속도와 비용을 낮추고,
- 금을 다시 기준으로 끌어와 신뢰를 보강하는 세 갈래가 하나의 흐름으로 움직이고 있다.

앞으로 통화 패권 경쟁은 탱크와 미사일이 아니라 결제망과 디지털 인프라의 싸움이 될 가능성이 크다. 누가 더 많은 나라를 자기 네트워크에 물리느냐가 승패를 갈라줄 것이다. 예전처럼 '가장 강한 하나의 화폐'가 아니라, '가장 넓게 연결된 네트워크'가 중심이 되는 시대다.

기술이 신뢰의 지도를 바꾼다

달러가 강했던 이유는 '미국을 믿는다'는 전제 위에 있었기 때문이다. 그런데 이제는 신뢰를 중앙은행과 미국 국채만이 독점하지 않는다. 블록체인, CBDC, 지역 결제망이라는 기술이 "이 네트워크 안에서는 자동으로 정산되고 조작이 어렵다"는 새로운 형태의 신뢰를 만들어내고 있다. 브릭스의 실험은 바로 이 지점 — 신뢰의 생산 주체가 바뀌는 장면 — 을 보여준다.

달러의 힘이 내일 당장 사라지지는 않는다. 하지만 화폐가 '하나의 돈'에서 '여러 개의 디지털 돈'으로 이동하는 흐름은 이미 시작됐다. 이 흐름에서 가장 중요한 건 화폐 이름이 아니라, 어떤 기술과 표준으로 신뢰를 설계하느냐이다. 앞으로의 경쟁은 그 신뢰 위에 얼마나 많은 나라의 무역과 금융을 올려놓을 수 있느냐의 싸움이 될 것이다.

5
비트코인, 마침내 무역 통화의 무대에 서다

세계 교역의 큰 흐름이 지금 천천히, 그러나 확실히 달러 밖을 보기 시작했다. 그 빈틈에 가장 먼저 들어온 디지털 자산이 비트코인이다. 비트코인은 애초에 중앙은행도, 발행 주체도 없는 분산형 디지털 자산이라 달러나 유로처럼 국가가 보증하는 화폐와는 성격이 완전히 다르다. 그래서 한동안은 '투기용 자산' 정도로만 취급됐지만, 제재와 탈달러화가 맞물리자 일부 국가는 이것을 국가 간 결제 수단으로 시험하기 시작했다.

러시아·중국이 먼저 써 본 에너지 결제

글로벌 자산운용사 반에크VanEck가 낸 보고서에 따르면 러시아와 중국이 일부 에너지 대금을 비트코인으로 정산한 사례가 포착됐다. 달러가 사실상 독점하던 원유·가스 결제 영역에 암호자산이 실제로 들어온 셈이다. 미국의 금융제재를 받고 있는 이란, 베네수엘라 같은 나라들도 달러 결제망을 피하려고 암호화폐 결제를 시도하고 있다.

비트코인은 은행을 거치지 않고 지갑 주소만으로 송금할 수 있고, 결제 속도가 빠르며, 특정 시점 이후 추적을 어렵게 만드는 구조를 갖고 있어 제재 우회 수단으로 눈에 띄기 시작했다. 북한이 해킹으로 확보한 암호화폐를 대외 거래에 활용한 정황이 여러 번 포착됐다는 점도 이런 흐름과 닿아 있다.

가격은 요동치지만 '디지털 금'으로 본다

물론 비트코인은 변동성이 크다. 오늘 보낸 금액과 내일 받는 가치가 다를 수 있으니 통화로서는 불편하다. 그럼에도 불구하고 달러 흐름과 무관하게 움직인다는 특성 덕분에 일부 국가는 이것을 '디지털 골드'나 제재 회피용 보조자산으로 보기 시작했다. 미국과 서방의 금융제재가 강해질수록 신흥국·제재국·국부펀드 가운데 일부는 '이참에 외환보유·대체투자 포트폴리오에 비트코인을 편입할 수 있지 않을까'를 연구 중이다. 아예 비트코인 가격에 연동된 스테이블코인을 검토하는 곳도 있다.

러시아는 '대외용 허용', 중국은 '겉금지 속보유'

브릭스 내부에서도 태도는 다양하다. 러시아는 국내에서는 암호화폐 결제를 여전히 금지하면서도, 대외무역 결제용으로는 공식 허용하는 이중 트랙을 택했다. 2024년 8월 푸틴 대통령이 서명한 법안은 암호화폐 채굴과 국제 결제를 합법화해, '채굴로 확보한 비트코인은 러시아 물건을 수입하는 외국 기업에게만 판다'는 통로를 열어줬다. 말 그대로 달러를 안 쓰는 무역 루트를 만든 것이다.

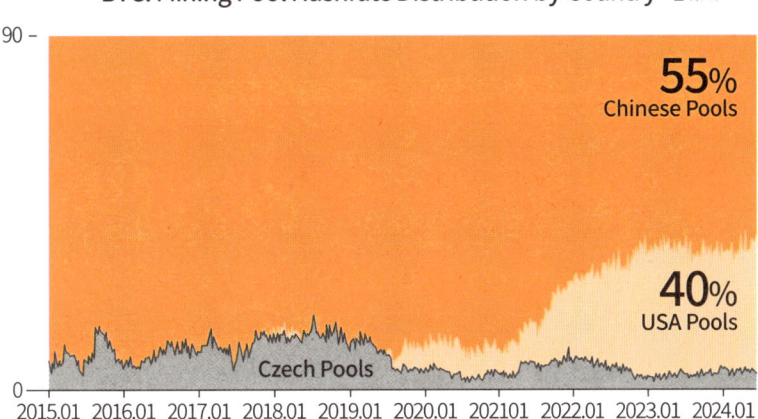

중국은 2021년 이후 암호화폐 거래·채굴을 전면 금지했다고 선언했지만, 실제로는 비트코인 밀채굴 규모가 세계에서 가장 큰 축에 들고, 정부가 몰수한 물량도 적지 않은 것으로 알려져 있다. 바깥에는 '금지'를 내세우면서, 내부에서는 전략자산처럼 들고 있는 전형적인 이중 전략이다.

달러를 거치지 않은 거래가 늘고 있다는 신호

"러시아와 중국이 비트코인으로 원유를 결제했다"는 류의 뉴스가 의미 있는 이유는, 달러 결제망 밖에서도 국가 간 가치 교환이 실제로 가능하다는 것이 증명됐기 때문이다. 이제 비트코인은 더 이상 '개인이 사서 들고 있는 투자상품'만이 아니라, 제재를 받는 국가·금융이 닫힌 국가가 써볼 수 있는 국제결제 옵션으로 테이블 위에 올랐다. 디지털 자산이 주도하는 새로운 교역 생태계의 입구가 열리고 있는 것이다.

브릭스에서도 '비트코인 교역'이 안건에 올랐다

2024 러시아 브릭스 정상회의

2024년 10월 러시아 카잔에서 열린 브릭스 정상회의에서는 비트코인을 활용한 교역 촉진이 아예 공식 의제로 다뤄졌다. 브라질은 이미 2023년부터 비트코인을 합법 결제수단이자 투자자산으로 인정했고, 러시아는 국제결제용 암호화폐를 허용했다. 남아공도 암호자산을 금융상품 범주에 넣어 합법 거래를 지원하고 있다.

반면 인도와 중국은 여전히 암호화폐를 불법 혹은 비승인 자산으로 분류하고 있어, 브릭스 전체가 '비트코인을 공동 무역통화로 쓰자'는 데까지는 못 갔다. 그럼에도 이 문제가 정상회의 탁자 위에 올라왔다는 사실 자체가 변화의 크기를 보여준다.

'달러 이후'의 한 축이 되는 비트코인

비트코인은 아직 불안정하고, 제도권 신뢰도도 달러와는 비교할 수 없다. 하지만 각국이 소규모라도 실제 무역에 투입해보는 순간, 국제금융 질서에는 작은 균열이 생긴다. 디지털 위안e-CNY이 국가가 주도하는 디지털 통화

축을 만들고, 민간 스테이블코인이 글로벌 상업·플랫폼 경제를 받치며, 그 사이에서 비트코인이 '제재도, 국경도, 중앙은행도 타지 않는 결제 자산'이라는 독특한 위치를 차지하는 그림이다.

달러가 지배하던 일극 체제는 이제 '여러 디지털 화폐가 공존하는 다원 통화 질서'와 맞서는 중이다. 그중에서도 비트코인은 가장 거칠고, 가장 속도가 빠른 선발주자다.

6
사우디가 달러를 손절하는 징후들: 50년 페트로달러 균열

달러가 금태환을 멈춘 1971년 '닉슨 쇼크' 이후에도 기축통화 자리를 지킬 수 있었던 건 하나의 안전핀 덕분이었다. 바로 페트로달러Petrodollar 체제다. 미국은 달러 신뢰가 흔들리자 1974년 사우디아라비아와 군사·경제 패키지 협정을 맺어 '석유는 달러로만 팔고, 그 대가로 미국은 사우디 안보를 보장한다'는 구조를 만들었다. 이게 50년간 유지된 석유-달러의 동맹이었다.

미국 국무장관 헨리 키신저(좌)와 사우디아라비아 파이살 국왕(우)

1974년 6월 체결된 이 협정의 골자는 단순했다.

* 사우디를 포함한 OPEC 산유국들은 원유 판매 통화를 달러로 고정하고
* 그 달러로 미국 국채를 사주는 대신,
* 미국은 사우디와 중동 산유국의 안보를 책임진다.

이 덕분에 전 세계는 원유를 사기 위해 달러를 비축해야 했고, 금 없이도 달러는 기축 지위를 이어갔다.

사우디가 달러에만 묶이지 않겠다고 할 때

그런데 이 단단해 보이던 고리가 최근 들어 흔들리고 있다. 사우디가 '이제 원유를 꼭 달러로만 팔 필요는 없다'는 신호를 내기 시작했기 때문이다. 몇 년 전부터 사우디는 중국·러시아와의 에너지 거래에서 위안화나 루블화 결제를 논의했고, 2022년에는 중국으로부터 위안화 표시 원유거래 제안을 받았다. 결정적이었던 건 2023년 리야드 국제행사에서 사우디 재무장관이 했던 말이다.

"거래를 달러에만 한정하는 것은 바람직하지 않습니다. 다른 통화와의 거래에도 문을 열어두고 있습니다."

이건 사실상 '석유 결제통화 다변화' 선언이었다. 페트로달러 체제의 축이던 사우디가 스스로 탈달러 흐름에 발을 담근 셈이다.

2024년 6월, 50년짜리 우산이 접혔다

더 중요한 분기점이 하나 있었다. 1974년에 맺은 미·사우디 군사경제협정

은 50년 만기였다. 그 시점이 2024년 6월이었다. 미국은 갱신을 원했지만 사우디가 그대로 연장하지 않은 것으로 알려졌다. 이건 단순히 '협정 하나 안 했다'는 문제가 아니라, 달러 체제를 떠받치던 에너지 축이 더 이상 자동으로 유지되지 않는다는 신호다.

JP모건 분석에 따르면 2023년 기준 이미 원유 거래의 약 20%가 비非달러 통화로 이뤄졌다. 50년 동안 묶여 있던 석유-달러 결속이 서서히 풀리기 시작한 것이다.

사우디는 왜 달러에서 한 발 뺐나

사우디의 태도 변화는 감정이 아니라 계산이다. 지금 사우디의 최대 원유 고객은 미국이 아니라 중국이다. 중국은 위안화 결제를 조건으로 에너지·인프라 협력을 밀어붙이고 있고, 중동에서의 금융 영향력도 빠르게 키우는 중이다. 사우디 입장에서는 '미국만 보고 갈' 이유가 줄어든 것이다.

러시아·이란 같은 제재국들은 이미 위안화 결제나 물물교환을 병행하고 있다. 여기에 세계 최대 산유국 중 하나인 사우디까지 '달러 외 통화도 받겠다'고 움직이면, 페트로달러 체제의 균열은 구조화될 수밖에 없다.

달러 기둥이 흔들리면 생기는 파장

석유 대금이 달러로만 결제되지 않는다는 건, 곧 달러에 대한 구조적 수요가 줄어든다는 뜻이다. 달러 수요가 줄면 미국 국채에 대한 자연발생적 매수도 줄고, 이는 장기적으로 미국 금리 부담과 채권시장 유동성에 압력을 줄 수 있다. 애틀랜틱 카운슬도 "사우디가 달러 독점을 끝내면 미국 채권시장과 달러 신뢰가 동시에 타격을 입게 된다"고 분석했다. 에너지에서 시작된 결제 다변화가 금융으로 번지는 전형적인 경로다.

브릭스로도 한 발: 사우디의 균형 걷기

2025년 7월 브라질 리우데자네이루에서 열린 제17차 BRICS 정상회의에 사우디아라비아가 모습을 드러냈다. 왕세자 겸 총리 무함마드 빈 살만Mohammed bin Salman을 대신해 외무장관 파이살 빈 파르한 알 사우드Prince Faisal bin Farhan이 대표단을 이끌었다.

파이살 빈 파르한 알 사우드

사우디는 2023년 요하네스버그 정상회의에서 BRICS 가입 초청을 받았지만, 미국과의 관계를 의식해 즉시 완전 가입으로 들어가진 않았다. 공식 리스트에는 이름이 올라 있지만, 실질적 의무가 수반되는 단계까지는 조심스럽게 접근하는 모양새다. 다시 말해 사우디는 브릭스 확대 흐름에는 동참하되, 미국과의 전통적 안보 라인도 유지하는 '양다리 균형'을 택한 것이다.

다극화 통화질서로 간다

결국 원유시장의 탈달러화는 '언젠가'가 아니라 '얼마나 빨리'의 문제가 되어가고 있다. 산유국은 더 많은 선택지를 갖고 싶어 하고, 원유 수입국은 더 유리한 결제 조건을 원한다. 이미 중국-걸프 사이에서는 위안화 결제가 현실이 되었고, 인도는 루피화로 원유를 사는 실험을 하고 있다. 이게 조금씩 쌓이면 원유 결제는 달러 일극에서 달러+위안+역내 통화가 함께 쓰이는 다극 구조로 이동할 것이다.

페트로달러 체제의 균열은 단순한 '결제 통화가 바뀐다'는 뉴스가 아니다. 그건 1970년대 이후 달러 패권을 떠받치던 가장 굵은 기둥에 금이 가고 있다는 뜻이고, 곧 새로운 글로벌 통화질서가 등장할 공간이 생겼다는 뜻이다.

7

미국의 선택 '스테이블코인', 달러 패권을 지키기 위한 마지막 승부수

한국에서도 가상자산을 실제로 써본 사람이 1,600만 명을 넘어가고(유권자의 약 36% 수준), 그중 상당수가 원화 스테이블코인에 관심을 보이자 디지털 토큰 문제가 선거 이슈로까지 올라왔다. '왜 갑자기 코인 얘기가 정치에?' 싶지만, 세계 흐름을 보면 이상한 일도 아니다. 미국이 이미 같은 질문을 하고 있기 때문이다.

트럼프의 노선:
CBDC는 '안 한다', 스테이블코인은 '키운다'

미국 대선에서도 스테이블코인은 주요 안건이었다. 트럼프는 "CBDC는 정부가 국민의 지갑을 들여다보는 도구가 될 수 있다"며 분명하게 선을 그었다. 대신 달러에 페깅된 스테이블코인을 키워서, 디지털 환경에서도 달러의 국제통화 지위를 유지하겠다는 쪽으로 방향을 잡았다.

도널드 트럼프 미국 대통령

논리는 단순하다. 중앙은행이 전부 통제하는 디지털달러CBDC는 프라이버시 우려가 크니, 민간이 만든 달러 토큰을 규제 틀 안에서 키워주는 편이 혁신도 살리고 미국도 이롭다는 계산이다.

실제로 2025년 초 트럼프 대통령 행정명령에는 연방기관이 CBDC를 추진·홍보하는 것을 막는 조항이 들어가 있는 대신, 달러 연동 스테이블코인 같은 민간 디지털달러를 성장시키겠다는 방향이 담겼다. 미국이 당분간은 '국가 CBDC 안 한다' 쪽으로 몸을 튼 셈이다.

중국이 e-CNY라면, 미국은 '토큰화된 달러'

중국은 CIPS + 디지털 위안e-CNY으로 국가가 결제속도·비용을 직접 낮추며 영향력을 넓히고 있다. 미국은 정반대 전략을 택했다. 민간 생태계를 키워서 달러 힘을 유지하는 방식이다.

재미있는 점은, 달러 연동 스테이블코인이 오히려 달러 패권의 보조 날개가 될 수 있다는 점이다. 스테이블코인 발행사들은 준비자산으로 미국 국채나 현금성 달러를 대량 보유해야 하고, 이는 곧 미국 달러 자산에 대한 수요를 떠받치는 효과를 낸다. 디지털 환경에서 달러의 촉수를 더 멀리 뻗게 만드는 장치가 되는 것이다.

스테이블코인은 이미 거래소를 넘어갔다

원래 스테이블코인은 암호화폐 거래소에서 쓰는 '달러 대용 코인' 정도였다. 그런데 지금은 현실 경제 쪽으로 빠르게 번지고 있다.

- **고인플레이션 국가**에서는 자국 화폐 대신 달러 연동 코인을 사실상 일상 통화처럼 쓰는 사례가 늘고 있다.
- **국제송금**에서는 온체인 전송으로 몇 초 안에 보내고 수수료도 낮출 수 있어, 페이팔의 PYUSD, 코인베이스의 달러 ↔ PYUSD 무수수료 교환 같은 서비스가 실사용을 끌어올리고 있다.
- **무역 결제**에서는 보따리무역, 제재 대상국과의 결제, 소규모 해외조달에서 스테이블코인이 '달러 대신이자 달러 비슷한 것'으로 쓰이고 있다.
- **가상경제·메타버스**에서는 가치가 덜 흔들리고, 코드로 조건을 걸 수 있어 기본 화폐로 쓰기 좋다.

즉 스테이블코인은 지금 '암호화폐 시장용 달러'에서 '디지털 형식의 글로벌 머니'로 진화 중이다.

CBDC vs 스테이블코인, 꼭 둘 중 하나일 필요는 없다

대부분 나라의 중앙은행은 CBDC를 연구하고 있지만, 미국의 무게중심은 민간 스테이블코인 쪽으로 실질적으로 이동했다. 그렇다고 둘이 제로섬은 아니다.

- <u>CBDC</u>는 중앙은행이 찍고 관리하므로 공공성·안정성·통화정책 측면에서 강하다.
- <u>스테이블코인</u>은 속도, 접근성, 민간 혁신을 끌어들이는 힘에서 앞선다.

그래서 뉴욕연준의 프로젝트 RLN Regulated Liability Network처럼 CBDC·

예금토큰·스테이블코인이 한 다중 원장 네트워크에서 상호결제되는 모델이 유력하다. 아이러니하게도 미국은 트럼프의 'CBDC 반대' 때문에 중앙은행 디지털달러를 밀기 어려워졌고, 대신 이런 모델을 연구해온 한국은행 같은 곳이 실제 실험을 먼저 해본 셈이 됐다.

다만 CBDC는 구조적으로 추적 가능성 문제가 남는다. 영지식증명ZKP 등 프라이버시 기술을 얼마나 넣느냐가 신뢰를 좌우할 것이다.

스테이블코인 시장은 2025년 11월 기준 약 3,000억 달러 규모에서, 규제가 깔리고 상업 서비스가 늘면 수조 달러급으로 커질 거라는 전망이 이어지고 있다. 중앙은행이 제도 설계를 하는 사이, 실제 사용자는 더 편리한 쪽으로 — 즉 스테이블코인으로 — 움직일 가능성이 높다.

한국의 포지션: 어느 편 드는 게 아니라, 두 문을 다 연다

개방경제인 한국은 어느 한 진영을 골라 붙는 전략보다 CBDC의 공공성 + 민간 스테이블코인의 속도를 동시에 가져오는 편이 낫다. 디지털화폐 시대에는 하나의 돈이 모든 걸 독점하기 어렵고, 여러 디지털 통화가 서로 견제하고 연결되는 구조가 자연스럽기 때문이다.

그래서 필요한 건 이런 식의 '개방적 포용' 설계다.

- **원화 스테이블코인 신뢰 만들기**: 은행·지급결제사가 발행할 수 있는 가이드라인을 만들고, 해외 스테이블코인의 국내 사용에는 이용자 보호·과세·공시 기준을 정비한다.
- **CBDC 고도화**: 영지식증명ZKP 등 프라이버시 기술을 넣고, 해외 CBDC·스테이블코인과 연결될 수 있는 상호운용 표준을 선도한다.
- **개방형 결제 인프라**: 민간이 올 수 있도록 API·토큰 표준을 열어두고, 생태계 안에서 경쟁하게 한다.

핵심은 '이건 안 돼'가 아니라 '이건 이렇게 연결하면 된다'에 방점이 찍혀야 한다. 앞으로 승리하는 건 가장 센 단일 화폐가 아니라, 가장 많이 연결된 결제망이기 때문이다.

냉전이 아니라 네트워크 경쟁이다

미·중이 벌이고 있는 디지털 통화 패권 다툼은 겉모습만 보면 21세기형 냉전 같지만, 실제 승부는 이념이 아니라 네트워크 설계와 신뢰에서 갈릴 가능성이 크다. 디지털 위안, 달러 연동 스테이블코인, 각국의 CBDC, 비트코인까지 공존하는 다층 구조가 현실적인 미래다.

한국이 지금 할 일은 한쪽에 줄 서는 게 아니라, 이 모두가 우리 결제망에서 돌아갈 수 있게 규칙을 먼저 써두는 것이다. 그러면 우리는 '따라가는 나라'가 아니라 '새 통화질서의 설계자' 자리에 설 수 있다.

8

달러 다음은 이것, 스테이블코인의 무서운 미래

스테이블코인은 이제 '코인 거래할 때 쓰는 보조 화폐' 단계에서 완전히 벗어났다. 비트코인처럼 가격이 출렁이지 않고, 달러·유로·금 같은 실물자산에 연동돼 가치가 고정되는 디지털형 안정통화라는 점이 받아들여지면서, 디지털 경제를 움직이는 기본 단위로 올라서고 있다.

2025년 11월 현재 시가총액이 3,000억 달러를 넘겼다는 건, 이게 단기 유행이 아니라 '디지털 결제의 공용 통화'로 자리 잡는 중이라는 뜻이다. 앞으로 5년 안에 글로벌 결제·무역·가상경제에서 '이거 없으면 좀 불편한' 통화가 될 가능성이 높다.

왜 이렇게 빨리 커지나

1) 실물 경제에서 바로 쓰이기 시작했다

예전엔 해외로 돈 보내려면 며칠씩 걸리고 수수료도 비쌌다. 스테이블코인은 블록체인 위에서 수초 안에, 그것도 몇십~몇백 원 수준의 수수료로 보낼 수 있다. 은행망이 약한 개발도상국·이민자 송금·소규모 무역에서는 이게 곧 '대안 금융'이다. 전자상거래·온라인 플랫폼이 늘수록 스테이블코인 결제도 함께 늘어난다.

2) 인플레이션 국가에서 '달러 대용'이 됐다

중남미, 중동처럼 물가가 계속 오르는 나라에서는 자국 통화 대신 달러 연동 스테이블코인을 들고 있는 사람이 빠르게 늘었다. 이자를 지급하는 수익형 스테이블코인은 더 인기다. 국경이 있어도 디지털 달러를 들 수 있으니, 사실상 글로벌 통화처럼 작동하는 셈이다.

3) 기업과 전통 금융이 들어왔다

페이팔이 PYUSD를 발행해 160개국 무료 송금을 열었고, 비자Visa나 JP모건 같은 전통 금융사들도 결제·유동성 관리에 스테이블코인을 붙일 수 있는지 검토 중이다. 이건 스테이블코인이 '코인판 부속품'이 아니라 제도권 금융이 써도 되는 디지털 머니로 인식되기 시작했다는 뜻이다.

4) 규제가 모양을 잡았다

초창기에는 '누가 발행해도 되는' 무법지대였지만, 지금은 그렇지 않다. 미국은 발행사가 1:1 준비자산을 의무 보유하고 감사받도록 하는 법안을 정비했고, EU는 2024년부터 MiCAMarkets in Crypto-Assets를 시행해 발행 요건, 준비금, 공시를 다 규정했다. 규칙이 생기니 기관과 대기업이 들어오기 시작했다.

5) DeFi·NFT·메타버스가 다 스테이블코인으로 돈을 센다

지금 DeFi(탈중앙금융)에 예치된 자산의 상당수가 스테이블코인이다. 대출이든 유동성 공급이든 '기준이 되는 돈'이 필요하기 때문이다. NFT나 가상경제에서도 가격이 휘청거리는 코인보다 안정형을 선호한다. 메타버스가 AI나 챗GPT 기반 서비스와 붙어 더 커지면, 실물 경제와 가상경제를 이어주는 중간 통화가 스테이블코인이 될 공산이 크다.

유럽은 '정리'부터 했다: MiCA로 불량 코인 퇴출

2024년 6월 EU가 MiCA를 본격 시행하면서, 스테이블코인은 유럽에서 '허가받은 통화'와 '못 들어오는 통화'로 갈리기 시작했다. 발행사는 EU에 등록해야 하고, 준비금도 투명하게 관리해야 하고, 자본 요건도 맞춰야 한다. 이 기준을 충족하지 못한 테더USDT는 유럽 주요 거래소들에서 상장이 중단됐다.

그 빈자리는 자연스럽게 규제친화형인 USDC(서클), EUROC(유로 연동형), 그리고 리플이 내놓은 RLUSD 같은 쪽이 채우고 있다. MiCA의 등장은 "이제 아무나 스테이블코인이라고 부르지 마라, 규제 안에 들어온 애들만 시장에 남겠다"는 신호탄이었다.

스테이블코인 × RWA, '이자 나오는 디지털 달러'까지

다음 단계는 스테이블코인이 RWAReal World Asset(실물자산 토큰화)와 붙는 것이다. 2024년 3월 블랙록BlackRock이 이더리움 위에 올린 '비들

BUIDL' 펀드가 그 예다. 미국 국채·단기채 등에 투자해 매일 이자를 토큰 형태로 돌려주고, 달러와 1:1로 고정되며, USDC 같은 스테이블코인과 자유롭게 교환된다.

비들 자체는 엄밀히 말해 스테이블코인은 아니지만,

- 달러와 1:1
- 온체인에서 즉시 교환
- 이자 발생

이라는 점에서 사실상 '수익형 스테이블코인'에 매우 근접한 상품이다. 이건 미국이 민간 스테이블코인 + 자산 토큰화RWA로 기존 금융과 디지털 자산의 경계를 허무는 실험을 이미 하고 있다는 뜻이다.

새 질서의 한가운데에 서는 통화

지금 스테이블코인은 완전히 다른 지위에 와 있다. 더 이상 '비트코인 살 때 쓰는 달러 대용품'이 아니라, 글로벌 결제·무역·투자 플랫폼의 기본 통화로 이동하는 중이다. 미국 재무부 쪽 전망처럼 2028년쯤이면 시장이 2조 달러급이 될 거라는 얘기가 나오는 것도 무리는 아니다.

물론 남은 숙제는 있다.

- 준비금과 운용을 얼마나 투명하게 공개할 것인가
- 각국 규제를 어떻게 맞춰 갈 것인가
- 해킹·스마트컨트랙트 리스크를 어떻게 줄일 것인가

하지만 방향은 이미 나왔다. 디지털 시대의 달러와 유로는 중앙은행이 직접 찍는 것만으로는 부족하고, 네트워크 위에서 돌아가는 토큰형 통화가 함께 가게 된다. 스테이블코인은 그 네트워크를 움직이는 '신뢰의 코드'다.

결국 승부는 여기서 난다.

"누가 이 안정형 디지털 통화를 표준으로 만들고, 누가 전 세계 결제망과 연결하느냐."

그걸 먼저 설계하는 쪽이 다음 통화질서에서 목소리를 갖게 될 것이다.

9

돈의 미래를 결정할
3가지 거대 흐름

21세기 돈의 움직임은 겉으로는 수많은 기술과 서비스로 보이지만, 밑바닥 흐름은 세 줄기로 정리된다. 아날로그가 디지털로 바뀌는 흐름, 권력이 중앙에서 주변으로 흩어지는 흐름, 거래 자체가 블록체인 위로 올라가는 흐름. 이 셋이 동시에 밀고 들어오면서 금융·무역·데이터 질서가 통째로 다시 짜이고 있다.

① **아날로그 자산은 디지털 포맷으로 옮겨간다**

지식과 기록을 모두가 볼 수 있게 하려는 욕망은 오래됐다. 구글 검색, 메타(페이스북)의 소셜 네트워크가 그 욕망을 현실로 만든 대표적인 서비스다. 핵심은 전부 디지털화다. 한 번 디지털로 바뀌면 검색·편집·공유가 폭발적으로 쉬워지고, 접근 권한도 넓어진다.

이제 그 대상이 문서나 사진을 넘어 화폐와 금융자산으로 이동하고 있다. 현금, 통장, 서류로 관리되던 가치가 점점 앱과 클라우드, 블록체인 같은 '코드 환경'으로 옮겨 붙는 중이다. 인공지능, 빅데이터, 클라우드가 이 속도를 끌어올리고 있고, 그 자연스러운 연장선 위에 디지털화폐가 놓여 있다. 앞으로의 경제는 종이보다 소프트웨어가, 창구보다 API가 더 중요한 질서가 된다.

② 중앙집중된 것은 분산을 향한다

외젠 들라크루아 〈민중을 이끄는 자유의 여신〉 1830

19세기 들라크루아의 그림 〈민중을 이끄는 자유의 여신〉이 상징하듯, 근대정치는 '한 군데 모여 있던 권력을 시민에게 나누는 과정'이었다. 1688년 영국 명예혁명, 1776년 미국독립, 1789년 프랑스혁명은 왕과 소수가 쥐고 있던 권한을 공동체로 돌려놓은 사건이었다. 이 정치적 흐름이 이제 경제·금융으로 옮겨오고 있다. 20세기 국가주의가 위에서 찍어 내리던 통화·정보·규제 권한이 21세기에는 시장, 플랫폼, 개인 단위로 흘러내리는 중이다.

화폐의 탈중앙화

경제학자 하이에크는 《화폐의 탈국가화》에서 "발행권이 중앙은행에만 있으면 결국 그 화폐는 과잉 발행과 경기변동을 피하기 어렵다. 시장이 발행해야 한다"고 했다. 2008년 글로벌 금융위기 이후 실제로 그런 모습을 봤다. 달러는 10여 년 사이에 수량이 폭증했고, 그 유동성은 생산보다 먼저 자산시장으로 흘러 들어가 부동산·주식 값을 끌어올렸다. 그 결과 미국의 중산층 비중은 1970년대 70%대에서 지금은 40%대까지 떨어졌고, 상위 10%가 소득의 절반을, 부의 70% 이상을 차지하는 구조가 굳어졌다. 하위 50%는 전체 부의 1% 남짓만 가진 상황이다.

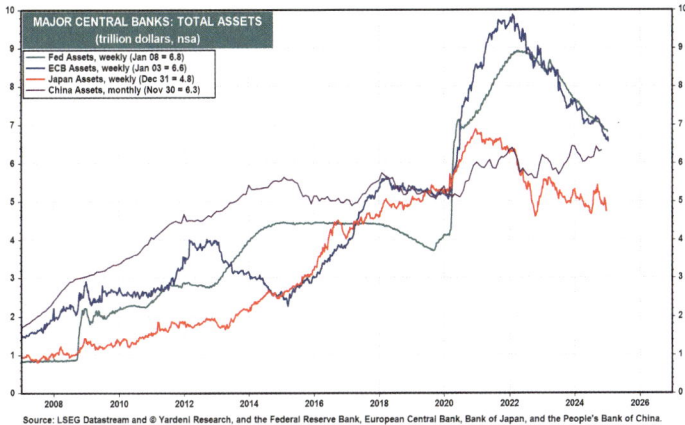

세계 4대 통화의 발행 추이

이런 환경에서 비트코인이 나타났다. 정부나 중앙은행을 통하지 않고 네트워크 합의만으로 발행·거래되는 최초의 탈중앙 디지털 화폐다. 인플레이션을 설계 단계에서부터 차단하고(발행량 2,100만 개 한정), 개인이 자기 지갑에서 자기 자산을 스스로 통제하게 만든 점 때문에 '금융 민주주의의 실험'이

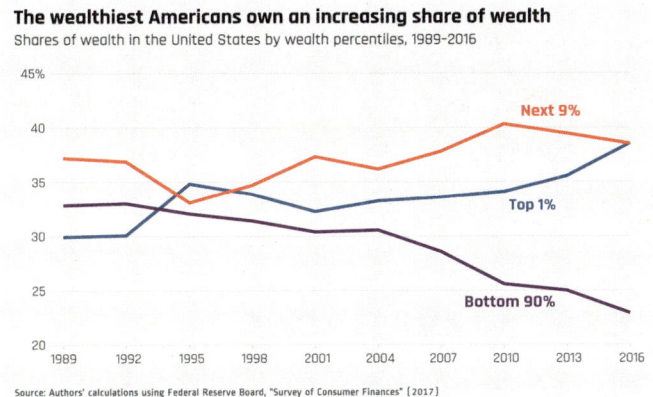

2017년 연준 발표 자료

라는 평가가 붙는다.

게다가 우리가 '안전자산'이라 여겨온 달러도 지난 50여 년간 실질가치가 99% 가까이 폭락했다. 이는 금 1온스의 가격이 35달러에서 4300달러로 급등한 현실이 증명하고 있다. 무역전쟁, 통화 팽창, 인플레이션, 금권정치가 반복되는 시대에는 특정 국가의 통화가 아니라 국경을 넘어 공통으로 쓸 수 있는 탈중앙적 세계화폐에 대한 수요가 생길 수밖에 없다.

대기업·플랫폼 권력도 분산 대상으로

오늘날의 '왕'은 군주가 아니라 데이터와 플랫폼을 쥔 빅테크다. 거대 플랫폼은 이용자가 만든 콘텐츠를 통제하고, 광고·결제·데이터를 중앙에서 가져간다. 여기에 대한 대응으로 탈중앙화 인터넷 Web 3.0이 등장했다. 블록체인 기반 분산 플랫폼은 데이터 소유권과 수익 배분을 이용자에게 다시 돌려주려는 시도다. 정보의 흐름이 기업 → 개인으로 되돌아오는 순간, 탈중앙화는 이념이 아니라 쓸모 있는 기술이 된다.

③ 온라인 활동은 결국 온체인으로 수렴한다

'온체인화 On-Chainization'는 말 그대로 인터넷에서 일어나는 거래와 계약, 데이터 기록을 블록체인 위에 직접 올리는 것을 뜻한다. 중앙 서버가 승인하던 일을 탈중앙 네트워크가 자동으로 처리하는 구조다. 금융에서는 스마트 계약이 중개자 없이 대출·교환·담보 실행을 해주기 때문에, 은행을 거칠 때보다 비용이 적고 시간도 훨씬 짧다. 국제결제도 몇 초 안에 끝낸다.

이 흐름은 DeFi(탈중앙금융), NFT, DAO, AI 데이터 마켓으로 빠르게 확장되고 있다. '누가 거래했는지', '무슨 조건으로 실행됐는지'가 실시간으로 보이고, 코드가 계약을 대신해주는 구조가 미래 금융의 기본값이 되고 있는 것이다.

자산의 토큰화 시대

블랙록BlackRock의 래리 핑크가 "비트코인이 1차 금융혁명이었다면, 2차는 자산의 토큰화가 될 것"이라고 한 것도 같은 맥락이다. 지금은 주식·채권뿐 아니라 부동산, 미술품, 음원, IP까지 블록체인 위에서 RWAReal World Asset 형태로 잘게 쪼개져 거래되고 있다. 24시간 거래, 소액 투자, 즉시 유동화가 가능해지니 금융의 경계가 옅어진다. 보스턴컨설팅그룹이 2030년 RWA 시장을 16조 달러 규모로 본 이유도 여기에 있다.

정리하면 이렇다. 디지털화는 정보와 자산을 코드로 옮기는 혁명이고, 탈중앙화는 권력과 발행권을 한 손에서 여러 손으로 나누는 혁명이며, 온체인화는 그 과정을 누구나 검증할 수 있게 만드는 신뢰의 혁명이다.

블록체인은 그래서 더 이상 '재미있는 기술'이 아니라, 앞으로의 금융 질서를 어떻게 설계할지를 떠받치는 운영체제다. 모든 가치가 디지털로 표현되고, 권력이 한곳에만 머물지 않고, 거래가 온체인으로 기록되는 세상 — 그다음 페이지에서 우리가 만나게 될 것은 결국 '코드 위에서 돌아가는 금융'이다.

10
통화 혁명의
변곡점에서

    1980년대 초, 몇몇 유대계 암호학자들이 조용히 다른 길을 모색했다. 끝이 보이지 않는 통화 팽창, 금융자본주의의 과열, 정치가 결합한 금권 구조에 맞서 '인플레이션에 휘둘리지 않는 디지털 화폐', 나아가 국경을 넘는 세계 공용 화폐를 만들고 싶어 했던 사람들이다.

    그 긴 실험이 2009년 1월 3일, 글로벌 금융위기의 한가운데서 '비트코인'이라는 이름으로 나타났다. 사토시 나카모토는 첫 백서에서 이렇게 못 박았다.

    "재래 통화의 본질적 문제는 '신뢰를 믿어야만 한다'는 데 있다. 우리는 중앙은행이 화폐가치를 훼손하지 않으리라 믿어야 하지만, 통화의 역사는 이 신뢰가 얼마나 자주 깨졌는지를 보여준다."

    이 선언은 디지털화폐가 단지 기술 장난이 아니라 기존 통화권력에 대한 반론으로 출발했음을 보여준다.

비트코인 이후: 리플XRP과 이더리움이 연 무대

비트코인이 '은행 없이도 돈을 주고받을 수 있다'는 가능성을 보여줬다면, 2012년에 등장한 리플Ripple/XRP은 이를 실제 금융 인프라 수준으로 끌어올리려 했다. 국제 송금이 며칠씩 걸리고 수수료가 비쌌던 기존 시스템을 대체하겠다는 목표였고, 3초 안팎 처리와 거의 0에 가까운 수수료로 존재감을 드러냈다.

2015년 나온 이더리움Ethereum은 여기서 한 발 더 나갔다. 돈을 주고받는 데서 끝내지 않고, 그 위에서 조건이 달린 계약을 자동 실행하는 스마트 콘트랙트Smart Contract를 얹었다. 이때부터 암호화폐는 '결제 수단'이 아니라 '가치가 움직이는 네트워크'로 보기 시작했다.

다만 이더리움은 보안과 탈중앙성을 지킨 대신 속도와 수수료가 높다는 약점이 있었다. 그래서 솔라나Solana, 아발란체Avalanche같은 차세대 레이어1들이 등장해 초당 수만 건, 수수료 0.00025달러 수준의 체계를 내놓았고, 이더리움은 다시 6단계 업그레이드와 레이어2 확장으로 대응하는 중이다.

비트코인도 마찬가지다. 라이트닝 네트워크, BRC-20, 룬 프로토콜 같은 시도가 이어지면서 '가치 저장'에서 '거래 네트워크'로 역할을 넓혀가고 있고, 일부는 디파이DeFi 넝먹과도 연결되고 있다. 여기에 RWAReal World Asset(실물자산 토큰), AI 코인, 게임파이GameFi가 붙으면서 암호화폐는 하나의 자산을 넘어 새 산업 생태계를 돌리는 연료가 되어가고 있다.

디지털 달러 vs 디지털 위안: 국가도 참전했다

민간이 시작한 이 흐름을 국가들도 놓치지 않았다. 중국은 디지털 위안

e-CNY으로 이미 국내 테스트를 마치고, mBridge 등을 통해 국경 간 결제 실험까지 진행했다.

이에 미국은 2023년 7월 연준이 주도하는 FedNow 라는 실시간 소액결제망을 열어 "달러도 디지털 환경에서 뒤지지 않는다"고 대응했다. 곧이어 JP모건이 은행 예금을 토큰화한 예금토큰Deposit Token 구상을 내놨고, 트럼프 재집권 이후에는 "CBDC는 감시 우려가 있으니 하지 말고, 대신 달러 연동 스테이블코인을 키우자"는 방향이 힘을 얻었다.

이제 판 위에는 네 부류가 동시에 서게 되었다.

* 정부가 찍는 법정화폐
* 중앙은행이 디지털로 만든 CBDC
* 민간이 달러를 토대로 만든 스테이블코인
* 국가 밖에서 작동하는 암호화폐

서로 성격도 주체도 다르지만, 한 공간 — 디지털 결제망 — 안에서 공존과 경쟁을 시작한 것이다.

통화질서는 '하나'에서 '여러 개'로

이 흐름이 의미 있는 이유는 기축통화의 기준이 바뀌고 있기 때문이다.

예전에는 '어느 나라가 찍었느냐'가 통화의 힘을 결정했다. 그런데 지금은 '어떤 네트워크에서 얼마나 연결되느냐', '어떤 기술 위에서 돌고 있느냐'가 힘의 원천으로 떠오르고 있다.

유럽, 중국은 각자 CBDC를 밀고, 미국 진영에서는 스테이블코인·예금토큰·달러 온체인화가 퍼지고, 민간·플랫폼 영역에서는 여전히 비트코인·이더리움 이 쓰인다. 결과적으로 우리는 법정화폐 + 디지털화폐 + 가상자산이

층층이 겹치는 다층 통화 구조로 진입했다. 달러 일극은 약해지고, 지역·경제 블록·디지털 생태계별로 다른 '준(準)기축'들이 생기는 모습이다.

이제는 '국가가 공급하면 쓴다'가 아니라 '개인이 고른다'

오스카 와일드가 "우리는 모든 것의 가격은 알지만, 그 어떤 것의 가치는 모른다"고 했듯, 지금 변화의 본질은 가격이 아니라 가치 선택의 주체가 바뀌는 것에 있다.

앞으로는 지갑 하나만 있으면 해외 CBDC, 달러 스테이블코인, 비트코인을 앱에서 클릭으로 바꿔 쓸 수 있는 시대가 온다. 그러면 통화는 더 이상 '패권국이 찍어서 나머지가 받아 쓰는' 구조가 아니라, 전 세계 사용자들이 스스로 선택하는 소비재에 가까워진다. 통화의 권력이 공급자에서 이용자로 넘어가는 셈이다.

우리는 지금 통화 혁명의 변곡점에 서 있다. 예전처럼 중앙은행이 금리와 발행량만으로 통화질서를 좌지우지하던 시대에서, 기술·네트워크·상호운용성이 통화의 힘을 결정하는 시대로 이동하는 중이다.

피터 드러커가 말했듯 '미래를 가장 확실히 예측하는 방법은 그것을 만드는 것'이다. 변화는 이미 시작됐다. 이제 선택만 남았다. 디지털 통화의 거대한 물결에 끌려가면서 뒤늦게 규칙을 따를 것인가, 아니면 지금 이 시점에 우리 방식의 통화·결제·신뢰 구조를 설계해 세계가 접속하게 만들 것인가.

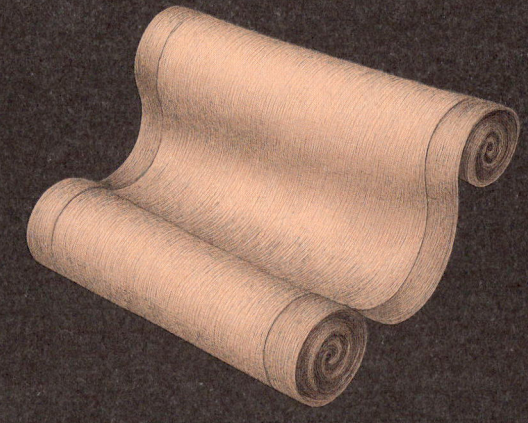

The Currencies That Changed the World and Bitcoin

3

신화 속에 숨겨진 부의 비밀: 돈의 기원

우리는 왜 돈을 믿었는가?

Why the Rich Abandon Dollars and Buy Bitcoin?

1
시간 여행자의 이상한 모험과
돈의 미래 이야기

1992년, 한 경제학자가 우연히 중앙은행 지하실에서 타임머신을 발견하고 미래로 떠나는 신기한 이야기다. 그는 먼저 2020년으로 가봤는데, 돈의 모습이 너무 많이 변해서 이해하기 힘들 정도였다. 다시 2026년으로 가보니, 이제는 아예 돈이 어떻게 돌아가는지 전혀 알 수 없게 되었다.

그런데 사실 이 타임머신을 만든 사람은 경제학자보다 훨씬 더 먼 미래인 2701년으로 여행을 떠났다. 그곳은 우리가 상상하던 세상과는 완전히 달랐다. 사람들은 두 종류로 나뉘어 살았는데, 한 부류는 모든 문제를 해결할 만큼 똑똑하고 강했지만, 시간이 흐르면서 약해지고 아름다움만 남은 엘로이라는 사람들이었다. 다른 부류는 지하에서 기계를 다루며 엘로이를 잡아먹고 사는 무시무시한 몰록이라는 사람들이었다. 이들은 노동자들의 후손이었고, 심지어 성별도 없었다.

시간 여행자는 몰록에게 타임머신을 빼앗기지만, 엘로이족 소녀 위나와 함께 몰록과 싸운다. 안타깝게도 위나가 죽자, 그는 혼자 힘으로 타임머신을 되찾아 다시 미래로 떠났다. 더 먼 미래로 갈수록 세상은 점점 황폐해졌다. 거대한 게, 이끼, 개구리만 남은 곳을 지나, 3천만 년 후에는 붉은 게 같은 생명체가 거대한 나비를 쫓는 기괴한 풍경이 펼쳐졌다. 결국 시간 여행자는 다시 현재로 돌아왔지만, 호기심을 이기지 못하고 또다시 미래로 떠나서는 돌아오지 않았다고 한다.

1992년: 돈의 황금기

경제학자가 처음 출발했던 1992년은 돈의 흐름이 매우 안정적이었던 시기다. 유럽에서는 나라들이 돈을 하나로 합치려고 마스트리히트 조약이라는 중요한 약속을 했다. 이때는 돈이 너무나도 정교해져서 사라질 수도 있는 것처럼 느껴질 만큼 기술적인 부분이 중요했다. 전문가들만 이해할 수 있는 복잡한 돈의 규칙들이 생겨났다. 예를 들어, 물가 상승률(인플레이션)은 1년에 3%를 넘으면 안 되고, 정부가 빚을 지는 것도 GDP(나라 전체 소득)의 3%를 넘어서는 안 된다는 규칙 같은 것들이다.

이 시기는 전 세계적으로 '대안정기'라고 불렸다. 정치인들이 돈 문제에 함부로 손대지 못하도록 예측 가능한 돈 정책이 경제를 안정시키는 데 큰 역할을 했다. 중앙은행이 돈을 조용히, 하지만 엄격하게 관리하던 때였다.

사람들은 동전이나 지폐, 그리고 그 당시에는 아주 최첨단이었던 스마트카드로 돈을 썼다. 중앙은행은 컴퓨터 시스템을 통해 은행들끼리 돈을 주고받을 수 있도록 도와줬다. 지금 경제를 이끄는 대부분 사람이 이때 돈을 배우고 성장했다고 한다.

2020년: 돈의 대변화

그런데 경제학자가 도착한 2020년은 달랐다. 돈은 엄청나게 변하고 있었고, 이제는 다시 정치적인 문제가 되었다.

중앙은행은 경제를 돕기 위해 새로운 방법들을 사용했다. 예를 들어, 나라의 빚(국채)을 대규모로 사들이거나, 은행들이 중앙은행에 돈을 맡기면 오히려 보관료를 내야 하는 마이너스 금리 같은 방식들이다. 하지만 이런 복잡한 일들을 일반 시민들이 이해하기는 어려웠다. 심지어 중앙은행 스스로도 물가가 왜 오르는지 정확히 알지 못한다고 인정했다.

경제학자들 사이에서는 '현대 화폐 이론'이라는 새로운 주장이 뜨겁게 논의되고 있었다. 이 이론은 나라의 모든 사람들이 일자리를 가질 수 있도록 (완전 고용) 돈을 얼마나 찍어낼지는 정부의 결정에 따라야 한다고 주장하는 내용이었다.

2026년: 통화 혁명의 변곡점

2026년이 되자 돈의 종류는 훨씬 더 많아졌다. 나라가 정한 돈인 법정화폐, 중앙은행이 만드는 디지털 돈인 CBDC, 가치가 안정적으로 유지되는 스테이블코인, 그리고 비트코인 같은 암호화폐까지, 이 네 가지 돈이 서로 경쟁하고 있었다. 길거리에서 종이 지폐를 쓰는 사람들을 찾아보기 힘들 정도였다. 온라인으로 돈을 주고받는 것이 일상이 되었지만, 이제는 모든 거래 기록이 블록체인에 남는 온체인 거래로 서서히 바뀌고 있었다. 세계적으로 기준이 되는 돈(기축 통화)도 한 가지가 아니라 여러 가지로 나뉘고 있었다. 1992년의 경제학자에게는 이 모든 것이 너무나 이해하기 어려웠을 것이다.

결국 이 이야기는 시간 여행을 통해 돈의 모습이 어떻게 변해왔고, 앞으로 어떻게 변할지에 대한 상상을 보여주고 있다. 복잡해 보이지만, 핵심은 돈이 단순히 물건을 사고파는 도구가 아니라 사회와 정치에 큰 영향을 미치는 중요한 도구라는 점이다.

2

최초의 화폐는 무엇이었나: 바닷가의 형제 신화

옛날 옛적 바닷가에 두 형제가 살고 있었다. 형은 배를 잘 만들었고, 동생은 물고기를 잘 잡았다. 서로 필요한 것을 나누면서 부족함 없이 지냈다. 그러던 어느 날 형이 말했다.

"네가 가져오는 물고기는 많지만, 나는 배를 고치느라 더 많은 나무와 노력을 들이고 있어. 우리, 교환을 좀 더 공정하게 해볼까?"

이 말은 단순한 제안이었지만, 인류 역사상 경제의 시작을 알리는 중요한 순간이었다. 물건을 주고받는 것을 정확히 측정하고 싶어 하는 마음, 즉 '가치의 기준'을 만들고 싶어 하는 본능이 이때 생긴 것이다.

역사상 가장 처음 사용된 돈은 무엇이었을까? 학자들은 고대 메소포타미아의 곡물 단위, 아프리카의 조개껍데기, 또는 고대 중국의 칼 모양 동전 등을 이야기한다. 하지만 이 모든 것의 본질은 같다. '돈'은 단순히 금속 조각이 아니라, 사람들 사이의 '믿음'과 '약속', 그리고 반복되는 거래 속에서 태어난 '상징'이라는 것이다.

형제의 교환이 문제없이 계속되려면, 서로가 동의하는 기준이 필요했다. 어느 날 그들은 둥글고 매끄러운 바위 하나를 골랐다. 형은 그걸 '노동의 돌'이라고 불렀고, 동생은 '물고기의 돌'이라고 불렀다. 이름은 달랐지만 둘 다 그 돌이 가치를 가지고 있다는 것을 인정했다. 그래서 인류 최초의 돈은 어쩌면 평범한 돌멩이 하나, 또는 서로에 대한 말 없는 믿음의 표시였을지도 모른다.

중요한 것은 돈이 '무엇'이었느냐보다 '어떻게' 사용되었느냐였다. 고고학적인 증거를 보면, 물물교환에서 돈으로 넘어간 것은 갑자기 바뀐 게 아니라 점점 발전한 과정이었다. 부족끼리 물건을 사고팔 때 일정한 가치를 지닌 '무엇인가'가 필요했고, 그것이 바로 돈의 씨앗이 된 것이다. 하지만 핵심은 '무엇을 사용했는지'보다 '어떻게 서로를 믿었는지'에 있었다.

형제의 바닷가 이야기는 잊혔지만, 그 신화는 오늘날에도 계속되고 있다. 우리가 스마트폰으로 커피값을 내고, 암호화폐로 예술 작품을 사고팔며, 눈에 보이지 않는 숫자로 돈을 모으는 세상에 살고 있다는 것이 그 증거다.

이 신화는 아직 끝나지 않았다. 어쩌면 진짜 돈은 조개껍데기나 은화, 비트코인이 아니라 서로 물건을 주고받으면서 상대를 이해하려는 마음 자체일지도 모른다. 바닷가의 형제가 돌멩이 하나를 두고 서로 약속했던 순간처럼, 우리도 오늘 다시 새로운 돈의 신화를 만들어가고 있다. 물건을 사고파는 것은 단순한 숫자의 흐름이 아니라, 인간이 서로를 믿는 방식이 발전하는 모습인 것이다.

면도날과 화폐: 가장 위험한 교환 수단

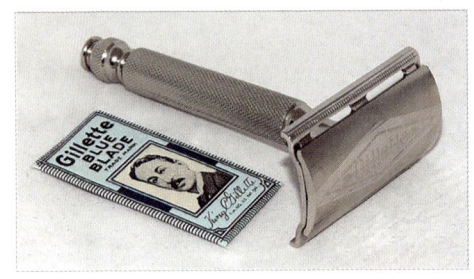

미국 질레트 사에서 출시한 최초의 안전면도기

면도날은 날카롭고 짧으며, 피부에 스치면 피가 나고 조심하지 않으면 자신을 다치게 할 수도 있다. 그런데 이런 면도날이 한때 사람들 사이에서 돈으로 쓰였다.

20세기 초, 에티오피아 일부 지역에서는 면도날이 돈처럼 사용되었다. 길이가 같고 무게가 일정하며, 날카로워서 쓸모가 있었기 때문이다. 그 작고 위험한 금속 조각은 시장에서 염소를 사거나, 소금을 사거나, 심지어 아내를 맞이하는 데 드는 비용으로도 쓰였다. 문명에서 가장 날카로운 도구가 생존과 관계를 결정하는 수단이 되었던 것이다.

이 '면도날 화폐'는 우리에게 돈의 진짜 모습이 무엇인지 다시 생각하게 한다. 우리는 무엇을 거래할 수 있을까. 거래란 어쩌면 피할 수 없는 상처를 동반할 수도 있다.

모든 돈은 물건을 사고파는 도구다. 하지만 거래가 항상 서로에게 이득이 되는 과정은 아니다. 어떤 거래는 불공평한 상황을 만들고, 어떤 돈은 힘 있는 사람들의 무기가 되기도 한다. 면도날이 돈으로 쓰일 수 있었던 것은 그것이 무기이자 도구, 생존을 위한 것이면서 동시에 위협적인 상징이었기 때문이다.

오늘날 우리는 더 이상 면도날을 들고 시장에 가지 않는다. 대신 신용카드를 쓰고, 디지털 돈을 보내고, 눈에 보이지 않는 숫자로 우리의 노력과 시간을 바꾼다. 하지만 그 속성은 여전히 같다. 돈은 안전하지 않다. 돈은 언제든 관계를 끊어버릴 수 있다. 누군가의 노력을 값싼 숫자로 깎아내고, 누군가의 시간을 무시하기도 한다. 면도날처럼 정확하고 인정사정 없다는 것이다.

돈은 무엇을 잘라낼까? 돈은 사람과 사람 사이의 거리를 재고, 사회적인 믿음을 숫자로 바꾼다. 하지만 동시에, 그 숫자 속에 들어가지 못하는 눈에 보이지 않는 가치들을 잘라낸다. 예를 들어, 누군가를 돌보는 시간, 친구와의 따뜻한 눈빛, 슬픔 속에서 함께 있어 주는 고요한 존재 같은 것들이다. 이런 것들은 돈으로 값을 매길 수 없다.

그런 면에서 돈은 면도날과 같다. 눈에 보이는 것은 아주 세밀하게 자르지만, 눈에 보이지 않는 중요한 것들은 무시하고 지나친다.

우리는 무엇으로 거래하고 있는가?

오늘도 우리는 커피 한 잔을 사기 위해 스마트폰을 들고, 예술 작품을 디지털 토큰으로 소유하며, 우리의 노동 가치를 다른 사람의 기준에 따라 흥정한다. 이 모든 거래 속에서 우리는 어떤 것을 놓치고, 또 어떤 것을 잘라내고 있을까.

면도날처럼 날카로운 돈은 계속 발전하고 있다. 암호화폐, 인공지능이 노동 가치를 측정하는 방식, 사회석 신용 시스템 등… 우리 삶은 점점 더 정밀하게 측정되고 나뉘고 있다. 하지만 그 정밀함이 항상 '공정함'을 보장하지는 않는다. 오히려 더 큰 상처를 남길 수도 있다.

이제 우리는 다시 물어볼 수밖에 없다. '이것은 정말 돈으로 거래해도 되는 것일까?', '이것은 돈으로 값을 매길 수 있는 것일까?'

면도날 같은 돈은 항상 존재해 왔다. 하지만 그것을 어떻게 쓰느냐는 전적으로 인간의 선택에 달려 있다. 정말 위험한 것은 면도날 자체가 아니라 그것을 아무 생각 없이 휘두르는 우리의 손일지도 모른다.

3

셰에라자드의 하루 일당과 자본 축적

셰에라자드 상상도(H. J. Ford(1898))

《천일야화》라는 이야기에서 셰에라자드는 천일 동안 매일 밤 왕에게 이야기를 들려주며 자신의 목숨을 구했다. 그녀는 말로 목숨을 살렸고, 상상력으로 나라의 운명까지 바꿨다. 그렇다면 우리는 그녀에게 얼마의 보수를 주어야 할까? 그녀의 하루 일당은 어떻게 계산할 수 있을까?

처음부터 그녀는 돈을 바라지 않았다. 그녀의 '노동'은 자발적이었다. 하지만 결과적으로 그녀의 이야기는 한 여인의 생명뿐만 아니라, 다른 많은 여성들의 죽음을 막고 왕까지 변화시켰다. 단순히 목숨을 구한 것을 넘어 문화와 제도까지 바꾼 셈이다. 그렇다면 노동의 가치는 그 결과로 따져야 할까? 아니면 들인 시간과 기술로 따져야 할까?

셰에라자드는 매일 밤 왕에게 독점적인 이야기 콘텐츠를 제공한 '1인 창작자'라고 볼 수 있다. 오늘로 치면, 그녀는 1,001편의 팟캐스트, 드라마, 또는 오디오북 시리즈를 매일 밤 단 한 명의 아주 중요한 고객에게 제공한 것이다. 만약 그녀가 이 콘텐츠를 유료 구독 모델로 운영했다면 어땠을까? 한 명의 구독자에게만 제공되는 이야기, 그것도 생명을 걸고 이어지는 시리즈라면, 그 가치는 상상 이상일 것이다.

한편, 그녀가 매일 밤 살아남기 위해 이야기를 해야 했다면, 이는 생존을 위한 필사적인 노동이다. 경제학에서 생존을 위한 노동은 흔히 돈을 받지 않는 '비임금 노동'으로 여겨지지만, 사실 가장 절박하고 높은 기술이 필요한 형태일 수 있다. 셰에라자드는 단순한 이야기꾼이 아니었다. 그녀는 청중 분석가, 심리전 전문가, 드라마 작가, 윤리 사상가, 그리고 이야기 편집자였다. 단 한 번의 실수도 없이 천 일을 넘긴 이 엄청난 작업에 대한 적절한 보상을 단순히 돈으로 계산할 수 있을까?

만약 왕이 매일 밤 그녀를 살려둔 것을, 그녀의 이야기가 매일 한 생명씩 구했다고 가정한다면, 셰에라자드는 1,001명의 생명을 구한 셈이다. 현대 생명보험에서는 사람의 생명 가치를 수억 원에서 수십억 원까지 추정하기도 한다. 그렇다면 그녀의 노동은 어쩌면 조 단위로 계산될 수도 있을 것이다.

하지만 어쩌면, 셰에라자드의 임금을 계산하려는 시도 자체가 쓸데없는 일일지도 모른다. 이야기는 그 자체로 가치를 지니기 때문이다. 이야기는 때로는 폭력을 멈추게 하고, 사람을 변화시키며, 시대를 구하기도 한다. 숫자로 계산할 수 없는 가치를 지닌 노동, 그것이 바로 셰에라자드의 이야기였고 어쩌면 오늘날의 예술가, 작가, 창작자들이 매일같이 반복하는 일일 것이다.

셰에라자드에게 우리가 줄 수 있는 유일한 보수는 그녀의 이야기를 기억하고, 다시 들려주는 것이 아닐까?

4
스파르타, 예언을 지배한 자가 돈을 가진다

델포이 신전 유적

스파르타는 철로 이루어진 도시였다. 그들의 돈은 진짜 철로 만들어져서 무거웠고, 훔치기도 어려웠다. 금화는 이 도시에서 나쁜 물질로 여겨졌다. 사치와 뇌물, 유혹의 상징이었기 때문이다. 하지만 아무도 스파르타가 금화를 가장 두려워했다는 사실은 말하지 않았다.

어느 날, 한 전령이 델포이 신전에서 돌아와 아폴론 신의 예언을 전했다. "너희 중 누군가는 금빛 말에 무릎을 꿇으리라." 스파르타의 지도자들은 혼란스러웠다. 금빛 말이 무엇을 의미하는 걸까? 진짜 말일까, 어떤 상징일까, 아니면 금화 그 자체일까?

이 도시에는 오래전부터 전해 내려오는 말이 있었다. "스파르타는 철로 태어나 철로 죽을 것이다. 그러나 금으로 유혹될 때, 칼은 녹는다."

결국 예언은 현실이 되었다. 전쟁의 신이 잠든 밤, 스파르타의 장군 중 한 명이 페르시아로부터 금화를 받고 약속을 어겼다. 조용한 배신이었다. 무쇠 갑옷을 입고 있었지만, 그의 심장은 이미 금빛에 녹아버린 상태였다.

스파르타는 강한 군사력과 엄격한 규율의 상징이었다. 그들의 훈련소(아고게)는 사람을 강철처럼 단련시켰지만, 어떤 훈련도 욕심을 다스리지는 못했다. 금화는 물질적인 것 이전에 정신적인 유혹이었다. 황금 조각 하나가 던져질 때, 싸움은 전쟁터가 아니라 사람의 마음속에서 시작되었던 것이다.

신탁은 예언이라기보다 거울이었다. 아폴론 신은 미래를 알려준 것이 아니라 인간의 본성을 비춰준 것이다. 스파르타는 그 거울 앞에서 흔들렸다. 스스로 굳건하다고 믿었던 도시가 가장 약한 점을 드러낸 것이다. 칼로 금을 잘라낼 수는 없었다. 금은 칼을 휘게 만들었다.

하지만 스파르타는 당장 무너지지는 않았다. 다만 금화에 물든 시간은 도시가 점차 약해질 것이라는 신호탄이었다. 그들은 금화를 싫어했지만 예언은 그들을 관통했다. 그것이 바로 신의 방식이었다. 아무리 강한 도시도 결국 속에서부터 녹아내리는 법이기 때문이다.

우리는 그들을 기억할 때마다 묻게 된다.

"우리는 지금 어떤 금빛 말에 무릎을 꿇고 있는가?"

5
스타워즈 속 제국의 경제학

영화 <스타워즈> 속 루크와 제다이

우리가 <스타워즈>를 떠올릴 때, 가장 먼저 생각나는 것은 광선 검, 포스, 제국군과 반란군일 것이다. 하지만 이 이야기의 뒤편에는 눈에 보이지 않는 중요한 흐름이 있다. 바로 경제, 즉 은하계를 움직이는 돈의 힘이다. 은하 제국은 군사 독재 체제다. 하지만 엄청난 무기를 만들고, 우주선을 조립하며, 죽음의 별(데스 스타)을 건설하려면 무엇이 필요할까? 바로 돈이나 그에 해당하는 자원이다. 즉 포스 이전에 제국은 경제 시스템 위에 세워진 것이다.

은하 제국의 경제 규모는 상상하기 어려울 정도다. 데스 스타 하나를 만드는 데만 해도 이론적으로는 지구 전체 GDP의 수천 배에 달하는 자원이 필요하다고 한다. 이 막대한 프로젝트는 제국이 모든 자원을 한곳에 모아 통제하는 중앙 계획경제, 즉 전체주의적인 자원 동원 방식이 없이는 불가능했을 것이다.

그렇다면 제국은 계속 유지될 수 있는 경제 체제였을까? 답은 '노동력'과 '착취'라는 단어에 있다. 다른 행성에서 강제로 끌려온 노예들, 은하 곳곳의 기술자들, 자원하든 강제로든 복무하는 수많은 병사들은 경제적인 보상보다는 두려움과 강압에 의해 움직이는 제국의 부품들이었다.

반면에 반란군은 정규 군대가 아닌 작은 조직이었다. 하지만 그들도 전투기, 무기, 연료, 숨을 곳 등 현실적인 물자들이 필요했다. 이들은 종종 은하 변두리의 상인들, 귀족 가문들, 또는 제국에 불만을 품은 세력으로부터 비공식적인 자금을 지원받았다. 이것은 마치 냉전 시대의 저항 운동이나 현대의 게릴라 조직과 비슷하다. 게릴라 경제는 항상 불안정하고, 밀수, 해적 행위, 심지어 무기 거래 같은 윤리적으로 애매한 행동들이 그 배경에 깔려 있다.

포스는 〈스타워즈〉의 중심이지만, 경제적인 현실을 무시하지는 않는다. 루크 스카이워커가 시작한 곳이 모래투성이 행성의 농장이었다는 것도, 은하계 경제구조의 한 단면을 보여준다. 심지어 제다이 사원조차 과거에는 공화국의 돈을 지원받는 종교-군사 조직이었다. 즉 영적인 힘마저도 경제 구조의 영향을 받는다는 것이다.

제국이 무너졌을 때, 그 여파는 단순히 정치적인 혼란을 넘어섰다. 은하계 전체의 경제 붕괴가 뒤따랐다. 수많은 은하계 기업, 무역 네트워크, 행성 간 돈의 흐름이 흔들리기 시작했다. 이 붕괴는 단순히 '자유'만으로는 해결되지 않았다. 전쟁 후 경제를 복구하고 새로운 질서를 만드는 혼란스러운 과정이 뒤따랐다.

전설은 돈 위에 세워진다

〈스타워즈〉는 영웅과 악당의 이야기이면서 동시에 은하 경제의 이야기다.

전설이 되려면 신화와 돈이 동시에 필요하다. 광선 검을 휘두르는 손 뒤에는 누군가가 만든 돈의 흐름이 있었고, 포스를 따르는 마음 뒤에는 식민지 행성에서 착취된 광물 자원이 있었다.

우리는 지금 어떤 '제국'의 경제 속에서 살고 있는가.

6
<듄>의 스파이스는 어떻게 권력이 되었나

〈듄〉은 미래의 이야기지만 단순히 기술이 발전하는 것을 넘어 문명의 본질적인 질문을 던지는 이야기다. 그리고 그 중심에는 아라키스 행성의 사막에서만 발견되는 우주에서 가장 귀한 물질 '스파이스(멜란지)'가 있다. 시간과 공간, 권력과 예언, 생명과 죽음을 잇는 이 신비한 물질은 곧 돈의 새로운 모습을 보여준다.

영화 <듄> 스틸 컷

〈듄〉의 세계에서 스파이스는 단순한 자원이 아니다. 그것은 생명을 늘려주는 열쇠이자 우주 항해사들이 우주를 여행하는 데 꼭 필요한 물질이고, 귀족들이 힘을 유지하는 수단이기도 하다. 이것은 현대의 돈이 가진 특징들, 즉 귀하고, 어디든 쓸 수 있고, 가치를 저장할 수 있으며, 상징적인 힘까지 모두 가지고 있다. 스파이스는 본질적으로 '생체 화폐bio-currency'라고 할 수 있다. 그것은 채굴되고, 소비되며, 사람들은 그것에 의존한다.

하지만 스파이스는 단지 '돈을 내는 수단'이 아니라 존재 방식 자체를 바꾸는 물질이다. 그것은 뇌를 변화시키고, 시간을 꿰뚫어 보는 능력을 주며, 어떤 경우에는 신성함까지 부여한다.

〈듄〉의 세계는 인간의 뇌와 감각, 훈련, 심지어 예언 능력까지도 '거래할 수 있는 기술'로 본다. 멘타트(인간 컴퓨터), 베네 게세리트(유전자 조작을 통해 특별한 능력을 가진 인간), 프레멘 전사들. 이들은 모두 돈이 아닌 돈, 즉 살아 있는 자산인 셈이다.

이런 이야기는 오늘날 우리 사회에도 중요한 의미를 던진다. 현대 사회에서 사람들의 데이터, 관심, 시간, 심리적인 에너지까지 모두 숫자로 계산되어 거래되는 대상이 되고 있기 때문이다. 〈듄〉은 이런 미래를 이미 오래전에 내다본 것이다.

〈듄〉이 말하는 돈의 가까운 미래는 단순히 디지털로 바뀌는 문제만이 아니다. 그것은 인간이 무엇을 가치 있게 여길 것인가에 대한, 아주 근본적이고 신화적인 질문을 던지고 있다.

우리는 언젠가 다시 사막으로 돌아갈지도 모른다. 종이 돈도, 암호화폐도 사라진 세상. 그곳에서 거래되는 것은 단순히 숫자가 아니라, 생명, 예언, 시간, 그리고 우리의 정체성 그 자체일 것이다.

"그것 없이는 항해도, 예언도, 통치도 없다"는 '스파이스 멜란지'. 이것은 단순한 향신료가 아니라 시간을 보고, 우주를 건너고, 제국을 움직이는 자원이다. 물질이면서도 영적인 특징을 지닌 이 스파이스는 곧 이 세계의 돈이자 신이라고 할 수 있다.

〈듄〉의 세계에서는 우리가 아는 전통적인 돈의 개념은 거의 나오지 않는다. 물론 각 행성이나 귀족 가문이 자신들만의 돈 단위를 쓸 수도 있겠지만 실제로 거래의 핵심은 스파이스 그 자체다. 우주에 꼭 필요한 에너지원이면서 동시에 통제하고 지배하는 수단이다. 자본주의가 발전한 단계를 넘어 자원 자본주의로 넘어간 세계의 모습이다. 돈이 종잇조각에 불과한 시대에 진정한 부는 드물고, 꼭 필요하며 다른 것으로 바꿀 수 없는 것으로 정의되는 것이다. 마치 오늘날의 희귀 광물, 반도체, 데이터처럼 말이다.

〈듄〉의 세계는 잔인하다. 아트레이데스 가문이든 하코넨 가문이든, 그들이 중요하게 다루는 것은 사람의 목숨이 아니라 스파이스의 양이다. 인간은 자원 앞에서 부차적인 존재가 되는 것이다. 이것이야말로 돈이 가진 어두운 진실이다. 돈이 너무나 본질적인 가치를 가질 때, 인간은 그저 돈을 얻기 위한 수단이 될 수 있다는 것이다. 그리고 이것은 단지 소설 속 이야기가 아니다. 오늘날에도 우리는 같은 질문에 직면하고 있다.

"이 기술로 몇 명의 노동자를 대체할 수 있는가?", "그 생명을 살리기 위해 드는 비용은 얼마인가?"

미래의 돈이 인간의 가치를 뛰어넘을 때, 우리는 어떤 선택을 하게 될까?

〈듄〉은 먼 미래를 다룬 것처럼 보이지만, 사실은 현재를 비추는 거울이다. 스파이스는 아직 존재하지 않지만 그에 해당하는 것들은 이미 우리 주변에서 나타나고 있다. 우리가 매일 접속하는 데이터, 인공지능AI 알고리즘, 심지어 우리의 '집중력'과 '관심'까지 모두 새로운 형태의 돈으로 바뀌고 있다.

The Currencies That Changed the World and Bitcoin

4

돈은 어떻게
인간을 조종하는가

욕망, 신념, 권력을 지배해 온 화폐의 역사

Why the Rich Abandon Dollars and Buy Bitcoin?

1
신神도
돈 앞에서는 달라졌다

16세기 초, 유럽은 말 그대로 돈으로 끓고 있었다. 교회의 면죄부는 단순히 영혼을 위한 약속이 아니라 바실리카 성당을 건축하고, 황제를 움직이며, 은행가의 장부를 불려주는 거대한 금융 장치였다. 종교개혁의 첫 불씨는 바로 이 '구원의 거래'에서 시작되었다. 그 중심에는 같은 목표를 공유했지만 결말은 극단적으로 갈라진 두 인물이 있었다. 한쪽은 마르틴 루터, 다른 쪽은 토마스 뮌처였다.

루터 ― 교리의 정화, 권력의 친구

마르틴 루터는 〈95개 조 반박문〉이라는 글을 통해 면죄부 장사를 비판하며 역사의 전면에 나섰다. 그러나 그의 개혁은 철저히 신학적 문제의 정화에 집중되었고, 정치적으로는 신중했다. 루터가 문제 삼은 것은 '돈으로 구원을 살 수 없다'는 교리였지 돈이 지배하는 세상의 구조 그 자체는 아니었다. 실제로 루터는 독일 농민전쟁이 터졌을 때, 무기를 들고 봉기한 농민들을 외면하고 심지어 진압을 지지했다. 그는 교회의 부패를 고발했지만 질서를 뒤집는 혁명에는 등을 돌렸다. 루터의 개혁은 결국 황제와 제후, 도시 상인 계급이 안심하는 방향으로 귀결되었다.

뮌처 — 신앙을 무기로 든 혁명가

반면 토마스 뮌처는 달랐다. 그는 '하느님 나라'가 단지 하늘 저편이 아니라 이 땅 위에서 실현되어야 한다고 믿었다. 농민과 장인, 빚에 눌린 사람들, 가장 낮은 이들의 언어로 복음을 다시 해석하며 불평등한 세상을 무너뜨려야 한다고 외쳤다.

토마스 뮌처 Thomas Müntzer

토마스 뮌처는 1489년 스톨베르크의 안정된 가정에서 태어나, 라이프치히 대학1506 등에서 신학과 예술을 배워 사제가 된 인물이었다. 초기에는 루터와 교류하며 인본주의적 영향도 받았으나 그는 곧 단순한 성경 중심 개혁으로는 부패한 사회를 바꿀 수 없다고 믿었다. 뮌처는 복음을 봉건 제도와 채무에 억눌린 이들의 언어로 재해석했고, 그 결과 그의 운동은 곧 사회혁명으로 연결되었다. 뮌처의 종교개혁은 곧 사회혁명이었고, 그것은 제후와 교황, 심지어 루터에게까지 위협이 되었다.

1524~25년 독일 농민전쟁 때 뮌처는 농민군의 정신적·사상적 지도자로 나섰다. 루터에게 동맹을 요구했지만, 루터는 농민 봉기를 '오만방자한

도적떼'라 비난하며 뮌처와 결별했다. 뮌처는 농민군을 이끌고 전쟁의 한가운데로 뛰어들었고 패배와 처형으로 생을 마쳤다. 그의 이상은 피로 꺼졌지만, '신앙과 정의를 연결한 최초의 사회혁명'이라는 뜻을 남겼다.

피와 돈, 두 개혁의 교차점

루터와 뮌처의 갈림은 결국 '개혁이 얼마나 멀리 가야 하는가'라는 질문으로 귀결된다. 루터의 개혁은 제도와 교리를 정화하여 근대적 개인 신앙의 길을 열었지만, 동시에 기존 권력의 질서를 다시 한번 확인하는 성격을 띠었다. 반면 뮌처의 운동은 교회의 재정 장치와 봉건적 불평등 자체를 겨냥하며 진정한 '돈으로부터의 해방'을 꿈꿨다. 루터의 개혁이 자본주의 초기 질서에 적응하는 신앙의 길을 열었다면, 뮌처의 혁명은 그 질서를 뿌리째 흔들려고 했다. 한쪽은 제도의 내부 수정으로 근대를 준비했고, 다른 쪽은 제도를 전복함으로써 즉각적이고 근본적인 사회 변혁을 시도했다.

오늘의 질문 — 어디까지가 개혁인가

종교개혁은 단순한 신앙 논쟁이 아니었다. 믿음의 문제가 아니라 돈이 신앙을 사로잡고 있던 현실에 대한 응답이었다. 그 해법을 놓고 루터와 뮌처처럼 다른 길이 제시되었다. 루터는 "돈으로 구원받을 수 없다"고 선언했지만 결국 돈과 권력의 질서를 인정했다. 뮌처는 "신앙은 가난한 자의 무기"라고 외치며 제도 자체를 바꾸려다 무참히 짓밟혔다. 루터의 민낯과 뮌처의 진짜 혁명은 '개혁'이 어디까지 제도를 바꾸고 어디서 멈추는가를 묻는 질문으로 오늘까지 남아서 거듭되고 있다.

2
드라큘라와 프랑켄슈타인, 자본주의의 괴물

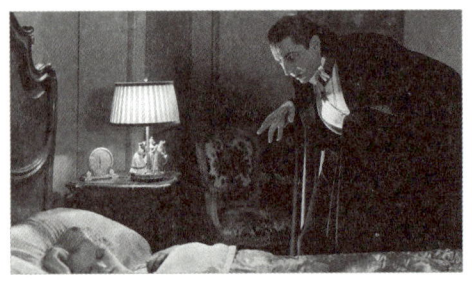

드라큘라 영화1931 스틸 컷

19세기 유럽의 문학적 상상력은 두 괴물을 낳았다. 하나는 작가 브램 스토커가 창조한 드라큘라이고, 다른 하나는 메리 셸리가 창조한 인간의 오만한 창조물 프랑켄슈타인이다. 두 이야기는 표면적으로는 공포의 서사지만, 그 밑바닥에는 19세기 유럽 사회의 불안과 탐욕, 그리고 경제와 돈이 세상을 지배하기 시작한 순간의 어두운 그림자와 은밀한 불안이 흐르고 있다.

드라큘라: 피를 빠는 귀족, 자본의 은유

드라큘라는 단순한 괴물이 아니다. 루마니아 트란실바니아의 고성에 사는 고귀한 백작이지만 밤이 되면 사람의 피를 빨아 젊음을 유지하는 흡혈귀다. 그는 고귀한 신분으로 포장 '기생 자본'의 은유다. 그는 타인의 피를 빨아야만 유지된다. 곧 자본이 끊임없이 타인의 노동과 생명을 흡수해야만 증식할 수 있다는 사실과 닮아 있다.

그런데 왜 하필 '피'일까

19세기 빅토리아 시대의 유럽은 산업과 식민지 확장으로 막대한 부를 빨아들이던 자본의 시대였다. 당시 독자들은 드라큘라의 흡혈 행위를 단순한 괴물의 습성이 아니라, 부를 축적하기 위해 타인의 노동과 생명을 빨아들이는 자본가의 탐욕으로 읽었다. 빅토리아 유럽 사람들이 드라큘라에게 느낀 공포는, 실제로는 '외부에서 몰려오는 자본과 착취의 그림자'에 대한 불안이기도 했다. 바로 피는 돈이고, 흡혈은 금융적 수탈이다.

프랑켄슈타인 — 과학과 산업의 괴물

반면 프랑켄슈타인은 '번개로 생명을 불어넣은 인공 인간'이야기다. 프랑켄슈타인 박사는 죽은 시체의 조각을 모아 생명을 만들고, 결국 자신이 창조한 괴물에게 쫓기게 된다. 하지만 이 이야기는 단순히 '신의 영역을 넘보는 과학자의 오만'이 아니다. 그 배경에는 바로 산업혁명으로 인간

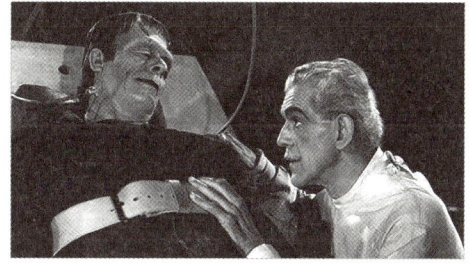

프랑켄슈타인 영화1931 스틸 컷

이 기계의 부속품처럼 살아가던 현실이 있다.

조립된 육체는 산업혁명이 낳은 새로운 세계의 표상이라고 할 수 있다. 인공적으로 결합된 신체는 공장의 조립 라인을 떠올리게 하고, 인간의 생명조차 실험과 비용, 자본의 논리로 측정되는 시대를 상징한다. 프랑켄슈타인은 돈으로 계산된 과학, 그리고 인간을 자본의 부속품으로 만드는 산업 질서의 산물이었다. 프랑켄슈타인의 소외와 분노는 곧 산업 노동자의 절망과 겹쳐진다.

공포와 돈의 밀월

드라큘라와 프랑켄슈타인은 각각 금융자본과 산업자본의 은유로 읽을 수 있다. 앞의 것은 타인의 피를 무한히 빨아들이며, 뒤의 것은 인간을 부속품처럼 조립해낸다. 두 괴물은 우리를 떨게 하지만 동시에 그 떨림은 근대 자본주의가 만들어낸 구조적 공포를 드러낸다. 곧 문학 속 공포는 단순히 초자연적 존재에 대한 공포가 아니라 돈과 권력이 인간을 어떻게 지배하고, 집어삼키는지에 대한 공포다.

인간 사회와 내면의 괴물

드라큘라와 프랑켄슈타인은 결국 자본주의의 거울이자 그림자라고 할 수 있다. 흡혈귀는 우리 사회가 타인의 노동과 생명을 착취하며 살아가는 방식을, 괴물은 인간이 만든 체제가 인간 자신을 소외시키는 과정을 드러냈다. 사실 인류 역사에서 돈과 공포는 은밀한 동맹을 맺어 왔다.

우리가 두 가공의 괴물을 여전히 기억하는 이유는 그들이 '옛날이야기의 괴물'이 아니라 지금도 살아 있는 우리 사회의 초상이기 때문이다. 그 괴물이 바로 오늘을 살아가는 우리의 경제 현실을 그대로 반영한다. 금융자본주의의 내재적 모순 곧 '소득 불평등 심화와 극도로 양극화된 빈부 격차'가 투영된 우리 사회의 열악한 내면을 보여주기 때문이다.

3
스위니 토드,
화폐가 도시를 타락시킬 때

스위니 토드 뮤지컬

런던의 안개 속, 좁은 골목에서 은밀히 다가오는 발자국 소리. 그리고 이발소의 의자에 앉는 순간 사람은 흔적도 없이 사라진다. 어느 잔혹한 이발사 이야기 〈스위니 토드〉, 스위니 토드는 손님들의 면도를 해주는 이발사지만, 면도를 하다가 손님들의 목을 그어 죽이는 연쇄살인마다. 그리고 그가 의자에 설치된 레버를 당기면 시체는 지하실로 떨어지고, 이발소 아래층의 러빗 부인은 그 인육으로 미트파이를 만들어 판다는 것이 주요 내용이다. 빅토리아 시대 런던의 대중 전설 속 인물은 단순한 연쇄 살인마가 아니라 당시의 도시와 화폐가 만들어낸 불안과 욕망의 투영이었다.

화폐가 일으킨 도시의 팽창

19세기 영국은 산업혁명과 제국의 팽창으로 돈이 곧 도시의 설계도가 되는 시기를 맞았다. 런던은 세계 자본이 흐르는 중심이었고, 사람들은 일자리와 기회를 찾아 도시로 몰려들었다. 그러나 도시의 성장 뒤에는 빈곤, 범죄, 과밀, 불안이 그림자처럼 따라붙었다. 화폐가 도시를 키운 만큼, 그 어둠 속에서는 돈 때문에 생겨난 여러 인간상이 떠돌았다.

스위니 토드, 범죄의 자본화

스위니 토드의 서사는 이 어두운 자본 질서의 극단적 은유다. 그는 단순히 사람을 죽이는 것이 아니라 그들의 신체를 자원의 일부로 바꾼다. 희생자의 시체는 고기파이로 가공되어 팔리고 다시 돈으로 환원된다. 여기서 공포는 단순한 살육 때문이 아니라, 인간이 화폐 순환의 재료로 전락하는 데 있다. 도시의 경제는 피와 살조차 상품으로 삼아버릴 수 있다는 상징적 메시지가 숨겨져 있는 것이다.

금빛 도시와 피의 그림자

빅토리아 시대의 런던은 번영의 상징이었다. 금융, 무역, 산업이 세계를 장악했고, 거리에는 가스등이 켜졌다. 하지만 그 빛은 곧 그림자를 길게 늘어뜨렸다. 부와 사치의 반대편에는 굶주린 노동자, 음습한 뒷골목, 그리고 인간 생명이 값싼 재료처럼 취급되는 현실이 있었다. 〈스위니 토드〉의 서사는 바로 이 '금빛 번영의 어두운 뒷면'을 가장 잔혹한 방식으로 드러낸다.

화폐가 만든 괴물, 도시에 숨겨진 진실

스위니 토드는 물론 가공의 인물이다. 그는 살인마로 변한 인간이지만 본질적으로 화폐가 지배하는 도시가 낳은 괴물이다. 돈은 사람들을 모으고 도시를 세우고 문명을 번영케 했지만, 동시에 인간을 자원으로 삼는 냉혈의 질서를 세웠다. 빅토리아 시대의 런던은 그 금빛 찬란함 속에 피로 물든 그림자를 감추고 있었고 스위니 토드는 그 어둠이 만들어낸 무시무시한 얼굴이었다.

캄보디아의 현대판 <스위니 토드>

이 이야기, 과연 19세기 영국만의 일일까? 오늘날 캄보디아에서는 온라인 사기 조직이 사람을 속여 노동력과 장기를 착취하는 '현대판 인신매매 공장'이 실제로 존재한다. 유인 광고에 속아 취업을 갔다가 여권을 빼앗기고, 감금된 채 강제로 불법 도박이나 사이버 범죄에 동원된다. 저항하면 폭행당하거나, 심지어 신체 일부가 '거래 대상'이 되기도 한다.

돈이 인간을 수단으로 삼는 구조, 피와 살이 다시 자본의 일부로 계산되는 현실 — 이 모든 것은 <스위니 토드>가 상징한 '인간의 상품화'가 21세기 동남아에서 실제 산업의 형태로 부활한 것을 보여준다.

사라지지 않는 금빛 도시의 추악한 그림자

빅토리아 시대 런던의 번영은 화려했다. 그 거리는 금으로 빛났지만, 그 밑바닥에는 피가 흘렀다. 오늘날에도 마찬가지다. 거대 도시의 네온사인 아래, 누군가는 팔리고, 착취당하고, 거래되고 있다. 스위니 토드의 칼은 더 이상 이발소에 있지 않다. 그 칼은 이제 자본의 손에 들려 있다. 그는 더 정교하고, 더 합법적인 얼굴을 하고 있다. 하지만 본질은 같다 — 인간이 돈의 재료로 쓰이는 세계.

돈이 만들어낸 인간의 탈을 쓴 괴물

스위니 토드는 허구의 인물이지만 그가 상징한 괴물은 여전히 우리 곁에 있다. 돈은 도시를 만들었지만, 인간을 집어삼키는 괴물도 함께 만들었다. 빅토리아 시대의 런던이 그러했듯 오늘의 캄보디아도, 그리고 우리가 사는 현대의 대도시도 그 금빛 불빛 뒤에 피로 얼룩진 그림자를 숨기고 있다.

결국 우리의 질문은 이것이다.

'돈은 인간을 위해 존재하는가, 아니면 인간이 돈의 먹잇감이 되었는가?'

스위니 토드는 우리의 도시 한가운데에서 지금도 묻고 있다.

4
권력은 지갑에서 나온다: 제나라 관중의 통찰

제나라 환공과 관중

기업의 역사에서 CEO는 늘 스포트라이트를 받는다. 그러나 기업의 성패를 결정짓는 또 다른 자리, 바로 CFO(최고재무책임자)는 상대적으로 덜 주목받는다. 흥미롭게도 이 '그림자 권력'의 원형을 이미 2,500년 전 중국 춘추 시대에서 찾아볼 수 있다. 곧 주인공 제나라의 재상 관중管仲, 그리고 그의 주군 환공桓公이다.

칼보다 강한 돈줄

당시는 끊임없는 전쟁의 시대였다. 하지만 전쟁을 움직이는 진짜 동력은 무기가 아니라 돈이었다. 병사를 먹이고 무기를 만들고, 외교 사절단을 움직이는 모든 비용은 돈에서 비롯되었다. 관중은 일찍이 이를 간파하고 있었다. 그는 제환공에게 단언한다. "부강함만이 패권을 잡을 수 있다." 곧 부강富强 없이는 어떤 정치적 이상도, 군사적 승리도 불가능하다는 뜻이었다.

이것은 오늘날 기업 경영에 그대로 적용된다. 아무리 뛰어난 CEO라도 자금 조달과 배분을 설계하는 CFO 없이는 경쟁에서 버틸 수 없다.

세금과 전매, 재정의 중앙집권

관중은 당시 귀족 가문과 지방 세력이 장악하고 있던 재정권을 본격적으로 중앙 정부로 집중시켰다. 그는 세 가지 개혁을 단행했다.

첫째, 균관세均官稅 제도다. 농업뿐 아니라 어업, 상업 등 모든 경제 활동에 공평한 세금을 부과했다. 기존 귀족 중심의 불평등한 조세 구조를 무너뜨리고, 세금이 왕실로 직접 들어오도록 설계했다.

둘째는 전매제專賣制다. 소금, 철, 어류, 농기구 등 생활 필수 자원과 전략 자원을 국가가 직접 통제했다. 이 제도는 이후 전국시대의 제후국들이 경쟁적으로 채택했고 한나라 무제武帝 시기에 제도화된 '소금과 철의 전매제鹽專賣'로 이어져 중국 경제사의 기원이 되었다.

셋째는 시장 감독과 상업 보호 정책이다. 관중은 상업을 단순히 세금 징수의 대상으로 보지 않았다. 그는 "백성이 부유해야 나라가 부유하다民富而後國富"고 강조하며, 상인을 억압하던 기존 봉건 질서에 맞섰다. 대신 상업을 제도권 안으로 끌어들여 국가 재정의 기반으로 삼았다.

이러한 개혁 덕분에 제나라는 막대한 부를 축적했고 환공은 그 재정을 바탕으로 외교와 군사를 주도하여 춘추오패春秋五霸의 첫 번째 패자로 등극할 수 있었다.

CEO와 CFO의 협업 모델

환공은 외교와 군사 전략에서 빛을 발한 인물이다. 하지만 그가 춘추오패의 첫 패자로 기록될 수 있었던 것은 관중이라는 CFO가 국가 재정을 체계화했기 때문이다. 환공은 CEO처럼 목표와 비전을 제시했다. 관중은 CFO처럼 자금과 자원의 흐름을 설계했다. 둘의 협업은 '돈으로 가능해진 패권'을 입증한 최초의 사례였다.

돈 권력의 이면

물론 그림자도 있었다. 전매 제도는 백성에게 생활필수품 가격 상승으로 다가왔다. 국가는 강해졌지만 민생의 부담은 늘었다. 이는 오늘날 기업의 비용 절감이나 독점적 가격 전략이 사회적 반발을 불러오는 것과 크게 다르지 않다. 돈 권력의 집중은 성장의 동력인 동시에 불평등의 씨앗이기도 하다.

최초의 CFO, 관중

오늘날 CFO는 단순한 회계 관리자가 아니다. 기업의 확장 전략을 자금으로 뒷받침하는 핵심 브레인이다. 2,500년 전 관중이 보여준 역할이 바로 그 모델이었다. 환공이 역사의 무대에서 '패자'라는 칭호를 얻을 수 있었던 배경에는 관중이라는 세계 최초의 CFO가 설계한 돈 권력이 있었다.

진나라의 전매제 — 관중의 유산이 중국을 통일시키다

관중이 만든 국가 전매제는 훗날 중국을 통일한 진秦나라의 경제 구조로 계승된다. 진나라는 상앙商鞅의 개혁을 통해 토지 제도, 인구 등록, 조세 징수, 철·소금의 통제를 모두 중앙정부로 집중시켰다. 곧 관중이 제나라에서 시작한 '경제의 중앙집권화'가 진나라에서 '전체주의적 재정 통제'로 완성된 셈이다.

진나라의 전매제는 다음과 같은 특징을 보인다.

첫째, 철 생산을 국가가 독점하여 무기 제조를 중앙에서 관리함으로써 군사력의 균형을 장악했다. 둘째, 소금의 전매로 민생 필수품을 통제함으로써 지방 세력의 자금원을 차단했다. 셋째, 화폐 통일(반량전半兩錢)로 전국 통용 화폐를 발행해 중앙의 경제 명령력을 강화했다.

결국 관중의 전매제는 단순한 세금 제도가 아니라 '돈으로 권력을 통제하는 기술'이었다. 그의 사상은 후대 법가 정치의 경제적 토대가 되었고 진나라 시황제가 중국을 통일할 수 있었던 배경에도 이 '재정 일원화 시스템'이 작동하고 있었다.

5

시는 금융이다: 문학마저 돈이 된 시대

중국의 당송 시대는 중국 역사상 가장 큰 사회경제적 변동기 중 하나로, 문학과 돈이 만나 새로운 관계를 맺게 된 시기다. 곧 시詩는 더 이상 유가적 교양의 상징만이 아니라, 시장과 돈의 논리로 움직이는 상품이 되었던 것이다. 상업 경제의 발달, 도시 인구의 증가, 그리고 인쇄술의 확산은 문학의 생산과 소비 방식을 근본적으로 변화시켰다.

인쇄술 혁명과 '출판 시장'의 탄생

송대에는 세계 최초로 상업적 인쇄 시장이 형성된 시대였다. 목판 인쇄술이 크게 발전하면서 서적 제작 비용이 낮아졌고, 대량 생산이 가능해졌다. 11세기 초, 송나라의 발명가 필승畢昇은 '점토로 만든 활자'를 하나하나 찍어 쓰는 인쇄법을 만들어냈다. 이전에는 나무판에 글 전체를 새겨야 했지만, 이제는 글자 하나하나를 따로 만들어 조립했다가 다시 분해할 수 있게 된 것이다. 곧 한 번 쓰고 버리던 나무판 대신 낱개 글자를 여러 번 재활용할 수 있게 되어 책을 훨씬 빠르고 싸게 찍을 수 있었다.

한마디로 말해, 활자 인쇄는 당시의 '프린터 혁명'이었다. 책이 귀족의 전유물에서 일반 사람들도 살 수 있는 상품으로 바뀌는 계기가 된 것이다. 이는 문학이 귀족과 소수 엘리트의 전유물에서 벗어나 일반 대중에게도 널리 보급되는 계기가 되었다. 당시 유명 문인들의 작품집 — 예를 들어 소식蘇軾(소동파), 구양수歐陽修, 황정견黃庭堅 등의 문집 — 은 상업 출판사에 의해 재인쇄되어 서민층까지 유통되었다. 오늘날로 치면 '문학 베스트셀러 시장'이 열린 셈이다. 이로 인해 문학 작품이 상품으로 유통되면서 작가는 글쓰기를 통해 경제적 이득을 얻을 수 있는 길이 열렸다.

문학이 돈을 만드는 생산수단이었던 시대

당나라 말기부터 송대에 이르기까지 도시 경제가 폭발적으로 번성하면서 상업 지구와 도시 인구가 급증했다. 장안長安은 인구 100만 명에 달하는 세계 최대 도시였고 이후 송대 수도 카이펑開封은 인구 120만 명, 상인 5민 명 이상이 활동한 '세계의 경제 수도'였다. 이런 대도시에는 교방敎坊이라 불리는 예인藝人·기생의 예술 구역이 생겨났고 음악, 시, 연극, 사詞, 희곡이 함께 소비되는 복합 엔터테인먼트 산업이 발전했다.

이에 따라 기생이나 예인들이 대중을 상대로 노래와 이야기를 들려주는 문화가 발달했다. 이 과정에서 사詞와 같은 새로운 문학 장르가 발전했다. '사詞'는 중국 문학사에서 노래 가사처럼 만들어진 시詩를 말한다. 쉽게 말해 '당시의 대중가요 가사'였다. 당대에는 '연화곡燕樂曲'이라 불리는 외래 음악

시인 두보

이 유행했는데, 그 곡조에 맞게 글자를 채워 넣은 것이 바로 '사詞'이다. 이러한 문학 활동은 돈과 직접적으로 연결되었으며 대중의 취향에 맞는 작품이 더 큰 인기를 얻었다.

관직에 나아가지 못한 문인들은 생계를 위해 글쓰기 재능을 활용해야 했다. 남에게 글을 써주거나 작품을 판매하는 등의 방식으로 생활비를 마련했으며 이는 문인들의 직업적 정체성에 변화를 가져왔다. 문학이 단순히 교양의 상징을 넘어, 생존을 위한 경제 활동이 된 것이다. 당송 시대 문인들은 돈에 대해 이중적인 태도를 보였다. 한편으로는 유가의 전통적인 가치관에 따라 물질적 욕망을 경계했지만, 다른 한편으로는 변화된 사회 속에서 돈의 영향력을 인정하고 현실적으로 받아들였다.

'균전'과 '화폐 경제' — 문학이 시장경제의 언어를 얻다

당송 사회는 이미 화폐 경제의 전환기였다. 송대에는 중국 역사상 처음으로 지폐 '교자交子'가 1023년경 등장했다. 서양보다 700년 앞섰다. 상인 계층이 성장하면서 '돈'의 흐름이 농촌보다 도시에서 빨라졌고, 도시 소비자층의 등장으로 문학은 시장市場이라는 새로운 독자를 만나게 되었다.

이제 시와 사는 '은유의 고결한 언어'가 아니라, 대중 소비자의 감정과 욕망을 반영한 상품 언어로 변했다. 당대 시문에는 시장의 풍경, 술집, 매춘, 돈의 유혹, 경제적 욕망이 생생히 등장한다. 예컨대 백거이白居易는 시를 통해 세금 제도의 불평등을 풍자했고 두목杜牧은 '돈으로 물든 사랑'을 시로 비틀었다. 곧 시인은 경제 현실의 관찰자이자 문화산업의 생산자였다.

청빈과 돈 사이 — 당송 문인의 '이중의식'

　당송 시대 지식인들은 전통적인 유학 이념을 바탕으로 청빈하고 고결한 삶을 추구했다. 따라서 돈을 멀리하고 부패를 비판하는 경향이 있었는데, 이는 당시의 관료 체제와 부조리한 현실을 풍자하는 문학 작품으로 나타나기도 했다.

　유가적 전통은 여전히 문인들에게 '청빈淸貧'을 이상으로 가르쳤다. 그러나 현실은 달랐다. 문인들은 벼슬이 끊기면 생계를 위해 시장에 뛰어들어야 했다. 구양수歐陽修는 "문학은 세상에 이익을 주는 기술文以利世"이라 했고, 소식蘇軾은 "시를 팔아 삶을 잇는 것 또한 부끄럽지 않다"고 기록했다. 이처럼 당송 문학에는 돈에 대한 도덕적 경계와 실질적 수용이 공존했다. 하루하루 글로 생계를 꾸리는 문인들은 '도道'를 지키되 '식食'을 버리지 못했다. 당나라 중기의 시인 백거이는 현실을 묘사하는 시로 인기를 얻었으며 자신의 글이 일반 백성에게 읽히기를 원했다.

'시는 금융이다' — 돈이 언어를 바꾼다

　결국 당송 시대는 문학의 금융화가 시작된 시기였다. 인쇄술은 '출판 비용'을 낮추며 문학의 공급을 늘렸고 도시 경제는 '소비자'를 창출했으며 지폐와 상업은 문학을 현금화할 수 있는 시장을 만들었다.

　이 구조는 현대와 닮았다. 오늘날 작가가 출판 시장과 플랫폼을 통해 독자를 만나고 콘텐츠가 조회 수, 출판 후원금으로 환원되는 구조는 송대의 서점가와 교방의 시장경제와 놀라울 만큼 유사하다.

당송 시대의 시인은 단순한 예술가가 아니라 문화 자본의 운용자, 곧 '언어로 재화를 창출한 금융인(문화적 CFO)'이었다. 시가 금융이 된다는 말은 과장이 아니다. 그 시대의 시인은 단지 아름다운 언어를 빚은 사람이 아니라 자본과 감성, 교양과 시장 사이를 설계한 최초의 '문학 재무가文學財務家'였기 때문이다.

오늘날에도 동서양을 막론하고 문학 또는 문화와 돈 또는 경제의 함수관계는 당송 시대와 비슷한 구조를 가졌다고 할 수 있다.

6
파우스트의 계약,
욕망은 어떻게 빚이 되는가

괴테의 《파우스트》에서 가장 인상적인 장면은 인간의 욕망이 악마 메피스토펠레스와 '계약'이라는 형태로 맞닿는 순간이다. 파우스트는 단순히 쾌락을 탐하는 인물이 아니라 지식, 권력, 경험, 창조 등 무한한 가능성을 갈망하는 근대적 인간의 상징이다. 그러나 그의 욕망은 결코 자연적, 도덕적 질서 안에서 충족될 수 없는 것이었다. 그가 메피스토펠레스와 손을 잡을 때, 그것은 단순히 영혼을 담보로 한 종교적 거래가 아니라 새로운 경제 논리의 서막이었다. 그것은 바로 욕망을 무한히 증식시키고 그 욕망을 '부채'와 '화폐'로 구조화하는 '악마의 경제학'이었다.

괴테 《파우스트》

계약과 욕망의 무한성

악마와의 계약은 본질적으로 끝없는 욕망을 담보로 한다. 파우스트는 순간의 충족에 안주하지 않겠다는 조건을 내세운다. 그러나 바로 그 조건이 함정이다. 욕망은 채워지지 않고 늘 확장되며 계약은 끝없이 연장된다. 이는 근대 자본주의가 작동하는 방식과 놀랍게 닮았다. 현대 경제에서 '욕망의 충족'은 결코 최종 목적지가 아니다. 상품과 쾌락은 늘 다음 소비를 부른다. 파우스트의 계약은 욕망의 무한 순환을 제도화한 최초의 금융공학 실험처럼 보인다.

허구의 부를 찍어내는 악마의 화폐

《파우스트》 2부 1막에는 다음과 같은 대목이 있다. 황제가 재정난에 빠지자 메피스토펠레스가 '지하의 금을 담보로 종이돈(지폐)'을 발행하자고 제안한다. 이 장면은 문학사적으로 매우 중요하다. 이는 유럽 역사에서 신용 경제가 막 피어나던 시기의 은유다.

괴테는 실제로 18세기 말~19세기 초 유럽의 금융혁명 — 곧 신용화폐와 중앙은행의 등장 — 을 목격한 인물이었다. 1716년 존 로John Law가 프랑스 루이 15세 정부에서 종이 화폐를 발행했다가 1720년 '미시시피 버블'로 붕괴한 사건은 '없는 부를 지폐로 찍어내는 악마적 금융 실험'으로 유럽 지식인에게 충격을 주었다. 괴테는 이 사건을 염두에 두고 '지폐 발행 = 악마의 유혹'으로 설정했다. 곧 《파우스트》 2부의 화폐 장면은 "금(실물)의 시대가 신용(허상)의 시대로 넘어가는" 근대 금융경제 시작의 선언문이었다. 이 장면은 실물 없는 화폐의 유통이 사회 전체의 욕망을 자극하고, 국가 부채·신용 경제를 낳는 '근대 금융의 원죄'를 상징한다.

금과 은으로 제한된 세계에서 악마는 '종이 돈'을 통해 없는 부를 있는 것처럼 만들고 국가와 개인을 욕망의 흐름 속으로 몰아넣는다. 여기서 악마의 화폐는 실물 없는 욕망의 거래, 즉 채무와 신용의 무한 증식을 뜻한다. 현대 금융자본주의가 실물 경제와 동떨어진 신용 거품 위에 서 있는 것처럼 악마의 화폐는 실제가 아닌 욕망을 기초 자산으로 한 계약이다.

부채의 인간 — 자유처럼 보이는 예속

파우스트는 계약을 통해 무한한 가능성을 얻었다고 믿지만, 실제로는 악마에게 예속된다. 자유롭게 소비하고 창조하는 것 같지만 결국 그는 '부채의 인간'이 되고 만다. 이것은 현대 금융 시대의 개인과도 비슷하다. 신용카드, 대출, 투자, 부채는 자유로운 선택처럼 보이지만 그 선택은 다시 욕망을 자극하고 빚을 늘린다. 결국 개인은 자본과 제도라는 보이지 않는 악마에게 자신의 시간, 노동, 그리고 삶을 저당 잡히게 된다. 이 구조를 사회학자 마우리치오 라차라토Maurizio Lazzarato는 《부채인간2011》에서 분석하며, "부채는 현대의 도덕적 계약이며, 파우스트적 인간이 자본주의의 기본 단위"라고 설명한다.

파우스트적 인간과 자본주의적 영혼

괴테가 그려낸 파우스트는 단순한 탐욕의 화신이 아니다. 그는 근대적 인간 곧 무한한 진보와 확장을 지향하는 인물이다. 그러나 그의 욕망은 언제나 악마적 금융 메커니즘과 결합한다. 이 점에서 파우스트는 자본주의적 영혼의 원형이다. 욕망과 계약, 부채와 화폐가 얽힌 체계 속에서 인간은 더 높은 성취를 꿈꾸지만 동시에 자기 파멸의 씨앗을 키운다.

괴테는 스스로를 '고전적 낭만주의자'로 규정했지만 《파우스트》는 자본주의의 무의식적 구조를 예언한 텍스트로 읽힌다. 발터 벤야민, 게오르크 짐멜, 루카치, 한나 아렌트 등 20세기 사상가들이 "파우스트적 인간이 근대 자본주의의 내면 모델"이라고 해석한 이유도 여기에 있다.

파우스트의 계약은 신학적인 문제가 아니라 욕망과 화폐가 만들어내는 근대 자본주의의 내적 논리를 보여준다. 욕망은 충족되지 않기에, 금융은 무한히 순환한다. 부채는 인간을 자유롭게 만드는 것 같지만, 그 자유는 곧 예속이다. 우리는 오늘도 신용카드를 긁는다. 악마의 화폐 경제학은 바로 무한한 욕망의 채권화, 곧 인간의 불안을 자본화하는 기술이다.

파우스트의 비극은 개인 영혼의 문제가 아니라, 욕망을 자본화한 현대 문명의 자화상이다. 괴테가 19세기에 그려낸 악마의 화폐 경제학은 21세기 금융위기와 소비사회의 근본 구조를 이미 예언하고 있었다. 오늘날 금융위기의 불안, 신용 사회의 압박, 끝없는 소비의 굴레는 이미 우리 모두가 파우스트의 계약 속에 있다는 사실을 증명한다. 파우스트는 단지 한 개인의 비극이 아니라 욕망을 거래하는 시대의 집단적 초상인 것이다.

7

게오르크 짐멜이 간파한 돈의 이중성

돈이 인간을 해방하고 구속하다

역사를 관통하는 돈의 힘을 찾는다면, 단순한 '경제 수단'으로서의 돈을 넘어, 사회적 관계를 조직하는 추상적 장치로서의 화폐에 주목해야 한다.

"돈은 근대의 신神이다."

20세기 초 독일 사회학자 게오르크 짐멜Georg Simmel은 《돈의 철학Philosophie des Geldes, 1900》에서 이렇게 선언했다. 그는 돈을 단순한 교환의 도구가 아니라 인간관계를 조직하는 보이지 않는 구조로 보았다. 그의 사유는 디지털 화폐와 블록체인의 시대에도 여전히 유효하다.

게오르크 짐멜

물물교환에서 추상화로

인류의 교환은 처음부터 사회적이었다. 사람들은 필요한 것을 나누며 관계를 형성했다. 그러나 물물교환에는 한계가 있었다. 내가 밀을 가지고 있는데 당신이 원치 않는다면, 거래는 멈춘다.

이 한계를 뛰어넘은 것이 화폐다. 짐멜은 "화폐는 인간이 직접적 관계에서 벗어나 추상적 관계 속으로 들어가는 관문"이라고 말했다. 그 순간부터 사회는 단순한 물건의 교환이 아니라 돈이라는 신뢰의 네트워크로 움직이기 시작했다.

화폐의 등장은 교환을 시간·공간으로부터 '해방'시킨 사건이었다. 교환 가치가 일정한 매개물 곧 돈이 등장함으로써, 인간은 직접적 관계에서 벗어나 추상적 관계 속에서 연결되기 시작했다.

금속 화폐, 신뢰의 물질화

역사적으로 금과 은은 내재적 가치 덕분에 '신뢰 가능한 매개물'로 자리 잡았다. 짐멜은 이러한 금속 화폐를 신뢰가 물질로 응고된 형태라고 설명한다. 금화나 은화는 단순한 금속이 아니라, 국가와 시장을 믿는 상징이었다.

그 결과 인간의 관계도 바뀐다. 교환은 더 이상 '인격적 신뢰'가 아니라 '금전적 신뢰'를 바탕으로 이루어진다. 돈은 사람 사이의 매개자이자, 사회적 신뢰의 결정체로 기능했다.

근대, 돈이 만든 자유와 소외

짐멜의 사유가 빛나는 대목은 바로 여기에 있다. 돈은 인간을 해방시켰다. 신분, 출신, 지위와 상관없이 '돈만 있으면 무엇이든 가능'한 세상이 열린 것이다. 그러나 바로 그 자유는 새로운 소외를 낳았다. 돈이 인간관계를 '가격'으로 환산하면서, 감정과 전통의 깊이는 사라지고 인간은 서로에게 무관심한 원자적 개인이 되었다. 도시의 익명성, 관계의 피상성, 삶의 피로는 모두 이 구조의 부산물이다.

짐멜은 이것을 '근대적 삶의 비극'이라 불렀다. 자유로워질수록 우리는 서로로부터 멀어진다.

금본위제에서 신용경제로, 화폐의 탈물질화

역사적으로 19세기 후반~20세기에 걸쳐 금본위제가 붕괴하고, 지폐·신용·전자화폐가 등장한다. 짐멜은 이미 당시부터 화폐가 점점 물질적 기반에서 멀어지고, 순수한 '상징적 신뢰'로 작동하게 될 것을 예견했다. 돈은 더 이상 '금속'이 아니라 사회 전체의 약속, 즉 집단적 믿음의 네트워크다.

디지털 화폐 시대 — 짐멜 이후의 짐멜

오늘날 비트코인, 블록체인, 디지털 위안, CBDC의 시대에 돈은 완전히 비물질적·네트워크적 존재가 되었다. 그러나 그 본질은 짐멜이 지적한 것과 같다. 비트코인은 '탈중앙의 신뢰'를, CBDC는 '국가의 신뢰'를 상징한다. 형태는 다르지만, 그 뿌리는 같다 ― 화폐란 결국 인간이 서로를 믿는 방식의 산물이다.

인간관계를 매개하고, 사회적 신뢰를 축적하며, 자유와 소외를 동시에 낳는 추상적 장치. 화폐의 역사는 곧 인간이 사회를 조직하는 방식의 역사이며, 짐멜은 그 철학적 토대를 일찍이 꿰뚫어 본 사상가였다.

우리는 매일 돈을 쓴다. 하지만 정작 돈을 본다는 것은 쉽지 않다. 지폐와 동전, 숫자로 표시된 잔고는 너무 익숙해서 마치 공기처럼 느껴진다. 그러나 20세기 초, 독일의 사상가 게오르크 짐멜은 이 일상적인 돈 속에 근대 사회의 얼굴이 비친다고 보았다. 그의 《돈의 철학》은 화폐의 경제적 기능이 아니라, 인간의 관계와 삶의 양식을 바꾸는 힘을 섬세하게 포착한 책이다.

인류의 역사를 되짚어보면, 돈은 어느 날 갑자기 나타난 신의 선물이 아니었다. 처음에는 서로의 필요를 맞바꾸는 물물교환이 있었다. 하지만 교환에는 시간과 장소의 우연성이 따른다. 내가 밀을 가지고 있고, 당신이 천을 가지고 있을 때, 우리의 욕망이 일치하지 않는다면 거래는 이루어질 수 없다.

그 틈새에서 '매개자'가 등장한다. 돈은 단지 편리한 도구가 아니라, 서로의 욕망을 연결하고 시간과 공간의 제약을 뛰어넘게 하는 추상적 약속이다. 짐멜은 이 약속이 인간을 더 넓은 세계로 이끌었다고 말한다. 금본위제가 붕괴되고, 지폐와 신용, 그리고 오늘날의 디지털 화폐까지. 돈은 점점 더 물질에서 멀어져 순수한 약속의 형태로 진화해왔다. 짐멜은 이미 그의 시대에 이 흐름을 예견했다. 돈이 물질에서 벗어날수록, 그것은 더 큰 자유와 더 깊은 소외를 동시에 가져온다. 화폐는 더 이상 '금속'이 아니라 사회 전체의 신뢰망 속에서만 존재한다. 눈에 보이지 않지만, 모두가 믿고 있기 때문에 작동하는 세계. 이 보이지 않는 신뢰의 거대한 그물망이 오늘의 경제를 지탱하고 있다.

짐멜의 통찰은 오늘날 디지털 화폐와 블록체인의 시대에도 여전히 빛난다. 비트코인도, 전자지갑 속 숫자도 결국은 인간이 서로를 믿는 방식의 한 형태일 뿐이다.

돈은 결코 인간을 떠나 홀로 존재하지 않는다. 그것은 우리가 서로에게 무엇을 기대하고, 어떻게 관계를 맺고, 어떤 자유와 고독을 선택했는가를 비추는 거울이다. 짐멜의 눈으로 돈을 본다는 것은, 곧 우리 사회의 심장을 들여다보는 일이다.

우리가 매일 손에 쥐는 돈은 사실 종이나 숫자가 아니다. 그것은 인간이 만든 가장 정교한 약속의 언어이며, 동시에 가장 날카로운 관계의 칼날이기도 하다. 짐멜은 이 양면성을 철저히 응시했다. 화폐의 역사는 곧 인간이 서로를 어떻게 믿어왔는지, 그리고 얼마나 멀어졌는지의 역사다.

8
계급을 무너뜨린 화폐의 힘

중세 유럽의 들판과 마을을 떠올려보자. 광활한 토지 위에 성곽과 농장이 흩어져 있고, 농노들은 해질녘까지 밭을 일구며 삶을 이어간다. 일상은 주로 곡물과 가축, 손으로 만들어낸 도구에 의해 움직였다. 화폐는 눈에 띄지 않았다. 하지만 그 눈에 띄지 않는 작은 금속 조각들은 봉건사회의 숨은 힘을 상징하고 있었다.

권력의 상징으로서의 화폐

화폐는 단순한 거래 수단이 아니었다. 그것은 권력의 언어였다. 영주나 국왕이 화폐에 새긴 문양은 '이 땅의 주인은 나다'라는 메시지가 숨겨져 있었다. 농노가 바치는 작은 조세조차 화폐로 이루어질 때, 그것은 곧 권력과 복종의 연결고리가 된다. 화폐는 눈에 보이는 권력의 표상이었다.

또한 화폐는 인간의 자유를 제한하는 장치이기도 했다. 농노가 세금을 내거나 조공을 바칠 때, 그 화폐는 복종의 상징으로 기능했다. 짐멜이 말했듯, 돈은 인간관계를 매개할 뿐 아니라 지배의 구조를 은폐한 채 유지한다. 봉건사회에서 화폐는 곧 통치의 매개자, 눈에 보이는 주권의 표식이었다.

자유의 부재 — 돈이 없는 농노의 삶

대다수 사람에게 화폐는 자유의 도구가 아니라 의무의 증표였다. 농노는 돈을 벌 자유도, 거래를 선택할 권리도 없었다. 그들에게 돈은 시장의 수단이 아니라, 영주에게 바쳐야 하는 세금의 숫자에 불과했다. 경제는 토지를 중심으로 돌아갔고, 물물교환과 현물 납부가 지배적이었다. 도시의 상인들이 금화를 손에 쥐고 새로운 관계망을 만들어가는 동안, 농촌의 인간은 여전히 현물의 세계에 묶인 존재였다.

도시 상인들이 화폐를 손에 쥐고 거래의 중심에 서는 동안, 농촌의 농노들은 화폐의 세계에서 멀리 떨어져 있었다. 화폐는 사회적 유동성을 열어주지 않았고, 오히려 계층의 벽을 더욱 단단히 굳혔다. 곧 화폐는 계층을 나누고 사회적 경계를 명확히 하는 역할을 했다.

불안 속의 금속 — 재난기의 '안전망'

화폐는 또한 변화를 예고하는 조짐이기도 했다. 전쟁과 기근, 흑사병의 그림자가 들이닥칠 때, 토지의 생산력은 무너졌다. 그러나 금화와 은화는 일종의 안전망이 되어 귀족과 상인들의 손에 남았다. 그 금속 조각들은 재난의 시대에도 가치를 잃지 않는 '사회적 보험'이었다.

 화폐를 보유한 귀족과 상인은 위기 속에서도 생존력을 유지했고, 그 결과 봉건사회의 불평등은 더욱 심화되었다. 돈은 생존의 언어가 되었고, 그것을 소유한 자는 불안을 견디며 권력을 이어갔다.

도시와 상업의 부상 — 새로운 질서의 징후

 그리고 도시가 성장하고 상업이 번성하면서, 화폐는 단순한 권력의 상징을 넘어 새로운 경제적 힘을 창출하는 도구가 되었다. 길드, 상인조합, 은행, 회계 장부의 발명은 돈을 지배의 상징에서 교환의 도구로 바꾸기 시작했다. 플랑드르의 시장, 베네치아의 항구, 한자동맹의 무역로에서 돈은 토지보다 빠르게 움직였다. 이때부터 화폐는 봉건적 세계의 균열을 확장시켰고, 그 속에서 근대 자본주의의 씨앗이 움트기 시작했다. 봉건적 질서 속에서 제한적이던 화폐의 힘은, 근대 자본주의의 문을 두드리는 첫 울림이 되었다.

 서양 봉건사회에서 화폐의 의미를 이렇게 바라볼 때, 우리는 단순히 경제적 수단을 보는 것이 아니다. 그것은 인간과 권력, 계층과 의무를 이어주는 상징적 매개이며, 동시에 미래의 변화를 암시하는 문화적 장치다. 화폐는 사람들의 손을 떠나 사회 구조를 지탱하고, 인간의 삶과 권력의 서사를 기록하는 작은 금속 조각이었다. 그 안에서 우리는 봉건사회 사람들의 불안과 욕망, 복종과 희망을 엿볼 수 있다.

서양 봉건사회에서 화폐 의미 속의 '경제와 인간의 관계'

정리하면, 중세 유럽의 봉건사회는 흔히 '토지 중심적' 경제구조로 이해된다. 대지주는 영주로서 토지를 소유하고, 농노는 그 토지에서 생산한 곡물을 바치며 생계를 이어간다. 이 사회에서 화폐는 현대적 의미의 '일상적 거래 수단'이라기보다, 권력과 사회적 관계를 드러내는 상징적·제한적 도구였다. 화폐는 경제 활동의 편리성을 제공하는 기능보다, 계층 구조를 유지하고 정치적 권위를 표현하는 기능을 더욱 강하게 띠었다.

첫째, 화폐는 권력의 표상이었다. 봉건 영주는 토지와 농노를 통해 경제적 자원을 통제했지만, 화폐를 통한 조세 징수나 상납은 그 권위를 보다 직접적으로 드러냈다. 금화와 은화는 단순한 거래 수단이 아니라, '왕권의 상징'이었으며, 국왕이나 영주가 발행한 화폐에는 그들의 문양과 권위가 새겨져 있었다. 이를 통해 화폐는 권력과 정치적 정당성을 결합시키는 수단이 되었다.

둘째, 화폐는 사회적 유동성을 제한하는 장치였다. 봉건사회에서 경제적 활동은 대부분 지역 공동체 내에서 이루어졌고, 현물 경제가 중심이었다. 화폐의 사용 범위는 제한적이었으며, 종종 도시 상인이나 특정 계층에 국한되었다. 농노에게 화폐는 곡물이나 노동을 대신해 내는 '의무'로 존재할 뿐, 자유로운 경제적 선택의 수단은 아니었다. 따라서 화폐는 경제적 자유의 확장이 아니라, 계층 구조를 강화하는 도구로 기능했다.

셋째, 화폐는 경제적 변동과 불안을 조절하는 장치이기도 했다. 전쟁, 기근, 흑사병 같은 재난이 발생하면 토지 기반의 생산력은 흔들리지만, 금화와 은화는 상대적으로 유동적 가치를 지녔다. 화폐를 소유한 귀족과 상인은 이러한 위기 속에서 안정성을 확보할 수 있었고, 이는 봉건사회에서 경제적 불평등을 심화시키는 한 요인이 되었다.

그러나 흥미로운 점은, 봉건사회 후반 도시의 발달과 상업 활동의 증가가 화폐의 역할을 변모시키기 시작했다는 사실이다. 도시 상인 계층은 화폐를 통해 권력과 토지를 대체하는 경제적 영향력을 구축했고, 이는 근대적 자본주의의 싹이 트는 배경이 된다. 즉, 화폐는 봉건적 질서 내에서 권력과 계층을 상징하는 도구였지만, 동시에 새로운 사회적 변화를 촉발하는 씨앗이기도 했다.

결국 서양 봉건사회에서 화폐는 단순한 거래 수단이 아니라 권력과 계층, 인간관계를 매개하는 상징적 장치였다. 화폐는 사람들의 자유로운 선택을 제한하면서도, 동시에 사회적 질서를 유지하고 재난 속에서 안정성을 제공했다. 그리고 이 제한적·상징적 의미 속에서, 근대 자본주의로의 이행을 위한 초기 조건을 내포하고 있었다. 화폐의 역사적 의미를 이렇게 바라볼 때, 우리는 단순히 경제적 도구를 넘어, 인간과 사회의 관계를 읽는 문화적 장치로서 화폐를 이해할 수 있다.

9

농사, 장사, 금융:
생존 모드의 긴장 관계

인류 경제사를 길게 보면 언제나 세 가지 축이 공존했다. 정착 농업, 이동 상업, 그리고 신용 금융이 그것이다. 농업이 먹을 것을 만들고, 상업이 그것을 순환시키며, 금융은 현재와 미래를 연결해 '가치'의 흐름을 미래로 연장시키거나 미래의 가치를 현재로 당겨왔다. 경제학적으로 보자면 농업은 '가치의 창출(생산)'이고, 상업은 '가치의 실현(교환)'이며, 금융은 '가치의 시간 이동(배분)'이다.

고대 이집트의 나일강 유역과 메소포타미아의 유프라테스 강 유역은 농경을 통해 안정된 곡물 생산을 이뤘다. 하지만 그것을 지중해 무역로로 흘려보낸 것은 장사꾼들의 네트워크였다. 농업이 없으면 시장에 풀릴 재화가 없었고, 교역이 없으면 잉여 생산물은 썩어버렸다. 곧 생산과 순환의 이중 트랙은 애시당초 운명이었다. 하지만 농업경제는 '시간의 덫'에 갇혀 있었다. 수확은 계절에 묶이고, 흉년이 되면 생산 자체가 멈췄다. 이 한계를 극복하기 위해 등장한 것이 바로 금융이었다.

국가와 제국: 농업의 세금, 장사의 네트워크

제국은 언제나 농사를 기반으로 세수를 거뒀다. 로마제국의 곡창 지역, 중국 한나라의 조세 제도, 조선의 전세田稅 모두 농업에서 기초 체력을 얻었다. 그러나 군사적 팽창과 제국적 교역망은 장사꾼 없이는 불가능했다. 지중해를 오가던 페니키아 상인, 실크로드를 달리는 대상隊商, 아라비아 상인들의 향신료 무역. 이들이 제국의 혈관을 이루었다.

곧 농업은 근본, 상업은 확장이었다. 농업만 있으면 자급적 고립 경제에 머물렀고, 상업만 있으면 기반 없는 거품으로 끝났다. 이 둘의 균형이 제국의 흥망을 결정했다. 이들은 단순히 물건을 파는 사람들이 아니라, 문명 간의 순환 시스템을 만들었다.

그러나 교역에는 필연적으로 시간의 간극과 불확실성이 따랐다. 바다 건너 거래가 끝나기 전까지, 상품은 있지만 돈은 없는 상태가 이어졌다. 이 간극을 메운 것이 바로 금융의 발명, 곧 신용이었다.

금융 — 시간의 거래, 신뢰의 제도화

금융은 인류가 시간을 사고파는 법을 배운 순간의 산물이다. 곡물을 지금 팔고, 대금을 나중에 받거나, 상인이 항해를 떠나기 전에 투자금을 빌리고, 이익을 나중에 나누는 방식 — 이것이 금융의 출발이었다.

고대 메소포타미아의 점토판에는 이미 곡물 대출과 이자율(기원전 2000년경)이 기록되어 있다. 고대 그리스와 로마 상인들은 항해 전 대출maritime loan을 통해 위험을 시간으로 분산했다. 중세 베네치아 상인들은 환어음bill of exchange을 만들어 공간과 시간을 연결하는 신용경제를 구축했다. 금융은 이렇게 농사와 장사 사이에서 시간의 균형자 역할을 맡았다. 생산에서 교환까지 걸리는 시간의 공백을 메우며, 미래의 가치를 현재로 불러오는 기술이었다.

근대 자본주의: 장사의 승리와 농업의 종속

산업혁명 이후 이 균형은 깨지기 시작한다. 증기기관과 철도, 국제 금융이 상업의 날개를 달아주었다. 금융은 그 위에 올라타 세계적 차원의 신용 네트워크를 구축했다. 로스차일드의 다국적(멀티내셔널) 금융이 이 시기에 구축되었다. 농업은 점점 산업자본과 금융자본에 종속되었다. 곡물과 면화는 더 이상 마을 공동체의 생존 기반이 아니라 세계시장에서 가격으로 환산되는 상품이 되었다. 더 나아가 선물시장commodity futures에서 거래되는 금융 상품이 되었다.

이 시기부터 '장사'는 단순한 유통이 아니라 자본 축적의 핵심 메커니즘으로 격상되었다. 농부는 땅에서 곡식을 거두지만 시장에서 가격을 결정하는 깃은 상인과 금융이었다. 농업이 장사와 금융에 예속된 셈이다. 훗날 시카고 상품거래소CBOT(1848년 설립)는 농산물의 가격을 실물이 아닌 기대와 시간의 가치로 거래하기 시작했다.

현대 자본주의:
데이터 농사와 플랫폼 장사 그리고 알고리즘 금융

오늘날 이 구도는 디지털 차원에서도 반복된다. 구글, 아마존, 알리바바 같은 플랫폼은 데이터 농부이자 동시에 초거대 장사꾼이다. 서버와 알고리즘은 끊임없이 사용자의 행위 데이터를 수확한다. 그것을 교환 가능한 가치로 가공해 세계시장에 판다. 곧 데이터 농사 → 플랫폼 장사라는 연쇄가 새로운 생존 구조로 자리 잡았다. 21세기에도 인간의 경제는 농사와 장사의 이중 트랙을 벗어나지 못한 셈이다.

데이터는 이제 금융적 자산으로 평가된다. 실제로 구글과 메타의 시장가치는 '데이터의 미래 수익'을 현재 가치로 할인한 결과이며, 이는 바로 파생금융의 논리와 동일하다. 곧 현대의 금융은 농사(데이터 수확)와 장사(플랫폼 거래)를 결합해 '디지털 부채와 신용의 제국'을 운영하고 있는 셈이다.

삼중 궤도의 긴장 속 생존

경제사는 결국 '농업과 제조업-상업-금융의 삼중 궤도'의 변주사다. 농업과 제조업은 언제나 생존의 토대를 제공했고 상업은 그것을 순환시켜 확장과 축적을 가능하게 했다. 금융은 시간의 경제를 담당한다. 이 세 가지가 균형을 이룰 때 문명은 번영하지만, 어느 한쪽이 과도하게 팽창하면 위기가 찾아온다. 고대의 곡물과 비단에서 현대의 데이터와 알고리즘까지 형태만 바뀌었을 뿐이다.

농업과 제조업이 위축되면 실물 기반이 무너지고, 상업이 과도하면 불평등이 확대되며, 금융이 팽창하면 현실보다 큰 가상의 부채가 폭발한다. 역사상 모든 경제 위기는 결국 이 세 축의 균형 붕괴에서 시작되었다.

만약 인간의 경제적 운명을 묻는다면, 이 균형이 무너질 때마다 문명은 위기를 맞아 왔다. 그리고 균형을 회복할 때 새로운 질서가 시작되었다.

10
오이코노미아: 가정에서 제국으로 번진 경제

오늘날 '경제'라는 말은 국가 성장률, 환율, 주가지수 같은 숫자들과 곧잘 연결된다. 그러나 이 단어의 뿌리를 더듬어 올라가면 놀라우리만치 소박한 장면과 마주한다. 고대 그리스어 '오이코노미아oikonomia'는 원래 '집oikos'과 '관리nomia'가 결합하여 '가정을 다스리는 법'을 뜻했다. 경제란 출발부터 화폐 시장의 거대 논리기 이니라 빵을 굽고 곡식을 저장하며 가족과 노예의 역할을 배분하는 생활의 기술이었다. 이 단어는 신약성경에서 '경륜', '섭리', '청지기 직분' 등의 의미로 확장되어 사용되었고, 오늘날 '경제학economics'의 어원이 되었다.

가정의 살림에서 출발한 경제

아리스토텔레스는 《정치학》에서 오이코노미아를 설명하며 '경제는 생계를 유지하기 위한 기술'이라 했다. 집안의 곡식 항아리, 우물의 물, 노예와 가족의 노동력은 모두 가장이 배분해야 할 자원이었고, 경제는 곧 살림살이의 질서를 유지하는 일이었다. 교환과 시장은 그 연장선일 뿐이었다.

이와 구별되는 개념이 '크레마티스티케chrematistikē', 즉 돈벌이의 기술이다. 오이코노미아가 생존을 위한 자원의 관리(자급적, 윤리적)라면, 크레마티스티케는 이익을 위한 축재 행위(비자연적, 무한한 욕망)이다. 아리스토텔레스는 후자를 경계했다. "돈으로부터 돈을 낳는 행위(이자usury)는 가장 불모의 생식이다"라고 했다. 그는 "이자는 생명이 없는 돈에서 생명을 억지로 짜내려는 것"이라며 '불모의 생식', 곧 가장 생산성 없는 번식이라고 비판했다. 그에게 경제는 이윤의 문제가 아니라 가정을 지탱하는 도덕적 질서였다.

도시국가로 확장된 경제 질서

그러나 오이코스(가정)가 모이면 폴리스(도시국가)가 된다. 집안의 살림 기술은 도시의 재정과 세금 관리로 확장됐다. 공공 창고가 세워지고, 집안의 분업이 광장에서의 직능 분업으로 확대됐다. 경제는 더 이상 집안 문제에 그치지 않고, 공동체 전체의 생존을 관리하는 기술이 되었다.

아테네는 기원전 5세 '공동 창고'tameion를 설치해 세금·조공·전쟁 비용을 관리했다. 페리클레스Perikles 시대에는 해상 동맹(델로스 동맹)의 금고를 델로스 신전에서 아테네로 옮겨, '공동체의 살림'이 되었다. 곧 오이코노미아가 폴리스의 살림살이로 확대된 것이다.

제국의 오이코노미아

헬레니즘과 로마제국 시대에 들어서면 경제는 새로운 차원을 맞는다. 나일강 삼각주에서 수확된 곡식이 지중해 전역으로 운송되고, 각 속주에서 거둔 세금이 제국의 군대와 도로를 유지하는 재원이 되었다. 로마의 곡물 배급 제도인 '안노나annona'는 제국 전체를 하나의 거대한 가정으로 조직한 사례였다. 황제는 가장家長의 자리에 앉았고, 시민은 식구처럼 곡물을 배급받았다. 경제란 이제 제국을 다스리는 정치적 기술로 자리 잡았다. 곧 오이코노미아는 제국의 통치 기술이자 행정 체계가 되었고, '경제는 정치의 하위 영역'이라는 서양 전통의 뿌리도 여기서 비롯된다.

신학으로 흘러간 오이코노미아 — 하늘의 경륜

이 단어는 기독교 시대에 들어 새로운 차원을 얻는다. 신약성경(에베소서 1:10, 골로새서 1:25 등)에서 오이코노미아는 '하느님의 경륜Divina Oikonomia', 곧 세상을 다스리는 하늘의 질서라는 의미로 확장된다. 사도 바울은 자신을 '복음의 청지기oikonomos'라 부르며, 경제 행위를 도덕적·신학적 관리의 은유로 사용했다. 중세의 수도원 경제 또한 '신의 집살림Dei Domus'을 본떠 운영되었다. 'economy of salvation(구원의 경륜)'이라는 신학 용어는 바로 이 오이코노미아에서 유래했으며, 교회 조직이 경제적 질서와 신학적 질서를 결합한 최초의 사례였다.

경제의 본질: 살림의 기술

근대 경제학은 오이코노미아의 본래 의미에서 멀어졌다. 애덤 스미스가 《국부론1776》에서 '정치 경제Political Economy'를 제시하면서 경제는 더 이상 가정의 질서가 아니라 시장과 부의 확장 원리로 정의된다. 19세기 후반에는 마샬과 왈라스가 미분방정식으로 시장 균형을 표현하며 '오이코노미아'는 완전히 수학적 시스템으로 재해석되었다.

근대 이후 경제학은 시장 이론과 수학적 모델로 발전했지만, 그 기원은 여전히 단순하다. 경제는 숫자의 문제가 아니라 공동체의 삶을 유지하는 질서라는 것이다. 가정의 곡물 항아리에서, 도시의 창고에서, 제국의 항구에서, 경제는 늘 "어떻게 함께 살 것인가"라는 질문에 답하려는 시도였다.

오늘날 우리는 글로벌 금융 시장을 이해하려 애쓰지만, 그 뿌리를 기억할 필요가 있다. 경제는 거대한 차트와 그래프 이전에 살림의 기술이었다. 가정에서 출발해 제국을 지탱했던 오이코노미아의 흔적은, 결국 오늘날 경제 운영에서도 가장 기본적인 원칙을 일깨운다. 경제란 곧 인간 공동체를 어떻게 먹이고 지탱할 것인가의 문제인 것이다.

11
운명은 돈이 결정했다: 잔혹한 생존 공식

고대 이집트의 프톨레마이오스 왕조(기원전 305~서기 30년)는 흔히 알렉산드로스 대왕이 남긴 유산의 마지막 보루로 평가된다. 그러나 이 왕조의 흥망을 좌우한 진짜 동력은 군사력도 별자리의 신탁도 아니었고 화폐와 재정, 곧 돈의 논리였다.

은화가 만든 권력

프톨레마이오스 왕조의 가장 큰 유산은 알렉산드로스 제국의 화폐 체계를 물려받아 자신들의 정치 질서로 변형시킨 것이다. 알렉산드리아 조폐국에서 발행된 은화와 금화는 단순한 교환 수단이 아니라 왕조의 권위와 정통성을 각인한 매개체였다. 화폐 속 왕의 초상은 곧 권력의 서명과 같았고, 이집트 전역에 흐르는 은빛 강줄기는 군대의 봉급, 학문 기관의 후원, 신전의 유지라는 국가 시스템을 굴려갔다.

세금, 그리고 운명의 수지타산

프톨레마이오스의 경제 기반은 여전히 농업이었다. 나일강의 범람이 곡물 생산량을 결정했고 그것이 곧 조세 수입으로 환산되었다. 왕조는 정교한 세금 징수 체계를 마련했는데, 이는 당시 세계에서 가장 발전된 관료적 재정 국가의 모습이었다.

그러나 농업 생산만으로는 지중해 세계의 패권을 유지할 수 없었다. 왕조는 지중해 무역과 관세, 특히 알렉산드리아 항구를 통한 국제 거래에서 엄청난 수익을 올렸다. 이집트의 곡물과 파피루스, 향료와 유리 제품은 로마와 그리스, 동방 세계로 흘러갔고, 그 대가로 화폐가 알렉산드리아에 집중되었다.

알렉산드리아, 지식의 도시이자 돈의 도시

프톨레마이오스 왕조(이집트)는 당시 세계 최대의 항구도시 알렉산드리아를 세계적 교역 및 지식의 중심지로 만들었다. 세계 최고의 도서관과 뮤세이온Museion은 학문과 과학의 발전을 이끌었다. 하지만 그 배경에는 왕조의 재정력이 있었다. 기원전 3세기 프톨레마이오스 1세가 세운 알렉산드리아 도서관에 당시 보관된 두루마리는 40만~70만 권으로 추정되며, 헬레니즘 세계의 지식이 모두 모인 지적 자본의 집적소였다. 그리고 '뮤세이온'은 단순한 '박물관'이 아니라, 지식·예술·과학이 결합된 고대 세계의 연구소이자 문화 금융기관이었다.

세금과 무역 수익이 있었기에 학자들이 안정적으로 연구할 수 있었고 천문학과 점성술 역시 국가 권력의 도구로 번성했다. 그러나 이 화려한 지식의 패러다임은 사실상 부의 집중과 재정 통제라는 기초 위에 세워진 것이었다. 알렉산드리아는 곧 '돈이 모이는 도시'였고, 학문은 그 화폐적 토양에서 자라난 꽃이었다.

돈이 만든 몰락

그러나 돈이 왕조의 운명을 띄웠듯, 몰락 또한 돈이 결정했다. 군사적 경쟁에서 로마와 맞서기 위해 왕조는 과도한 재정을 투입했고, 권력 승계 과정에서는 왕실 내부의 뇌물과 부패가 흔한 풍경이 되었다. 클레오파트라의 마지막 투쟁은 흔히 로맨스와 정치로 설명되지만 실제로 그녀가 직면한 것은 재정적 파산이었다. 로마 채권자들에게 얽힌 왕조 재정은 더 이상 자립할 수 없었고 결국 왕조의 운명은 로마의 금고에 종속되었다.

프톨레마이오스 왕조의 사례는 고대 경제사에서 중요한 시사점을 준다. 화폐와 재정 시스템은 단순한 교환 수단이 아니라 권력과 지식, 심지어 운명까지 조직하는 패러다임이었다. 왕조의 흥망은 별자리나 신의 의지가 아니라 세입과 지출의 균형, 그리고 국제 무역 속에서의 경쟁력에 의해 결정되었다.

오늘날에도 '운명을 결정짓는 힘은 무엇인가'라는 질문은 여전히 유효하다. 프톨레마이오스가 보여준 답은 명확하다.

"운명은 돈의 흐름 위에서 쓰여진다."

12

돈이라는 최면, 가장 오래된 마법

경제의 역사는 결국 '무엇을 믿을 것인가'의 역사다. 돈은 본질적으로 종 잇조각 혹은 디지털 숫자에 불과하다. 그러나 인류는 그 허상을 붙잡고 삶을 교환하며, 제국을 건설하고, 때로는 무너뜨렸다. 믿음이 어떻게 통화가 되었는지 경제사의 긴 흐름 속에서 살펴본다.

신의 얼굴을 새긴 주화

최초의 화폐는 단순한 금속 덩어리가 아니었다. 기원전 7세기, 리디아 왕국(현 터키 서부)은 세계 최초의 주화를 만들었다. '일렉트룸Electrum'이라 불리는 호박금, 곧 금·은 합금으로 만든 작은 원반에는 사자 문양이 새겨져 있었다 — 왕의 상징이자 신의 권위를 의미했다.

이후 주화에는 신전의 형상이나 군주의 얼굴이 새겨졌다. 그리스의 드라크마, 로마의 데나리우스 — 금속의 가치보다 신적 권위와 황제의 신뢰를 보증으로 삼았다. 주화는 물질적 가치가 아니라 권력과 종교적 믿음을 유통시킨 도구였다.

금속에서 약속으로: 지폐의 등장

중세 상업혁명은 금속 화폐의 한계를 드러냈다. 무거운 주화와 금화를 대신해 상인들은 '교환증서'를 사용했다. 그래서 등장한 것이 환어음Bill of Exchange과 지급보증서Letter of Credit였다. 베네치아, 제노바, 피렌체의 상인들은 '이 종이를 들고 오면 금을 지급하겠다'는 신용 증서를 주고받았다. 이것이 지폐의 전신이다. 이제 화폐의 힘은 금속의 무게가 아니라 "반드시 교환해주겠다"는 약속, 곧 신용Credit에서 나왔다.

피렌체의 메디치 가문Banco dei Medici, 1397은 신용 거래와 환어음으로 국제 무역을 장악했다. '크레디트Credit'의 어원은 라틴어 Credere(믿다)에서 왔다. 메디치 은행은 신의 이름으로 맹세하던 신전의 신뢰를 '계약서와 서명'으로 대체했다. 곧 믿음은 신전에서 은행으로 옮겨갔다. 금융업자 메디치 가문이 피렌체를 지배할 수 있었던 것도 이 신용의 권력 덕분이었다.

중앙은행과 근대적 최면— 국가가 신의 자리를 대신하다

17세기 영란은행의 설립 이후, 국가는 공식적으로 '국민이 믿어야 할 발행자'가 되었다. 1694년 영란은행Bank of England이 설립되면서, 주화 위의 왕의 서명 대신 '국왕의 부채를 인민이 믿는 제도'가 탄생했다. 화폐의 신뢰를 뒷받침한 것은 금본위제Gold Standard였다. "이 지폐는 금으로 교환할 수 있다"는 문장이 지폐의 생명을 유지했다. 하지만 1971년, 닉슨 대통령이 달러와 금의 교환을 중단(닉슨 쇼크)하면서 지폐는 '금 없는 약속', 곧 미국의 신용에 전적으로 의존해야 하는 신용화폐Fiat Money가 되었다.

금본위제는 화폐 신뢰의 마지막 안전 장치였지만 20세기 들어 붕괴했다. 그럼에도 지폐는 여전히 가치를 가졌는데, 왜냐하면 사람들은 금이 아니라 국가와 중앙은행의 말을 믿었기 때문이다. 이 시점에서 돈은 완전히 제도화된 믿음이 되었다.

디지털 시대, 믿음의 새로운 형식

오늘날 돈은 더 이상 종이조차 필요 없다. 은행 계좌의 숫자, 스마트폰 앱 속 잔액, 블록체인의 코드가 곧 화폐이다. 비트코인은 "국가를 믿지 말고 알고리즘을 믿으라"는 새로운 제안을 던졌다. 그러나 본질은 변하지 않았다. 여전히 그것은 집단적 믿음의 산물이다. 믿음이 유지되는 한 통화는 기능하다. 믿음이 깨지는 순간 화폐는 순식간에 폐지 조각이 되고 만다.

돈의 힘은 금속에서 나온 것도 종이에서 나온 것도 아니다. 오직 사람들이 그것을 믿는 힘에서 나왔다. 경제사는 곧 믿음을 제도화하는 과정이었다. 신전의 제사장에서 은행가로, 황제의 초상에서 중앙은행 총재의 서명으로, 믿음은 모습을 바꾸며 화폐가 되어 왔다.

오늘 우리는 이 집단적 최면 속에서 살아간다. 문제는 단순하다. '우리는 정말 돈을 믿는가, 아니면 돈을 믿고 있는 자기 자신을 믿는가.'

13

하이에크의 예언:
"화폐를 민간에 돌려줘라"

"국가가 독점하는 법정통화를 경쟁에 노출하라. 민간이 발행하는 복수의 통화가 서로 경쟁하면, 가장 가치 안정적인 화폐가 시장에서 선택되고 인플레이션은 구조적으로 억제된다."

통화 남발을 예견이라도 한 듯, 중앙은행이 돈을 발행하는 현재의 화폐 제도에 대해 우려하는 오스트리아 출신 경제학자가 있었다. 바로 시카고대학 경제학 교수이자 노벨경제학상 수상자인 프리드리히 하이에크Friedrich Hayek였다.

하이에크

제1차 세계대전 때 오스트리아군 병사로 이탈리아 전선에서 싸웠던 하이에크는 빈으로 돌아와 초토화된 현실을 마주해야 했다. 급격한 물가 상승으로 부모의 저축은 휴지조각이 됐다. 이때 경험으로 그는 정부가 화폐공급량을 늘려 인플레이션으로 경기를 진작시키자는 주장에 단호하게 반대했다. 또한 그는 스탈린이 반대 세력 68만 명을 사형시키고 63만 명을 강제수용소로 보냈으며, 같은 시기 히틀러가 유대인 600만 명을 죽이는 걸 보면서 정부의 권력 강화가 얼마나 커다란 위험을 초래할 수 있는지를 절감하고 자유주의를 신봉하게 되었다.

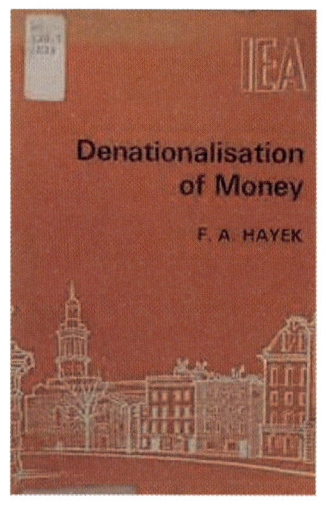

하이에크 《화폐의 탈국가화》

신자유주의 아버지로 불리는 하이에크는 특히 '화폐와 경제 변동에 관한 연구'의 공로를 인정받아 1974년 노벨경제학상을 수상했다. 그 2년 뒤에 그는 '자유 은행론'을 바람직한 금융제도로 주장하는 《화폐의 탈국가화The Denationalization of Money》를 출간했다.

하이에크는 시장의 자유를 철저히 보장하고 정부는 일절 개입해선 안 된다고 믿었다. 그는 사람들이 화폐 발행권을 중앙은행이 독점하는 것이 당연하다고 생각하겠지만, 이 제도가 재정 팽창을 유발하고 경기변동을 일으킨다고 지적했다.

그는 《화폐의 탈국가화》에서 화폐 발행의 자유화를 주장했다. 하이에크는 중앙은행은 정치적 제약으로 인해 높은 인플레이션 문제를 해결할 수 없으므로 시장에서 경쟁을 통해 민간 주체 누구나 화폐를 자유롭게 발행할 수 있어야 한다고 역설했다. 이 제도가 시행되면 민간 주체들이 자발적으로 발행량을 조정하며, 결국 경쟁에서 우수한 화폐가 살아남는다는 것이다. 국가의 화폐 발행권 독점 때문에 오히려 경제가 불안정해진다는 게 하이에크의 생각이다. 그래서 화폐의 국가 관리에 반대한 것이다. 사람들은 중앙은행이 통화량을 조정하지 않으면 큰 혼란이 일어날 것이라고 생각하겠지만, 하이에크는 중앙은행이 없는 세상이야말로 바람직한 세계라고 생각했다.

하이에크의 《화폐의 탈국가화》는 "시장경쟁이 화폐를 더 '좋은 돈'으로 만든다"는 강력한 아이디어를 제시했다. 오늘의 비트코인 등 암호화폐와 스테이블코인·CBDC·예금토큰 논쟁은 바로 그 해결되지 않은 퍼즐을 디지털 기술로 다시 풀어보려는 시도이다.

14
프리드먼,
50년 전 암호화폐를 예견하다

밀턴 프리드먼

화폐의 미래에 대해 이야기한 또 한 명의 학자가 있다. 바로 1974년 화폐 이론으로 노벨경제학상을 수상한 오스트리아계 유대인 경제학자 밀턴 프리드먼Milton Friedman이다. 그는 경제학에서 통화를 경제의 가장 중요한 변수로 강조하는 통화주의 창시자이자 시카고학파의 태두이다. 그는 격심한 인플레이션이나 대공황과 같은 심각한 경제 교란은 대부분 급격한 통화 팽창이나 수축 때문에 발생한다고 했다.

프리드먼은 화폐량이 장기적으로 물가와 경기 수준을 결정한다고 주장했다. 그에 따르면 경기변동·인플레이션·디플레이션은 궁극적으로 통화공급의 변화율로 설명된다. 곧 통화는 단기적으로는 생산·고용에도 영향을 주지만, 장기적으로는 물가 수준만 바꾼다.

1950~60년대 주류였던 케인즈주의는 "정부 재정·금융정책으로 경기조절이 가능하다"고 전제했다. 이에 반발한 프리드먼은 '정부의 재량적 정책discretionary policy'이 오히려 시간차time lag 때문에 경기 과열·침체를 증폭시킨다고 지적했다. 그는 중앙은행은 예측 불가능한 '재량적 개입'을 중단하고, 화폐공급을 일정한 규칙rule에 따라 관리해야 한다고 주장했다.

프리드먼이 주장한 화폐 정책의 핵심은 정부가 인위적으로 화폐 발행량을 결정하지 말고 일정한 통화 증가율을 사전에 공시하고 이를 준수하라는 것이다. 이를 'k% 준칙'이라 불렀다. 곧 화폐는 경제성장률을 조금 상회하는 수준에서 발행량을 늘려야 한다는 것이다. 정부는 이 준칙만 지키고 나머지는 민간에 맡기면 통화량의 급격한 변동으로 인한 경제 혼란을 예방할 수 있고, 미래의 불확실성을 제거하여 경제 주체들이 보다 합리적인 경제 활동을 할 수 있게 된다는 것이다.

독일연방은행은 1974년부터 이 준칙을 지켜왔다. 독일 경제가 견실하게 성장한 배경이다. 프리드먼은 "모든 인플레이션은 언제, 어떠한 경우라도 화폐적 현상이다"라고 말하며 'k% 준칙'을 위배하는 통화 교란이 경기 불안의 원천임을 밝혔다.

프리드먼은 1991년 그의 저서 《화폐 경제학》에서 돈을 마구 찍어내는 국가가 인플레이션으로 어떻게 나라를 망치는지를 알려준다. 그는 책 서문에서 과거 화폐들이 발전 형태를 나열하면서 미래 화폐에 대한 물음을 던진다.

"그러면 미래의 화폐는 어떤 형태를 가지게 될 것인가? 과연 컴퓨터의 바이트byte일까?" 그는 비트코인이 탄생하기 18년 전에 이런 자문자답을 했다.

실제 그는 1999년 한 매체와의 인터뷰에서 암호화폐의 출현을 예언했다. "그래서 저는 인터넷이 정부의 역할을 줄이는 주요한 원동력 중 하나가 될 것이라고 생각합니다. 놓치고 있는 일 중 하나가, 곧 개발될 신뢰할 수 있는 '전자 현금e-cash'입니다. 인터넷에서 당신이 자금을 A에서 B로 전해줄 수 있는 방법이지요. A가 B를 모르고, B가 A를 모르는 상태로 말입니다. 제가 20달러 지폐를 가져와서 당신에게 건네주는데 그 돈의 출처에 대한 기록도 없고, 당신은 내가 누구인지도 모른 채 건네받을 수 있는 방법이지요. 그런 종류의 것이 인터넷에서 발전할 것이고, 그것은 사람들의 인터넷 사용을 훨씬 쉽게 해줄 겁니다. 물론 부정적인 측면도 있어요. 불법 거래를 하는 갱단들도 그들의 사업을 더 손쉽게 하는 방법을 얻게 됨을 의미하죠."

컴퓨터 저장 단위 '비트'와 '코인'의 결합이 비트코인이다. 프리드먼이 지금의 암호화폐와 중앙은행 디지털화폐의 탄생을 지켜볼 수 있었다면, 과연 자신이 생각한 미래 화폐의 기준을 충족시켰다고 평가했을지 궁금하다.

15
닉 재보, 비트코인의 철학적 뿌리

컴퓨터과학자이자 법학자 닉 재보는 그의 에세이집 《돈의 기원 Shelling Out: The Origins of Money, 2002》에서 화폐의 기원과 진화를 심층적으로 분석하며 돈의 탄생을 새롭게 해석했다.

닉 재보

돈의 시작은 '교환'이 아니라 '신뢰'

닉 재보는 돈이 단순히 물건을 사고팔기 위한 도구로 생긴 것이 아니라, 사람들이 서로 믿고 약속을 지키게 하는 사회적 기술 및 장치로 등장했다고 보았다. 초기 인류는 언어보다 먼저 '희귀 물품'이나 '선물', '기념품'을 주고받으며 신뢰를 쌓았다. 그 물건들은 실제 가치를 넘어 "나는 너를 기억한다"는 증표였다. 이것이 시간이 지나 화폐 전 단계의 신뢰 상징물collectibles이 되었다.

위조 불가능한 비용성Unforgeable Costliness

좋은 화폐는 단순히 보기 좋은 금속이 아니라 만들기 어렵고 속일 수 없는 것이어야 한다. 조개껍데기·희귀석·금처럼 구하기 힘든 것은 '비용이 들어가는 신뢰'를 상징했다. 재보는 이를 '위조 불가능한 비용성'이라 불렀다. 비트코인의 '채굴 비용'이 이 개념에서 유래했다.

그는 말했다. "가치란 그 안에 들어간 진짜 비용의 총합이다. 위조할 수 없는 희소성, 그것이 신뢰의 근거다."

돈의 기능은 이렇게 진화했다

* 가치 저장: 희귀한 물건을 보관하며 부의 표시로 사용
* 의무 이행: 결혼, 배상, 동맹 등 사회적 약속을 지키는 수단
* 교환 매개: 가장 나중에야 물건을 사고파는 데 쓰이기 시작

곧 화폐는 거래 수단이 되기 전부터 신뢰의 상징이었다.

닉 재보의 통찰 '신뢰를 저장한 기술'

재보는 돈을 '신뢰를 저장하는 기술technology of trust'이라 정의했다. 그는 국왕이나 중앙은행이 없어도, 희소성과 검증 가능한 비용 구조만 갖추

면 화폐는 작동한다고 보았다. 이 사유가 훗날 비트골드Bit Gold와 비트코인 Bitcoin 개념으로 이어진다.

요약하자면, "돈은 거래의 결과가 아니라, 신뢰를 만드는 인간의 발명품이다." 재보는 화폐의 본질을 이렇게 정의하며, 오늘날 디지털 시대의 '새로운 돈'을 이해하는 철학적 토대를 마련했다.

닉 재보는 누구인가?

암호화폐의 선구자 데이비드 차움은 암호화폐를 개발하기 위해 1990년 네덜란드에 '디지캐시DigiCash'라는 회사를 창업했다. 미국 정부의 견제를 피해 해외로 나간 것이다. 이때 e캐시 개발팀에 입사한 인턴사원이 닉 재보Nick Szabo였다. 이 두 천재의 만남은 이후 암호화폐 개발사에 큰 획을 긋게 된다.

데이비드 차움과 닉 재보는 최초의 암호화폐 e캐시의 보급에는 실패했지만 e캐시를 거울삼아 문제점을 분석했다. 첫째, e캐시는 보안에 취약했고, 해킹이 너무 쉬웠다. 둘째, e캐시를 은행과 연계하다 보니 제3자의 신뢰에 의존했다는 사실이다. 이는 감시와 검열에 노출될 우려가 있고, 무엇보다 지속 가능한 생명력에 문제가 있었다.

그들은 새로 개발될 탈중앙화 암호화폐는 다음 조건을 만족시키기로 했다. 첫째, 무엇보다 우발적인 분실 및 도난으로부터 안전해야 한다. 둘째, 그 가치는 위조할 수 없을 정도로 비용이 많이 들어 가치 있는 것으로 여겨져야 한다. 셋째, 그 값은 간단한 관찰로 정확하게 측정되어야 한다. 비록 e캐시에서 실패했지만, 귀중한 교훈을 얻은 그들은 처음부터 다시 시작해 새로운 탈중앙화 암호화폐를 개발하기로 했다.

하이에크에게 영감받아 법을 공부한 닉 재보

그 무렵 재보는 경제학자 프리드리히 하이에크가 쓴 《법, 입법 그리고 자유》라는 책을 읽고 영감을 받았다. 인간 사회의 기반이 대개 국가가 일반적으로 시행하는 규정과 계약 같은 조건에 기반한다는 사실을 발견했다. 닉 재보는 새로운 암호화폐를 개발하기 위해서는 앞으로 도래할 전자상거래 특히 상거래의 법적 규제에 대해 잘 알아야겠다는 생각이 들었다.

그는 무국적, 비폭력, 사이버 대안을 충족하는 새로운 암호화폐를 만들기 위해서는 이러한 조건을 온라인 도메인으로 옮겨야 한다고 생각했다. 곧 어느 한 나라의 패권적 통화가 아닌 국적에 구애되지 않는 세계화폐야말로 폭력적 패권전쟁에서 자유로울 수 있다고 보았다.

그는 또한 하이에크의 《화폐의 탈국가화》를 읽고 큰 영향을 받았다. 개인 은행이 특정 국가에 구속되지 않는 자체 통화를 발행하자는 하이에크의 '자유 은행 옹호론'에 큰 관심을 보였다. 그러한 시스템 하에서 사용할 돈을 선택하는 것은 전적으로 시장에 달려 있다고 보았다.

그는 "화폐의 발행권을 시장에 맡겨야 한다"는 하이에크의 자유은행론을 디지털 세계로 확장했다. 국가의 통화가 아니라, 인터넷 상의 자율 화폐. 그가 꿈꾼 것은 무국적·비폭력·검열 불가능한 글로벌 화폐였다.

재보는 먼저 법에 대해 자세히 알아야겠다고 생각했다. 그는 법률 공부를 위해 워싱턴대 법학대학원에 입학해 박사학위를 취득했다. 이후 전자상거래의 법적 규범과 계약 메커니즘을 연구했다.

닉 재보, '스마트 계약' 제시

닉 재보의 또 다른 관심은 앞으로 다가올 인터넷 전자상거래의 프로토콜 개발에 쏠려 있었다. 계약 조건에 맞으면 자동으로 실행되는 프로토콜 개발 연구에 몰두했다.

1994년 닉 재보는 '스마트 계약Smart Contract'이라는 논문을 'First Monday'에 발표했다(1997년 온라인 게재). 이로써 스마트 계약 개념이 탄생했다. 그는 스마트 계약을 '계약에 필요한 요소들을 코드화하여 스스로 실행하는 전산화된 거래 프로토콜'이라 정의하며, 이를 통해 신뢰할 수 있는 제3자의 필요성과 혹시 발생할 수 있는 사고의 가능성을 최소화할 수 있다고 제안했다.

닉 재보는 스마트 계약이 '자동판매기'와 비슷하다고 말했다. 자동판매기에 돈을 투입하면 표시된 가격에 따라 선택한 제품이 자동으로 나온다. 이는 자동판매기가 일종의 보편화된 규범 또는 약속을 통해 자동적으로 계약을 체결하고 실행하는 것과 같다. 그는 이러한 방식을 디지털 사회의 계약에 적용시킬 수 있다고 보았다.

그리고 그는 1996년에 스마트 계약이 무엇을 할 수 있는지에 대해 제시했다. 그가 제시한 스마트 계약은 블록체인 기반으로 제3의 중개 기관 없이 개인 간 P2P 방식으로 원하는 계약 체결이 되도록 하는 기능이다. 당사자끼리 합의한 조건에 따라 계약 내용을 자동적으로 실행할 수 있게 프로그래밍하여 분쟁 없는 투명한 거래를 할 수 있도록 하는 방식이다.

이렇듯 스마트 계약은 전자상거래 프로토콜 설계에 대한 이행을 목적으로 개발되었다. 특히 국경을 넘는 해외 계약일 경우 전통적 계약 방식보다 송금 비용을 획기적으로 줄일 수 있는 장점이 있었다.

1998년 비트골드 백서 발표

재보는 새로운 암호화폐를 금과 같은 희소성과 가치가 있으면서도 제3자의 신뢰에 의존하지 않는 디지털화폐로 만들고 싶었다. 한마디로 누구나 인정하는 '디지털 금'을 만들고 싶었다. 그는 이렇게 말했다.

"나는 해결하기 어려운 문제를 푸는 것과 금을 채굴하는 어려움 사이의 유사점에 대해 생각했다. 만약 퍼즐을 푸는 데 소요되는 시간과 에너지가 많이 든다면, 그것은 가치 있는 행위로 여겨질 수 있다. 어려운 문제를 푼 사람에게 대가로 디지털화폐를 보상할 수 있다."

이는 그가 데이비드 차움과 다짐했던 새로운 코인 개발의 방향성과 일치했다. "그 가치는 위조할 수 없을 정도로 비용이 많이 들어 가치 있는 것으로 여겨져야 한다"

닉 재보는 1998년 스마트 계약 기반의 '비트골드' 설계를 발표했다. 비트골드의 메커니즘은 금본위 화폐 발행 원리를 디지털로 구현한 것이었다. 참여자가 컴퓨팅 퍼즐을 풀면 보상을 받는 작업증명 Proof of Work 방식을 제시한 것이다. 비트골드는 탈중앙화 디지털화폐로, 참여자들이 컴퓨팅 파워를 통해 암호화 퍼즐을 푸는 방식으로 같은 네트워크에 있는 다수가 그 해답이 유효하다고 인정해야 다음 퍼즐로 옮겨갈 수 있는 구조였다. 퍼즐이 풀리고 네트워크 인증을 통과하면 그 퍼즐은 다음 퍼즐의 일부가 된다. 복사·붙여넣기를 통한 부정행위를 차단함으로써 디지털화폐의 이중지불 문제를 해결하는 방식이다.

이처럼 비트골드는 나중에 나온 비트코인의 구조나 원리와 매우 비슷하다. 비트골드는 실제로 시장에 나오지는 못했지만 비트코인의 선구적 모델이었다. 즉 비트코인을 만들 때 비트골드의 원리를 많이 참고했다는 뜻이다.

특히 참가자들이 컴퓨팅 파워로 해시 문제를 풀어 비트골드를 얻게 되는 구조가 같았다. 그리고 시간이 지나면서 채굴 난이도가 높아지는 등 기술적 메커니즘도 비슷했다. 이 외에도 비트코인과 비트골드 모두 작업증명 합의 알고리즘에 의해 구동되었다.

'디지털 금' 비트골드의 의미

비트골드는 화폐의 가치적 특성을 재현하는 동시에 보안성을 강화하려는 시도였다. 닉 재보는 비트골드에서 두 가지 기능을 구현했다. 하나는 금융기관으로부터의 독립이다. 사용자는 네트워크를 통해 금융기관을 거칠 필요가 없이 안전하게 거래할 수 있게 됐다.

또 다른 하나는 국경을 넘나드는 원활한 운영이다. 비트골드 같은 분산형 네트워크는 은행의 복잡한 경로를 거치지 않고 몇 분 내에 해외송금을 처리할 수 있다. 이러한 특성은 모두 훗날 비트코인에서 구현되었다.

The Currencies That Changed the World and Bitcoin

5

승자 뒤에는 항상 돈이 있었다

권력과 전쟁의 승패를 가른 유일한 변수

Why the Rich Abandon Dollars and Buy Bitcoin?

역사는 언제나 돈과 피의 교차로 위에서 쓰여 왔다. 한쪽에서는 금화와 증서가 쌓이고, 다른 한쪽에서는 생명과 노동이 흘러내렸다. 경제사라는 긴 흐름을 들여다보면, 화려한 궁전과 호황 뒤에는 늘 보이지 않는 수많은 피와 땀의 대가가 밑바닥에 깔려 있다.

고대 문명에서부터 현대 자본주의에 이르기까지, 돈을 쥔 자들은 언제나 권력의 중심에 있었다. 메소포타미아의 도시국가에서 왕과 사제들은 곡물과 은 그리고 노동력을 통제했다. 밀 다발이라는 뜻을 가진 세켈shekel은 세계 최초의 교환 매개의 단위였지만, 동시에 백성의 노동과 조세를 계산하는 도구였다(지금도 이스라엘의 화폐 단위가 세켈이다). 당시 곡물 창고는 부의 상징이자 지배의 수단이었다. 농민은 신전과 왕궁에 수확의 일부를 바쳤고, 남은 것으로 겨우 생존했다. 화폐는 교환의 수단이라기보다, 권력의 사슬이었다. 마치 화폐라는 이름의 끈으로 목이 조여 오는 듯, 피는 언제나 밑바닥에서 흐르고 있었다.

중세 유럽에서 길드와 상업망이 확장되면서, 상인과 은행가들은 화폐를 이동시키고 축적하며 경제적 힘을 키웠다. 그들이 발행한 환어음은 국제 무역의 혈관이 되었지만 전쟁터와 광산에서는 수많은 병사와 광부가 생명을 내놓았다. 특히 은銀과 금을 캐기 위해 수많은 인부들이 목숨을 잃었고, 신항로 개척 이후 중남미에서는 은광 노예노동이 스페인 제국의 금고를 채웠다. 당시 중남미 은광의 수은 중독으로 인한 사망자 수는 800만 명에 이른 것으로 알려졌다. 돈은 점점 손에 쥐어졌지만, 피의 흔적은 지워지지 않았다.

근대 산업혁명 이후에는 기계가 노동을 압도하는 시대로 접어들었다. 자본가들은 공장과 철로를 통해 부를 쌓았고, 노동자들은 장시간의 착취와 질병 속에서 피를 흘렸다. 경제사 관점에서 보면, 이 시기 화폐의 축적은 단순히 금전적 성공을 넘어 사회적 계층과 생명의 불평등을 가르는 잣대가 되었다. 12시간 노동, 아동노동, 무보수 초과근무가 일상이었다. 당시 석탄가스가 자욱했던 영국 도시인의 평균 수명은 25세를 넘기지 못했다. 마르크스가 "자본은 피와 진액이 뚝뚝 떨어지는 가치"라고 표현한 이유가 여기에 있다.

현대 금융자본주의 역시 다르지 않다. 증권거래소의 화면 속 숫자가 올라갈 때, 저개발국의 원자재 노동자와 환경은 여전히 대가를 치른다. 리튬 배터리, 값싼 패션, 커피 농장, 농산물 — 그 어느 것 하나도 누군가의 고통 없이 생산되지 않는다. 누가 돈을 쥐고 있는가? 금융 상품과 투자 포트폴리오의 주인이다. 누가 피를 흘리나? 이름 없는 노동자, 전쟁으로 내몰리는 시민, 환경을 지탱하던 생명체이다.

경제사를 들여다보면, 돈과 피의 관계는 단순한 부와 가난의 문제가 아니라 권력과 생존의 문제임이 명확히 드러난다. 우리가 기록하는 숫자 뒤에는 잊힌 사람들의 땀과 고통이 존재한다. 역사란 결국, 누가 손에 돈을 쥐었고, 누가 피를 흘렸는가를 끊임없이 묻는 질문의 연속이 아닐까.

1

로마는 왜 무너졌나: 화폐가 제국을 죽였다

역사는 종종 전쟁과 영웅의 기록으로 읽히지만 진정한 운명을 갈라놓은 것은 검이 아니라 화폐였다. 로마와 게르만, 두 세계는 서로 다른 경제적 근육을 가진 채 역사의 무대 위에 올랐다.

화폐 경제 대 실물 경제

로마제국의 금화와 은화는 단순한 금속 덩어리가 아니었다. 그것은 제국의 신뢰와 질서, 힘을 응축한 상징이었다. 아우구스투스 이후 로마의 동전들은 군대와 도로, 항구와 곡물 창고를 움직이는 혈관과 같았다. 금화가 통하는 곳에서는 권력이 작동했고, 신뢰가 흘렀다. 화폐의 가치는 곧 로마의 숨결이었고, 통화 경제를 지배하는 자가 제국을 지배했다.

그런데 게르만의 부족들은 화폐보다 실물에 의존했다. 말, 가축, 땅 — 그것이 권력과 재산의 척도였다. 화폐가 부족했기에 장거리 교역은 제한적이었고, 세금과 제국적 행정은 상상조차 어려웠다. 하지만 그들의 경제는 단순하고 유연했다. 외부 충격에 흔들리기보다 부족 공동체 안에서 생존과 적응의 법칙이 작동했기 때문이다.

역사는 결국 극적인 대비를 만들어냈다. 로마는 금화와 은화를 통해 문명을 지탱했지만, 네로 황제 이후 은화에 구리를 슬그머니 섞기 시작하면서 화폐 가치가 흔들리자 제국은 빠르게 무너졌다. 게르만 부족은 화폐보다 실물 자산과 신뢰 네트워크를 중시했다. 가축과 토지, 무기와 명예가 곧 부의 척도였다. 화폐는 희귀했지만, 그들의 경제는 공동체 기반의 자급 구조로 돌아갔다. 느리지만 유연한 경제였다. 그들은 꾸준히, 새로운 경제적 질서와 정치적 세력을 구축했다. 로마가 무너진 뒤, 이 실물 경제 기반의 사회가 새로운 유럽 질서의 씨앗이 되었다. 금화와 은화, 물물교환과 가축 — 서로 다른 경제적 DNA가 문명의 흥망을 결정했던 순간이었다.

신뢰와 권력을 담는 그릇

화폐는 단순한 돈이 아니다. 그것은 신뢰와 권력, 운명을 담는 그릇이다. 로마는 화폐로 제국을 일구었지만, 화폐가 신뢰를 잃자 통화시장 붕괴와 함께 역사 속으로 사라졌다. 게르만은 화폐 없이도 공동체적 신뢰를 중심으로 새 시대를 열었다. 결국 문명을 갈라놓은 것은 금속이 아니라 신뢰를 주조할 수 있는 제도적 힘이었다.

오늘의 경제 또한 다르지 않다. 신뢰와 통화, 제도적 능력이 흔들리면 역사는 반복된다. 로마와 게르만의 이야기에서 우리는 깨닫는다. 화폐는 단순한 교환 수단이 아니라 문명을 움직이는 숨결이며 운명을 가르는 칼날이라는 사실을 말이다. 로마제국과 게르만의 사례에서 중앙은행의 신용 남발과 블록체인의 신뢰가 오버랩된다.

2
성전을 뒤엎은 예수의 분노와 '돈'

기독교 복음서에서 가장 격렬한 장면 중 하나는 예수가 예루살렘 성전에 들어가 상인들의 상을 뒤엎고, 환전상들을 내쫓는 장면이다. "내 집은 만민이 기도하는 집이라 일컬음을 받을 것인데 너희는 강도의 소굴을 만들었다"(마가복음 11:17).

예수의 성전 정화(1650년경)

평소 온유함과 비유로 가르치던 예수가 드물게 물리적 행동으로 분노를 표출한 이 사건은 단순한 '도덕적 훈계' 이상의 의미를 지닌다. 그것은 '신성한 공간'과 '경제적 공간'이 겹쳐진 지점에서 화폐가 어떤 역할을 했는지를 드러내는, 고대 화폐 경제사의 극적인 장면이다.

성전의 경제 시스템: 환전상과 제물 시장

예루살렘 성전은 단지 종교적 중심지였을 뿐 아니라, 거대한 경제 네트워크의 허브였다. 유월절에는 디아스포라 유대인들이 전 세계에서 모여들었고, 그들은 성전세를 내기 위해 로마 화폐를 성전 전용의 '두로 세겔tyrian shekel'로 환전해야 했다. 로마 화폐에는 황제의 초상이 새겨져 있었기 때문에, 우상 숭배를 금한 유대 율법상 성전 안에서 사용할 수 없었다.

이 환전 과정에서 상인들은 수수료를 취했고, 제사에 바칠 제물 역시 '정결 인증'받은 동물만을 팔았다. 성전은 신에게 제사를 드리는 장소이자, 화폐가 신성화되는 특별한 금융시장이었다. 말하자면, '국가와 종교가 공인한 환전소와 상품 시장'이 성전 안에 존재했던 것이다.

화폐와 신성의 충돌

그러나 이런 구조는 종교적 권위와 경제적 이해가 얽힌 복잡한 권력 체계를 낳았다. 제사장 집단은 시장 운영권을 장악했고, 로마 당국은 성전을 통한 세금 수입과 사회 통제의 수단을 확보했다. 신앙은 시장의 논리 속에 포섭되었고, 성전은 사실상 '성스러운 금융기관'으로 변질되었다.

예수의 분노는 단순한 상업 행위 자체에 대한 것이 아니었다. 그것은 신과 인간의 관계를 매개하는 역할을 맡은 성전이, 화폐를 통해 '거래 가능한 신성'을 만들어낸 구조에 대한 비판이었다. 그는 신앙을 시장에서 사는 것이 아니라, 직접적인 내면의 관계로 되돌리려 했다.

화폐 경제사의 전환점으로서의 사건

이 사건은 고대 지중해 세계에서 '성스러운 공간과 상업 공간의 분리'라는 새로운 관념이 태동한 한 전환점이다. 고대 메소포타미아나 그리스에서도 신전은 대출, 보관, 거래의 금융 중심지였다. 그러나 예수의 행위는 이러한 오래된 관행에 균열을 냈다. 신전 금융이 갖고 있던 '신성함을 담보로 한 금융의 정당성'이 도전받은 것이다.

이후 기독교는 로마제국의 국교로 자리 잡으며, 성스러움과 경제를 구분하고, 상업을 '세속적인 것'으로 규정하는 사고를 발전시켰다. 중세 교회가 고리대금업을 금지하고, 상업과 신앙을 분리하는 담론을 만들어낸 근원에는 바로 이 '성전 정화' 사건이 있다.

오늘의 시선: 금융과 성스러움의 새로운 교차

21세기에도 이 이야기는 고대의 설화로만 남지 않는다. 오늘날 거대 종교 단체의 재정 운영, '믿음'을 전제로 하는 암호화폐 프로젝트, ESG 금융처럼 '도덕'을 상품화한 금융, 혹은 '영적 가치'를 브랜드로 포장하는 신성함이 다시 화폐의 언어로 번역되는 시대를 살고 있다.

예수가 성전의 시장을 뒤엎은 행위는, 단지 폭력적 저항이 아니라, '신념과 교환이 어떻게 혼합될 때 사회가 변질되는가'에 대한 경고였다. 화폐는 단지 중립적인 도구가 아니라, 신성한 공간과도 긴장 관계를 형성하는 사회적 힘이기 때문이다.

예수가 성전의 시장을 뒤엎은 순간은 단지 신앙의 정화가 아니라, 화폐가 사회의 신성한 질서를 어떻게 침투하고 재편하는지를 보여주는 장면이다.

인간은 언제나 신과 돈, 믿음과 거래 사이에 경계선을 긋고자 해왔다. 그리고 그 경계의 가장 날카로운 지점에 언제나 '시장'이 있었다.

3

르네상스:
예술이 아닌 금융의 승리

르네상스의 빛나는 순간 뒤에는 늘 금융의 그림자가 존재했다. 예술과 인문학, 철학의 꽃이 만발한 15세기 피렌체, 그 중심에는 '로렌초 데 메디치'가 있었다. 흔히 '위대한 로렌초'로 불리는 그는 단순한 후원자가 아니라 금융의 힘을 전략적으로 활용한 경제사적 주인공이었다.

로렌초 디 메디치

메디치 가문은 은행업을 기반으로 유럽 전역에 걸친 신용 네트워크를 구축했다. 교황청, 왕실, 상인 길드까지, 로렌초는 신용과 담보, 이자율이라는 금융의 언어를 통해 정치와 문화, 심지어 외교까지 장악했다. 예금과 환거래, 신용장 — 이 모든 금융기술은 15세기 피렌체를 유럽의 금융 수도로 만들었다. 금융은 단지 거래의 도구가 아니라 정치와 예술을 지배하는 통치의 기술이었다.

피렌체의 예술가들이 자유롭게 그림을 그리고, 조각을 새기고, 문학을 집필할 수 있었던 배경에는 이러한 금융 권력이 있었다. 돈은 단순한 거래 수단이 아니라 '문화의 동력'으로 작동했다.

예술은 금융 후원의 산물

흥미로운 것은 로렌초가 금융을 단순한 이익 축적이 아니라 '사회적 영향력'과 '문화적 자본'의 매개체로 활용했다는 점이다. 그는 예술가에게 거액을 후원하면서 동시에 도시의 정치적 안정과 메디치 가문의 명성을 강화하는 전략적 투자로 활용했다. 미켈란젤로와 보티첼리, 도나텔로의 작품이 오늘날까지 빛나는 이유는 바로 이런 '금융 후견' 때문이었다.

경제사의 관점에서 보면, 로렌초와 피렌체는 단순히 예술적 르네상스가 아니라 금융이 만들어낸 르네상스 사회 실험이었다. 화폐의 흐름, 신용의 확장, 금융 네트워크 국제화의 전략적 활용이 도시의 문화와 정치, 사회를 동시에 발전시켰다. 피렌체의 길거리를 거닐며 바라본 성당과 궁전, 그리고 예술 작품 속에는 로렌초의 금융적 판단과 전략이 은밀히 스며 있다. 피렌체의 성당과 궁전, 대리석 조각들은 모두 금융이 만들어낸 신뢰의 상징물이었다.

르네상스는 금융의 종합 예술

결국 르네상스는 '돈의 미학'과 '문화의 전략'이 맞물린 역사적 사건이었다. 로렌초 데 메디치는 이를 정확히 꿰뚫었고 피렌체는 그의 금융적 혜안 속에서 찬란하게 꽃을 피웠다. 르네상스의 성당과 조각상, 그리고 시와 철학은 결국 한 은행가의 신용에서 비롯되었다. 예술은 미를 빚었지만, 그 미를 현실로 만든 것은 금융의 구조였다. 우리가 오늘 르네상스를 이야기할 때, 화려한 예술뿐 아니라 금융이 만들어낸 비밀스러운 기반까지 함께 이해해야 하는 이유가 바로 그것이었다.

4
프랑스혁명을 일으킨 진짜 주범, '돈'

바스티유 습격

외젠 들라크루아의 명화 〈민중을 이끄는 자유의 여신〉은 총과 깃발, 그리고 한 시대의 열망을 상징한다. 1789년, 바스티유 감옥의 함락과 함께 프랑스 사회를 뒤흔든 것은 단지 정치체제의 붕괴만이 아니었다. 돈의 질서, 곧 '가치와 신뢰를 조직하는 방식' 자체가 뒤집혔다. 프랑스혁명은 정치 혁명인 동시에, 화폐의 혁명이었다.

왕의 초상에서 국민의 약속으로

혁명 이전의 화폐는 왕의 권력 그 자체였다. 루이 16세의 얼굴이 새겨진 동전은 단순한 교환 수단이 아니라 '왕권의 상징'이었다. 화폐의 가치는 왕의 신성함과 국가의 금 보유량에 의해 보장되었다. 돈은 '왕이 말하니 가치가 있다'는 식의 절대 권위에 기대고 있었다.

그러나 혁명이 일어나자 왕의 초상은 지폐에서 지워지고, 대신 국민의회가 새로운 화폐를 발행했다. 그것이 바로 아시냐assignat였다. 아시냐는 1789년 혁명 정부가 몰수한 교회의 토지를 담보로 발행된 지폐로, '왕이 아닌 국민'이 가치를 보증하는 첫 번째 실험이었다. 말하자면 신성한 권위에서 '사회적 계약'으로 화폐의 근거가 바뀐 것이다.

신뢰의 위기와 가치의 불안

하지만 화폐가 권력의 상징에서 사회적 약속으로 바뀌었다는 것은 곧 불안의 시대가 시작됨을 의미하기도 했다. 정부는 전쟁과 재정난을 메우기 위해 아시냐를 과도하게 발행했고, 지폐는 하루가 다르게 가치가 떨어졌다. 아시냐는 처음엔 혁명의 상징으로 환영받았지만, 과도한 발행으로 급격한 인플레이션을 초래했다. '혁명적 이상'은 경제의 냉정한 현실 앞에서 흔들렸고, 사람들은 지폐를 신뢰하지 않게 되었다. 왕이 사라진 자리에는 '국민의 약속'이 있었지만, 그 약속을 지킬 제도적 기반은 아직 취약했다. 결국 아시냐는 통화가치 폭락으로 초인플레이션을 낳았고, '자유와 평등의 이상'은 '경제적 불안'이라는 현실의 벽에 부딪혔다.

이때의 혼란은 단지 경제 위기가 아니었다. 그것은 "가치란 무엇인가?", "우리는 무엇을 믿는가?"라는 근본적인 질문이 사회 전체를 휩쓴 사건이었다. 프랑스혁명은 화폐를 통해 '신앙의 대상'이었던 왕권에서 '합의의 체계'로 이행하는 거대한 정신사적 실험이었다.

화폐의 민주화, 그리고 근대의 시작

프랑스혁명의 진정한 의의는 단지 새로운 지폐를 만들었다는 사실 자체보다, 화폐의 주권을 '국민'에게 돌려주었다는 데 있다. 이것은 근대 경제의 출발점이었다. 화폐의 발행과 가치를 결정하는 주체가 왕이나 교회가 아닌 국민과 의회가 된 것이다. 이로써 근대적 의미의 '국가와 화폐'의 결합, 더 나아가 훗날 중앙은행 제도의 토대가 마련되었다.

혁명 이후 프랑스는 여러 차례 화폐 개혁과 제도 변화를 겪었지만, 그 모든 과정은 하나의 명제를 중심에 두고 있었다. "화폐의 권위는 더 이상 초월적 존재가 아니라, 인간 스스로의 합의에서 나온다."

이 명제는 오늘날 우리가 아무런 금속 담보 없이 종이와 숫자로 된 화폐를 믿고 사용하는 정신적 배경이다.

혁명은 끝나지 않았다

21세기 들어 디지털 통화와 암호화폐의 등장은 또 다른 '혁명'을 예고한다. 블록체인은 중앙은행의 권위를 넘어서는 새로운 신뢰의 기술이며, 비트코인은 '국가의 약속'마저 벗어난 탈중앙화 화폐의 신뢰 실험이다. 이런 흐름을 보면, 프랑스혁명 당시의 아시냐 발행은 단지 과거의 사건이 아니라, 현재도 계속되고 있는 '화폐 주권 실험'의 첫 장면이었다고 볼 수 있다.

프랑스혁명은 정치적 민주주의만이 아니라, 화폐의 민주화, 곧 '가치를 결정하고 신뢰를 구성하는 주체가 누구인가'를 환기시킨 역사적 분기점이었다. 왕의 얼굴이 사라진 지폐는 곧 인간의 약속과 믿음이 새겨진 종이였다. 그리고 그 믿음이 무너지면 화폐도, 혁명도 흔들릴 수 있다는 것을 혁명기의 프랑스는 뼈저리게 경험했다.

  오늘날 우리의 지갑 속 지폐와 디지털 잔액은, 그때 그 프랑스 시민들이 처음으로 시험해 본 '집단적 신뢰의 실험' 위에 서 있다. 돈의 역사는 곧 신뢰의 역사이자 우리가 무엇을 믿고, 누구와 함께 그 믿음을 만들어 나갈 것인가의 역사이다.

5
지갑이 총보다 강하다: 전쟁의 제1원칙

히틀러와 무솔리니

전쟁은 흔히 칼과 총, 군사 전략과 영웅적 용맹의 역사로 기억된다. 하지만 승패의 더 근본적인 원인은 무기나 용맹이 아니라 눈에 잘 보이지 않는 '돈'이었다. 화폐와 신용, 재정적 동원력이 없었다면 전쟁의 기획조차 불가능했기 때문이다. 경제사가 보여주는 역사적 사례들은 전쟁이 단순한 폭력의 문제가 아니라 돈의 문제였음을 명확히 보여준다.

고대 로마를 살펴보면, 로마는 군사적 승리만으로 제국을 확장한 것이 아니라 철저한 재정 관리와 세금 징수 체계, 그리고 지중해를 연결하는 무역망을 바탕으로 전쟁을 가능하게 했다. 로마 군단은 단순히 병력의 숫자가 아니라 그 병력을 유지하는 재정의 힘으로 설명할 수 있다. 병사들에게 급여를 지급하고, 무기를 조달하며, 장비를 보수하는 데 필요한 재정 없이는 군대는 오래 지속될 수 없었다.

중세 유럽의 백년전쟁에서도 돈은 전쟁의 관건이었다. 잉글랜드와 프랑스는 전쟁 초기부터 차근차근 재정을 마련했다. 잉글랜드는 토지세와 관세를 통해 재정을 조달했고, 그 돈으로 용병을 고용하고 장비를 마련했다. 프랑스 역시 왕실 재정을 정비하고 봉건 영주들의 세금을 징수함으로써 전쟁 수행 능력을 확보했다. 결국 돈을 지배한 자가 전쟁의 흐름을 지배할 수 있었다.

근대에 들어서면 돈과 전쟁의 관계는 더욱 명확해진다. 17세기 네덜란드와 영국의 해상 전쟁은 단순한 영토 쟁탈이 아니라 상업과 금융을 통한 자원 동원이 핵심이었다. 네덜란드 동인도회사는 단순한 기업이 아니라 국가와 결합한 전쟁 조직이었다. 주식과 채권을 발행해 전쟁 자금을 조달함으로써 화약과 대포만큼 중요한 것은 '지갑'임을 증명했다.

나폴레옹, 금융전쟁에 패하다

1815년 6월 18일 워털루 전쟁의 승패는 단순히 군사적 승부만이 아니었다. 오히려 금융 시스템의 한판 대결이었다. 나폴레옹이 패한 이면에는 금융 시스템의 미성숙이 원인이있다.

아시냐 지폐에 혼난 트라우마가 작동되어 나폴레옹이 스스로 제위 기간 중에 지폐를 발행치 않겠다고 선언한 것은 이해는 되나 경제를 활성화시키는 데 필요한 유동성 측면에서는 문제가 있었다. 반면 영국은 영란은행의 은행권 등 지폐가 다수 발행되어 금, 은 주화와 함께 쓰여 경제발전과 금융시장 안정화에 크게 기여했다. 금리가 현격하게 낮아진 배경에는 풍부한 유동성이 한몫했다. 저금리는 산업혁명 태동에 결정적인 역할을 했다.

또 나폴레옹의 금본위제 통화정책은 다량의 금, 은을 필요로 했지만 영국과 스페인 등 해양 세력들과 적대적 관계를 맺게 되면서 해외로부터의 금 유입은 뚝 끊기게 된다. 결국 나폴레옹은 정복지로부터 금과 식량, 토지 같은 자원을 약탈할 수밖에 없었고, 이는 피정복 국가들의 반감으로 이어지게 되었다.

결국 전쟁은 나폴레옹의 약탈적 금융과 성숙한 채권시장에 기반을 둔 영국 금융 사이의 싸움이었다. 영국에서는 전쟁 자금을 모으기 위해 많은 채권이 발행되어 순조롭게 전비가 모여졌다. 거기에 프랑스가 영국에 대항하기 위해 1806년 대륙봉쇄령을 내리는 순간, 이미 나폴레옹은 패배의 길로 접어들었다. 상인들과 금융인들 전체를 적으로 삼은 꼴이었다. 세상에서 돈과 싸워서 이길 수 있는 사람은 많지 않다.

게다가 불행히도 나폴레옹이 대적했던 나라에는 군자금을 빌려주었던 로스차일드 가문이 있었다. 물론 로스차일드는 나폴레옹에게도 군자금을 빌려주었으나 상대국에는 더 많은 군자금을 빌려주었다. 나폴레옹전쟁 당시 각국 정부에 1억 프랑을 지원하여 나폴레옹을 패하게 만든 장본인이 로스차일드의 3남 네이선이다.

유대인의 해방을 앞당긴 나폴레옹도 "유럽에는 오직 하나의 힘이 존재한다. 그것은 로스차일드다"라고 한탄했다. 결국 전쟁의 흐름도 자본력 싸움이었다.

미국의 노동운동가 리오 휴버먼은 《자본주의 역사 바로 알기》에서 봉건제에서 자본주의로의 이행을 다루면서 자본주의와 노동자의 역사를 쉽고 명쾌하게 다루고 있다. 이 책은 단순한 역사서가 아니라 고전 경제학으로부터 시작된 경제학 이론들을 그 배경이 되는 역사 발전에 비추어 알기 쉽게 설명하고 있다. 이 책에서 휴버먼은 다음과 같이 말했다.

"역사책을 보면 이런저런 왕들의 야망과 정복 그리고 전쟁에 관한 이야기가 장황하게 이어진다. 그런 책들의 강조점은 완전히 틀렸다. 왕들의 이야기에 지면을 할애하기보다 왕권 배후에 있는 진정한 힘, 곧 그 시대의 상인과

금융업자의 이야기에 지면을 할애하는 편이 훨씬 나았을 것이다."

전쟁의 본질은 경제력

현대전에서도 돈의 힘은 여전히 결정적이다. 20세기의 세계대전은 단순히 병력과 무기의 문제가 아니라, 산업 기반과 금융 시스템을 지배하는 국가가 승리했다. 미국은 막대한 산업 생산력과 금융 자원을 바탕으로 연합국을 지원했으며 독일과 일본은 자원과 외환의 부족 때문에 전략적 한계를 맞았다. 결국 전쟁의 승패는 '누가 더 잘 자금을 관리하고 동원하느냐'에 달려 있었다.

'지갑이 총보다 강하다'는 말은 단순한 비유가 아니다. 전쟁은 언제나 돈으로 시작되고, 돈으로 지속되며 돈으로 끝난다. 군사력과 전략은 중요하지만, 그 배후에서 흐르는 재정과 경제력 없이는 어떠한 승리도 있을 수 없다. 역사 속의 전쟁의 궤적을 따라가면, 총보다 먼저 등장하는 것은 언제나 재정과 신용, 그리고 그것을 움직이는 '지갑'임을 깨닫게 된다.

전쟁의 시작과 끝을 관통하는 돈의 흐름을 이해하는 순간, 우리는 단순한 무력 충돌의 서사가 아니라, 인간 사회의 경제적 역동성이 만들어낸 전쟁사를 보게 된다. 결국 전쟁은 총의 역사이자, 돈의 역사이기도 하다.

6

히틀러,
돈으로 민족주의에 불을 붙이다

나치즘의 상징 하켄크로이츠

나치즘의 상징 하켄크로이츠는 정치적 이념의 표식이었지만, 그 이념에 불을 붙인 것은 돈이었다.

20세기 초 독일은 전쟁의 상처와 경제적 혼돈 속에서 흔들리고 있었다. 제1차 세계대전 패배 후 베르사유 조약이 부과한 천문학적 배상금(약 1,320억 금마르크)과 1923년의 하이퍼인플레이션은 사회 전반을 극심한 불안과 절망으로 몰아넣었다.

사람들은 은행에 대한 신뢰를 잃었고 경제적 생존의 불안은 민족적 열망과 결합했다. 그 절망의 공백을 파고든 인물이 바로 아돌프 히틀러였다. 그 혼란 속에서 아돌프 히틀러는 단순한 정치적 수사가 아니라 돈이라는 강력한 도구를 발견했다.

돈으로 조직된 정치

히틀러는 단순한 선동가가 아니었다. 그는 경제의 혼란 속에서 "돈이 여론을 움직인다"는 사실을 누구보다 빨리 간파했다. 히틀러의 선거 전략과 나치당의 조직 운영에는 금융이 핵심 축으로 작동했다. 단순한 후원금이나 당비를 넘어, 독일 산업가와 은행가, 부유한 보수층을 대상으로 한 체계적 자금 설득이 진행됐다. 그들은 나치당을 '공산주의로부터 자본을 지키는 방벽'으로 인식했다.

1932년 2월, 쾰른 슈뢰더 은행에서 열린 '산업가 회의'는 히틀러가 재계의 전폭적 후원을 끌어낸 결정적 계기였다. 기업의 후원금은 단순한 정치자금이 아니라, '독일 민족의 재건에 투자한다'는 상징으로 포장되었다. 이후 기업과 개인이 제공한 돈은 단순한 정치적 후원이 아니라 민족적 재생이라는 신념에 '투자'하는 행위로 포장되었다. 금융은 민족주의적 선동에 연료를 공급하는 촉매가 되었고, 히틀러는 이를 통해 막대한 정치적 자본을 축적했다.

히틀러가 만들어낸 '금융 맹세Financial Oath'는 단순한 상징적 장치가 아니었다. 후원자들은 자신들의 돈이 독일 민족과 국가의 미래를 보장한다는 믿음을 공유했다. 이는 단순한 경제적 거래가 아니라, 심리적 계약이었다. 하이퍼인플레이션과 실업, 사회적 불안이라는 경험은 사람들로 하여금 돈의 가치를 절대적 생존 수단이자 국가 부흥의 도구로 인식하게 만들었다. 히틀러는 이를 이용해 민족적 열망과 재정적 후원을 결합시켰다.

경제 불안이 만든 심리적 계약

금융은 단순한 후원이 아니라 심리적 조종 도구로도 기능했다. 이때 히틀러는 경제적 불안을 '민족적 분노'로 전환시켰다. 불안한 경제 상황은 공포와 민족주의적 열망을 증폭시키는 토양이 되었고, 히틀러의 연설과 선거 전략 속에서 돈은 민족적 불씨를 지피는 연료가 되었다. 기업과 은행가들의 재정적 참여는 국민에게 경제적 안정과 민족적 부흥을 연결 짓는 환상을 심어주었다. 곧 금융은 물리적 힘보다 더 강력하게 민족주의적 정서를 조직하고 확산시켰다.

그 결과 나치의 자금 후원은 단순한 경제 거래가 아니라 '민족 재생에 대한 신앙적 계약'으로 변했다. 기업인들은 자금을 낼수록 애국심을 증명한다고 믿었고, 대중은 경제적 안정과 민족적 자존심이 동일하다고 착각했다. 돈은 심리적 조종의 도구가 되었고, 히틀러는 그것을 정교하게 설계했다.

돈의 힘, 이념의 불꽃

히틀러의 금융 전략은 단순히 부패나 정치 후원의 문제가 아니었다. 그것은 경제적 혼란과 심리적 불안을 이용해 심리적 결속을 유도했고, 또 이를 정치적 권력으로 변환하는 정교한 권력 공학이었다. 돈은 총보다 강력하게 민족주의를 불태우는 연료가 되었고, 독일 국민의 두려움과 희망을 동시에 증폭시키며 민주적 절차를 우회한 권력 장악을 가능하게 했다.

경제사의 관점에서 볼 때, 히틀러의 사례는 돈이 단순한 교환 수단을 넘어 이념과 권력을 연결하는 도구가 될 수 있음을 보여준다. 오늘날 연구자들은 그의 금융 전략을 정치적 부패 이상의 것으로 평가한다. 그것은 경제적 혼란, 사회적 불안, 민족주의적 감정을 정교하게 결합한 선동의 구조였다. 결국 히틀러 시대에 돈은 단순한 자본이 아니라 민족주의라는 불씨를 지피고 권력을 점화한 결정적 촉매였던 셈이다.

7

간디의 물레:
제국에 맞선 경제적 저항

화폐 경제사 속에서 본 간디의 자립 실험

20세기 초 인도는 총칼보다 영국 돈으로 지배당한 나라였다. 영국 제국은 단지 행정과 군대를 통해서가 아니라, 화폐와 무역 체계를 통해 인도를 종속시켰다.

간디의 반영反英 투쟁은 흔히 '비폭력·불복종 운동'으로 요약되지만,

물레질하는 간디

그는 정치보다 먼저, 영국식 경제와 화폐 질서를 뒤흔들었다.

영국의 통제와 인도의 종속

19세기 후반부터 영국은 인도에서 은본위제를 폐지하고 인도 루피는 영국 파운드의 가치에 연동했으며 세금도 영국 화폐 기준으로 부과했다. 인도는 원료를 싸게 수출하고 공산품을 비싸게 수입하는 전형적인 식민지형 무역 구조에 묶였다. 화폐는 단순한 교환 수단이 아니라, 제국이 식민지를 경제적으로 지배하는 도구였다.

이 체제에서 인도 농민들은 영국 화폐로 세금을 납부해야 했기 때문에 현금 작물 생산에 몰두할 수밖에 없었고, 이는 곧 전통적 자급자족 경제의 붕괴로 이어졌다. 화폐의 강제 통용은 곧 경제 구조의 재편이었다. 화폐는 단순한 교환 수단이 아니라, 제국이 식민지를 지배하는 가장 효율적인 무기였다.

간디의 '물레'와 '스와데시 Swadeshi' 운동: 화폐의 흐름을 거부하다

간디는 이러한 구조적 종속을 깨기 위해 정치적 무장 투쟁 대신 경제적 자립 운동을 택했다. 그의 상징이 된 물레(차르카)는 단순한 전통의 복원이 아니라, 영국이 조정하는 화폐의 흐름을 차단하는 실천 운동이었다. 당시 영국은 인도의 면화를 원료로 수입한 뒤 맨체스터에서 방직해 다시 인도에 공산품으로 판매했다. 간디는 이 고리를 끊기 위해 사람들이 직접 실을 잣고 옷을 짜는 '스와데시 Swadeshi(국산품 사용)' 운동을 촉구했다.

이는 단순한 생활 개혁이 아니었다. 영국 화폐의 순환망을 차단하고 자급자족 경제를 복원하려는 시도였다. 영국 상업과 금융망을 통하지 않고 공동체 내부에서 생산과 소비가 이루어진다면, 제국의 세금·무역·화폐 체제는 균열을 맞이할 수밖에 없었다. 간디의 물레는 곧 경제적 저항의 도구였다.

소금 행진: 세금과 화폐 권력에 대한 직접적 도전

1930년 간디의 소금 행진 역시 정치적 상징에 그치지 않는다. 소금은 당시 인도인 누구나 사용할 수밖에 없는 생필품이었고, 영국은 여기에 고율의 세금을 부과했다. 그리고 이 세금은 영국 화폐로만 납부할 수 있었다. 소금세는 일종의 화폐 통제 장치였다.

간디가 바닷가로 걸어가 소금을 직접 만들어낸 행위는 세금과 화폐 주권에 대한 직접적인 반항이었다. 이는 '우리의 생존에 제국의 화폐와 허락이 필요 없다"는 선언이었으며, 화폐의 통용 영역을 좁히는 정치·경제적 실천이었다.

화폐 경제사 속의 간디: 근대화에 대한 역질문

간디의 경제 자립 운동은 화폐 경세사 속에서 근대화의 필연성에 대한 '역질문'을 던진다. 19세기 이후 화폐는 산업과 제국의 팽창과 함께 인류 사회를 일원화하고 통합해 왔다. 식민지 체제에서 화폐는 지배의 매개였다. 그러나 간디는 이 흐름 속에서 화폐 없이도 공동체가 존립할 수 있는 가능성, 혹은 화폐의 흐름을 거부함으로써 새로운 정치적 힘을 창출할 수 있는 가능성을 제시했다.

그의 실험은 근대 금융 질서를 완전히 뒤엎지는 못했지만, "경제적 자립 없이는 정치적 자립도 없다"는 명제를 역사에 새겼다. 이는 훗날 식민지 탈피 과정에서 많은 독립운동가와 개발도상국의 경제 전략에 영향을 미쳤다.

간디의 반영 투쟁과 경제 자립 시도는 정치적 독립과 화폐 주권의 긴밀한 연결을 보여주는 사례다. 그는 총 대신 물레를, 화폐 대신 공동체적 생산과 교환을 들었다. 화폐의 흐름이 곧 권력의 흐름임을 간파하고, 그 흐름을 다른 방향으로 돌림으로써 거대한 제국에 균열을 만들었다.

오늘날 글로벌 금융망과 디지털 화폐가 국가의 경계를 넘나드는 시대에, 간디의 실험은 우리에게 질문을 던진다.

"*정치적 독립이 진정한 주권이라면, 우리는 화폐의 흐름을 어디까지 스스로 통제할 수 있는가?*"

8
세계 최초의 주식회사, 동인도회사의 비밀

1609년 네덜란드 동인도회사는 일본 히라도에 무역관(상관)을 개설했다. 그 뒤 일본에서 포르투갈과 스페인이 기독교 선교 문제로 쫓겨난 이후 1855년까지 두 나라 간의 독점적 무역 관계가 지속되었다. 네덜란드가 이 기간 218년 동안 일본의 유럽을 향한 유일한 창구였다.

조선의 도자기 기술이 일본 경제부흥의 토대가 되다

원래 일본은 1543년 포르투갈 선박이 표류해 온 것을 계기로 처음으로 서구와 교역을 시작했다. 이때 포르투갈의 조총이 일본에 전래되었다. '나는 새도 능히 맞힐 수 있다'는 뜻에서 '조총鳥銃'이라는 이름이 유래되었다. 일본은 이 총으로 1592년 임진왜란을 일으켰다. 그리고 조선으로부터 당대 세계 최고 수준의 도자기 제조술과 인쇄술, 신유학에서 의학까지 조선의 지식을 사람 채로 노획해 갔다. 당시 도자기를 굽는 가마의 온도를 1300도 이상 높이는 기술을 갖고 있는 나라는 조선과 중국뿐이었다.

임진왜란1592~1598 7년 동안 일본에 끌려간 조선인 숫자는 구체적으로 밝혀진 게 없다. 왜놈들이 닥치는 대로 조선인을 끌고 간 것만은 사실이다. 특히 도공들을 많이 잡아갔다. 일본 학자들은 7년 전란 중 끌려간 조선인이 적게는 2만, 많게는 5만 정도로 추정하지만, 한국 학자들은 6만 또는 10만으로 본다.

피랍된 조선의 도공들은 토기 등을 구워내다가 20년 만에 도자기를 구워낼 수 있는 고령토를 이삼평이 1616년 사가현 아리타에서 찾아냈다. 이후 아리타 도자기는 네덜란드 동인도회사에 의해 유럽으로 2000만 점 이상이 수출되어 일본에 큰 부를 안기게 된다.

그리고 퇴계의 빼어난 문하인 강항姜沆도 임란 때 피랍되어 일본인들에게 성리학을 가르쳐 근세 초기 일본 유학자들의 스승이 되었다. 임진왜란은 장기간의 난세로 부진했던 일본의 경제부흥과 학문 발전에 결정적 전기가 되었다.

유대인 덕분에 살아남은 일본의 네덜란드 무역관

이즈음 일본에 포르투갈과 스페인 선교사들이 들어와 기독교를 전파했다. 기독교인이 늘어났다. 막부는 신자가 70만 명에 이르자 위협을 느껴 1612년에 전교 금지령을 내리고 교회를 파괴했다. 이어 선교사나 신자들을 해외로 추방하거나 학살했다. 또한 무역항을 축소하는 등 무역 활동을 통제하고 1639년에 쇄국령을 내려 포르투갈 사람들을 추방하고 스페인과는 단교까지 했다.

그렇지만 네덜란드 동인도회사는 유대인들이 주축이었기 때문에 기독교 전파와는 아무 상관이 없었다. 기본적으로 유대교는 다른 민족에게는 전교하지 않는 종교였다. 그리하여 네덜란드 무역관만 그대로 남겨 두었다.

네덜란드 동인도회사, 드디어 중국의 문턱을 넘다

그 무렵 중국은 해금 정책으로 오랑캐를 받아들이지 않았다. 이러한 중국을 네덜란드인들이 뚫었다. 1656년에 네덜란드 상인들이 중국 베이징에서 순치황제에게 삼배구고三拜九叩의 수치를 마다하지 않고 무역의 길을 튼 것이다. 삼배구고란 무릎을 꿇고 양손을 땅에 댄 다음 머리가 땅에 닿을 때까지 숙이기를 3번, 또 이것을 3번 되풀이하는 것이다. 청나라는 이것을 외국 사절에게도 강요했다. 어렵게 튼 중국과의 거래는 네덜란드 동인도회사에 큰 전환점이 되었다. 이후 중국 거래는 일본의 은과 연계되어 '대박'을 치게 된다.

이어 1663년 아프리카 해안을 따라 향료와 노예무역 항구들을 연달아 건설했다. 당시 전성기의 네덜란드는 1만 6천 척에 달하는 상선을 보유하였는데 이는 프랑스, 영국, 스페인, 포르투갈 4개국 상선의 4분의 3 수준이었다.

일본, 은 수출로 경제 부흥하다

히라도에 있던 네덜란드 무역관은 1641년 나가사키 데지마로 옮겨져 독점무역을 통해 막대한 이익을 보며 거의 200년 동안 존속했다. 일본은 네덜란드 동인도회사의 가장 중요한 은銀 수출국이었다. 은을 얻기 위해 1641년부

나가사키 데지마의 동인도회사 무역관

터 약 200년간 나가사키에 온 네덜란드 동인도회사 선박은 606척에 달했다.

당시 일본의 은 제련 기술도 조선에서 유출된 것이었다. 그 무렵 일본 은은 유럽에 비해 아주 쌌을 뿐 아니라 중국에 비해서도 많이 쌌다. 네덜란드 동인도회사가 일본에 파는 물건은 중국의 생사, 비단, 양모, 면 등의 직물류와 유럽의 피혁류, 염류, 설탕, 약품, 잡화 등이었다. 사들이는 물품은 은과 구리를 비롯하여 장뇌, 잡화, 지금地金과 화폐, 도자기, 칠기, 병풍 등이었다. 그 가운데서도 단연 은이 주종을 이루었다. 당시 은은 상품이자 통화였다. 대량의 은 수출로 일본 경제가 부흥의 토대를 쌓았다.

유대인, 상품교역보다 환차익거래로 큰돈 벌어

17세기 유대인들이 주도했던 네덜란드 동인도회사의 주된 수익원은 우리의 예상과 달리 향료와 비단이 아니라 금과 은 등 귀금속 화폐의 거래였다. 예를 들어 네덜란드의 동인도회사가 1660~1720년 사이에 아시아에 판 상품의 약 87%가 은이었고 나머지만이 유럽산 상품이었다. 당시 금과 은의 국제간 시세 차익을 이용한 차익거래Arbitrage를 통해 돈을 번 것이다. 벌써 무위험 차익거래에 눈뜬 셈이다. 그도 그럴만한 것이 당시 서양과 동양의 '금은 교환 비율'은 너무 차이가 컸다.

서양은 수메르 문명 이래 금과 은의 교환 비율은 대략 1대 12.5 내외였다. 원래 이것은 수메르 천문학에 기초한 양력과 음력의 비율이었다. 금이 태양이요 은이 달이었다. 태양이 한번 변할 때 달이 '12번 반' 변한다는 이유에서 1대 12.5였다. 곧 태양력 1년이 음력으로 12개월 반이라는 것에서부터 유래된 것이다. 이러한 전통이 이어져 내려오면서 로마 제국에서도 금과 은의 교환 비율은 12.5대 1이거나 13대 1이었다.

17세기 초 유럽의 금은 교환 비율도 크게 변하지 않아 바로 1대12 내외였다. 이에 비해 중국은 1대 6 정도였다. 딱 두 배 차이였다. 중국에서는 은이 금에 비해 유럽보다 거의 두 배 높은 평가를 받았던 것이다. 유럽에서 상대적으로 싼 은을 구입하여 중국에 가져가면 그것만으로 100% 환차익을 누릴 수 있었다. 유대인들이 이를 놓칠 리 없었다. 먼저 중국과 교역을 했던 포르투갈이 1600년부터 1630년까지 환차익 재미를 흠뻑 보았다. 이후 포르투갈을 대체한 네덜란드 동인도회사가 그 뒤를 이었다. 17세기 중엽에 이르러 이 교환 비율은 점차 거리가 좁혀졌다. 그래도 중국은 1대 10, 유럽은 1대 15 내외였다. 동인도회사 유대인들의 차익 마진이 100%에서 50%로 줄어들었다. 이후에도 오랜 기간 유대인들은 이 환차익을 즐길 수 있었다.

그 무렵 일본에서 은이 대량으로 생산되어 은이 풍부해지자 금에 비해 저평가 되었다. 동인도회사 유대인들은 일본에서 은과 구리를 구입하여 은의 가치가 높은 중국에 팔았다. 중국이 그토록 은을 높게 평가하는 이유는 우선 중국 화폐제도의 변화 때문이었다. 중국은 다른 어느 문명권에서보다 일찍 지폐를 발행했다. 그런데 명대에 들어와서 지폐를 초과 발행하자 초인플레이션이 일어나서 결국 지폐

정은(중국)

사용이 중단되었다. 이를 대신하는 지불수단으로서 은이 유통되었다.

특히 은의 대규모 유통을 초래한 중요한 요인은 1560년대에 시행된 일조편법一條鞭法 때문이었다. 중국 정부가 모든 조세 수입을 은으로 통일한 것이다. 이 법이 시행됨으로써 이제 은은 공식 화폐를 대신하게 되었다. 이로 인해 당시 중국은 모든 조세를 은으로 통일하여 받을 때였다. 따라서 세금을 내야 하는 국민들이 대량의 은을 필요로 했다. 수요가 공급을 웃돌자 당연히 은값은 상승했다. 그래서 동인도회사 유대인들은 일본의 은과 구리를 중국에 팔고 중국에서는 은에 비해 저평가된 금을 구매했다. 이렇게 각국 간의 '금은 교환 비율'의 차이 곧 환시세 차이를 이용한 귀금속거래가 상품거래보다 훨씬 많았다.

중국은 고대로부터 은수저로 식사를 하는 등 은을 좋아하여 실크로드를 통한 동서무역 이래 유럽의 은이 계속 중국으로 흘러 들어갔다. 당시 중국은 부유한 문명국으로서 유럽에서 들여오고 싶은 물품이 특별히 없었다. 따라서 유럽인들은 비단 등 중국 상품을 손에 넣기 위해서는 은을 가져오지 않으면 안 되었다. 고대로부터 중국과 유럽의 교역은 일방적인 유럽의 무역적자로 진행되어왔다. 게다가 16세기 중국의 일조편법 시행과 동서양의 금은 교환 비율 차이로 전 세계의 은이 이후 4세기간 계속 중국으로 흘러 들어갔다. 1500~1800년 사이에만 중국이 무역을 통해 얻은 은은 약 6만 8000톤에 달했다. 유럽이 아메리카에서 얻은 은의 절반 이상에 해당한다.

이렇게 중국에서 오랫동안 은이 중심 화폐 구실을 해왔기 때문에 '은행銀行'이라는 말이 쓰이게 된 것이다. 본디 '항行'은 점포를 가리키는 글자이므로 은행은 은을 취급하는 점포라는 뜻이다. 만일 중국이 금을 중심 화폐로 썼다면 '은행' 대신 '금행'이라는 말이 쓰였을 것이다.

9
아편전쟁, 중국이 패배한 진짜 이유

19세기 초, 세계 무역의 중심에는 '은銀'이라는 조용한 주인공이 있었다.

당시 청나라는 차茶, 비단, 도자기를 통해 유럽에 막대한 무역흑자를 기록하고 있었다. 서구 상인들은 비단, 도자기, 중국 차 같은 중국 상품

아편전쟁

을 탐냈지만, 청나라가 외국 상품에 거의 관심을 두지 않았다. 때문에 그들이 대가로 지불할 수 있는 것은 사실상 은밖에 없었다.

그리하여 라틴아메리카에서 캐낸 은은 인도와 아프리카를 거쳐 중국으로 흘러 들어갔고, 광저우廣州는 세계 최대의 은銀 집적지 중 하나로 부상했다. 중국의 경제는 은본위銀本位 화폐 체제를 중심으로 안정적으로 작동하고 있었다.

은 가격 급등이 무역 질서를 뒤집다

그러나 이 균형은 화약보다 강력한 아편이라는 '비화폐적 수단'에 의해 교란된다. 영국 상인들은 인도에서 대량 생산한 아편을 중국에 밀수입하며 무역 구조를 역전시켰다. 아편을 구입하기 위해 중국 상인들이 내놓은 것은 바로 은이었다. 그 결과 1820년대 후반부터 청나라 내에서 은 유출이 본격화되었고, 은의 가격이 급등하면서 동전의 주재료인 구리와의 교환 비율이 심하게 요동쳤다.

화폐 가치의 불안정은 농민 경제와 상업 활동 전반에 파급되었다. 세금을 은으로 내야 했지만, 시중에 은이 부족해지자 세금 부담이 치솟았고, 농민들은 궁핍에 빠졌다. 곧 아편전쟁은 단순히 총포의 전쟁이 아니라 은의 흐름을 둘러싼 국제 화폐 질서의 충돌이었다.

화폐 주권의 상실

1840년 발발한 아편전쟁에서 청나라는 군사적으로 패했다. 하지만 더 본질적인 패배는 화폐 주권의 상실이었다. 1842년 난징조약으로 홍콩을 할양하고 배상금 명목으로 막대한 은을 지불한 것은 단지 시작에 불과했다. 개항과 조약 체제의 확산은 중국 내부의 은 유통망을 교란시켰고, 외국 무역상들은 서구 은화를 대량 유입시켜 중국의 전통적 화폐 질서를 흔들었다.

19세기 후반에 이르면 중국 시장에는 각국의 은화가 난립했고, 지역마다 화폐의 품질과 가치는 제각각이었다. 신뢰할 수 있는 '하나의 화폐 체계'가 사라지면서 상업 거래 비용은 급등하고, 국가는 세입 기반을 잃었다.

'은의 전쟁'이 남긴 교훈

아편전쟁의 패배는 단순히 '개항'의 문제가 아니라, 청 제국이 은본위제라는 독자적 화폐 질서를 지탱할 힘을 잃은 역사적 전환점이었다. 이전까지 청나라는 세계 은의 종착지로서 일종의 '비공식 기축 지위'를 누렸지만, 이후에는 서구의 은화와 무역 규칙에 종속되는 위치로 전락했다. 화폐의 흐름은 군사력보다 오래가고, 총포의 굉음 뒤에는 언제나 은의 소리 없는 이동이 있다. 아편전쟁은 바로 그 무형의 전쟁에서 청나라가 결정적으로 패한 사건이었다.

오늘날 글로벌 금융 체제 속에서 기축 통화의 지위를 둘러싼 경쟁을 돌아볼 때, 아편전쟁은 단순한 제국주의 침략이 아니라 국가가 화폐의 흐름을 통제하지 못할 때 어떤 구조적 취약성이 드러나는지 보여주는 대표적 사례로 읽힌다. 무역에서 흑자를 유지하던 나라가, 결제 수단의 통제력을 잃는 순간 경제적 종속이 시작됐다. 패전은 군사적 사건이었지만, 몰락은 경제적 질서의 붕괴에서 시작되었다.

10
'오즈의 마법사'에 숨겨진 정치경제학

영화 오즈의 마법사 1939 스틸 컷

"길을 따라가라, 도로시. 그러나 길이 안전하리란 보장은 없다."

어린 시절 동화 속 한 장면이, 오늘날 금융과 통화정책을 읽는 열쇠가 될 수 있다는 사실을 누가 알았을까. 〈오즈의 마법사〉의 노란 벽돌길은 단순한 환상의 길이 아니다. 그것은 '금본위제'라는 통화의 안정성을 상징하며 인간과 사회가 화폐를 매개로 움직이는 정치경제학의 복잡한 경로의 은유이다.

한때 단순한 동화로 여겨졌던 《오즈의 마법사 1900》는, 오늘날 통화정책을 이해하는 흥미로운 은유로 다시 읽힌다. 경제학자 헨리 리틀필드는 1964년 논문에서 이 작품을 19세기 말 미국의 금·은본위 논쟁을 풍자한 정치·경제적 우화로 해석했다.

금과 은, 그리고 노란 벽돌길

1890년대 미국은 심각한 불황과 농산물 가격 폭락에 시달렸다. 정부가 '은폐지법Crime of 1873'으로 금본위제를 채택하자, 통화량이 줄고 농민들은 빚을 갚지 못해 몰락했다. 이때 농민과 서민을 중심으로 "은화를 더 찍자Free Silver!"는 '자유 은 주조 운동'이 일어났다.

바움의 동화 속 '노란 벽돌길'은 금본위제, 그리고 원작 소설에서 도로시가 신은 '은 구두silver shoes'는 은본위를 상징한다. 도로시가 은 구두를 신고 금빛 길을 걷는 장면은 금과 은, 두 체제의 충돌 속에서 방향을 잃은 미국 경제의 초상을 닮았다.

19세기 미국, '은본위냐 금본위냐'를 둘러싼 논쟁은 단순한 화폐의 물리적 속성 문제를 넘어 정치와 권력의 문제였다. 금융 엘리트들은 금화를 통한 안정적 신용을 주장했고, 농민과 서민은 은화 확대를 통해 시장 접근성을 높이려 했다. 도로시와 그녀의 친구들이 각자의 목적과 두려움을 안고 오즈를 찾아간 것처럼, 경제 행위자들도 통화의 제약과 불확실성 속에서 선택을 강요받았다.

오즈Oz는 무게 단위인 온스ounce, oz를 연상시킨다. 곧 '오즈의 마법사'는 화폐 가치를 결정하는 권력의 은유다. 도로시와 동행하는 세 인물 — 사자의 용기(정치가), 허수아비의 지혜(농민), 양철 나무꾼의 심장(노동자)은 현대 금융에서 투자, 정보, 노동력과 비슷하다. 금융시장에서 사람들은 신용과 자본이라는 '화폐적 자원'을 동원하며 위험을 헤쳐 나간다. 중앙은행과 정부는 오즈처럼 신비롭지만 강력한 존재로서 통화 공급을 조절하고, 경제 주체들은 그 믿음과 권위를 신뢰해야만 안정적인 거래가 가능하다.

오늘날 우리는 또 다른 통화 체제의 갈림길에 서 있다. 디지털 화폐, 중앙은행 디지털화폐CBDC, 비트코인과 같은 새로운 통화 실험을 목격하고 있다. 금본위제는 사라졌지만, 신뢰의 기준을 누가 쥐는가라는 질문은 여전하다. 오즈의 은 구두처럼, 화폐는 결국 신뢰에 바탕을 둔다. 기술과 제도의 변화가 아무리 빨라도 사람들의 믿음과 선택이 없으면 경제는 길을 잃고 만다.

《오즈의 마법사》는 단순한 동화가 아니다. 노란 벽돌길 위에서 펼쳐진 모험은 통화의 힘이 정치와 권력, 그리고 사회 구조를 어떻게 규정하는지 보여주는 은유이다. 도로시가 집으로 돌아간 것처럼 경제 역시 신뢰와 제도 속에서 '안정'이라는 목표를 향해 걸어간다. 우리가 오늘 걷는 금융의 길 또한 마법과 환상이 아닌 현실의 정치 경제 위에 놓여 있다.

11

악화가 양화를?
지금은 정반대다

"악화가 양화를 구축한다Bad money drives out good"라는 문장은 그레셤의 법칙Gresham's Law으로 알려져 있다. 16세기 영국의 금융가 토머스 그레셤이 엘리자베스 1세 여왕에게 조언하면서 언급한 것이 처음이었다. 은화의 함량이 낮아진 '악화'가 법정 가치를 동일하게 유지한 채 유통되자 사람들은 신짜 가치가 높은 '양화'를 숨기고 '악화'만 시장에 내놓았다. 결국 유통 시장은 저질 화폐로 채워지고, 고품질 화폐는 사라졌다. 이 법칙은 근대 초기의 화폐 경제가 '실물 가치'와 '명목 가치' 사이의 균열에서 어떻게 붕괴했는지를 보여준다.

그러나 오늘날 상황은 정반대로 움직이고 있다. 악화가 양화를 구축하던 시대에서, 이제는 양화가 악화를 구축하는 시대로 접어든 것이다.

그레셤의 법칙이 작동하던 시절

고대와 중세, 근대 초까지 화폐는 금은 같은 귀금속의 함량이 그 가치를 뒷받침했다. 그러나 국가는 재정난을 겪을 때마다 은화의 함량을 줄여 '악화'를 발행했다. 3세기 로마 제국의 데나리우스 화폐가 대표적이다. 은 함량을 줄인 결과 신뢰가 붕괴되고 시장에서는 사람들끼리 금화를 감추고 은화만 떠도는 현상이 벌어졌다. 이는 인플레이션과 상업 붕괴를 불러왔고, 결국 로마의 경제 기반을 무너뜨리는 데 일조했다.

중세 말 유럽에서도 마찬가지였다. 각국이 주조권을 남용하며 화폐 가치를 떨어뜨렸고, 상인들은 고함량 화폐를 금고에 넣고 악화만 거래에 내보냈다. 시장의 유통 화폐는 점점 질이 나빠졌고, 물가 불안과 신뢰 상실이 이어졌다.

신뢰가 질서를 바꾼다

21세기 디지털 자산과 글로벌 자본 시장은 과거와 다른 논리를 따릅니다. 화폐의 '함량'은 더 이상 중요하지 않다. 중요한 것은 신뢰와 기술, 그리고 네트워크 효과다.

가치가 불확실하거나 조작 가능성이 높은 '악화'들은 점점 시장에서 배제되고 신뢰성과 투명성을 갖춘 '양화'가 선택받는 구조가 형성되고 있다.

예컨대 1990~2000년대 신흥국의 통화 위기 당시, 불안정한 자국 통화는 달러나 유로로 급속히 대체되었다. 최근에는 달러조차 신뢰의 독점권을 잃고 스테이블코인, CBDC, 비트코인 등 새로운 형태의 '양화'가 악화를 밀어내고 있다. 신뢰할 수 없는 정부의 채권이나 부실 은행권은 시장에서 점점 설 자리를 잃고 있다.

악화가 악화를 구축하는 메커니즘

현대 금융에서는 정보 비대칭이 줄어들고, 자본 이동이 즉각적이다. 투자자와 소비자는 '악화'를 억지로 받아들일 이유가 없다. 국경을 넘어 더 신뢰할 수 있는 자산으로 빠르게 이동할 수 있기 때문이다.

이 과정은 불안정한 통화에서 신뢰할 수 있는 통화(또는 디지털 자산)로 가는 경로를 거친다. 시장 선택에서는 법정 강제보다 자유로운 선택이 우위에 있다.

중앙 발행 주체를 우회하는 블록체인과 핀테크 기술의 발전으로 결국 '악화'는 억지로 유통되기보다는 시장에서 자연스럽게 퇴출되고, '양화'가 경쟁력을 기반으로 자리를 차지한다.

달러 패권의 균열과 새로운 '양화'의 부상

달러는 20세기 후반 '양화'의 상징이었다. 그러나 무제한 양적완화와 재정적자 누적은 그 신뢰에 금이 가게 했다. 그 사이에 각국은 위안화, 디지털 유로, 그리고 민간의 스테이블코인과 암호자산으로 눈을 돌리고 있다. 이 흐름은 과거처럼 '악화'가 유통망을 점령하는 것이 아니라 양화끼리의 경쟁 속에서 신뢰가 낮은 자산이 점점 밀려나는 방향이다.

그레셤의 법칙은 과거의 권위적 화폐 질서를 설명하는 데 탁월했지만 오늘의 경제사는 새로운 국면에 접어들고 있다. 법이 아니라 시장이, 함량이 아니라 신뢰가, 강제가 아니라 선택이 화폐의 질서를 정한다.

이제는 "양화가 악화를 구축한다"는 새로운 법칙이 세계 금융의 무대에서 실시간으로 실현되고 있다.

The Currencies That Changed the World and Bitcoin

6

기축통화의 황혼,
새로운 질서

달러의 몰락은 이미 과거에 예고되었다

Why the Rich Abandon Dollars and Buy Bitcoin?

기축 통화의 해가 지고 있다. 해가 지듯, 한 시대의 통화질서도 천천히, 그러나 확실히 저물어간다. 한때 달러는 세계의 바다를 지배했고, 금고 속에 권력의 빛을 담았다. 하지만 시간은 늘 더 빠르고, 더 은밀하게 흐른다. 미래는 이미 과거 속에서 숨을 쉬고 있었다.

금본위제와 브레튼우즈 체제 속에서 달러는 절대적이었다. 한 장의 지폐에 담긴 신뢰가 전쟁을 결정했고, 무역의 흐름을 조율했다. 하지만 신흥 경제권의 성장, 디지털 화폐의 등장, 블록체인으로 기록된 새로운 신뢰 체계는 그 절대성의 그림자를 흔들었다.

2008년 금융위기, 유럽 채무위기, 디지털 위안과 스테이블코인 — 모두가 경고였다. 미래는 이미 우리 앞에서 펼쳐지고 있었다. 우리는 그것을 '달러의 권위가 흔들린다'고 읽었지만 사실 그것은 시간의 다른 페이지에서 이미 쓰인 이야기였다.

경제사에서 화폐는 단순한 도구가 아니라 권력, 신뢰, 인간 심리, 기술이 교차하는 시간의 결정체다. 기축 통화가 바뀌는 순간, 단순히 돈의 이름이 바뀌는 것이 아니라 세계의 권력과 신뢰, 미래와 과거의 경계가 재편된다.

미래는 예고 없이 다가오지 않는다. 그것은 과거 속에서 이미 움트고 있었고 우리는 그 미세한 움직임을 느끼며 새로운 시간 위에 서 있다. 기축 통화의 해가 지고 새로운 세계가 동틀 날을 기다린다

1

달러는 지고 있다:
기축통화의 황혼

    제2차 세계대전 이후 브레튼우즈 체제 속에서 달러는 금과 연결된 기축통화가 되었다. 국제 무역과 금융의 중심 역할을 맡았고, 미국 경제의 힘과 신뢰는 달러를 '세계 화폐'로 만들었다. 석유와 원자재 거래, 국제 채권과 주식 시장까지 달러가 중심이었다.

    그러나 21세기 들어 달러의 독점적 지위는 서서히 흔들리고 있다. 중국 위안화의 국제화, 유로화, 비트코인, 스테이블코인, CBDC 같은 디지털 화폐 혁신이 달러의 '신뢰 독점'을 서서히 잠식하고 있다. 그리고 미국의 무역 적자와 과도한 재정 지출은 달러의 힘을 점점 약화시키는 요인이다. 국제 통화 기금 IMF 보고서에 따르면, 세계 외환보유액에서 달러 비중은 여전히 50%대 수준을 유지하고 있지만, 1990년대 70%를 넘어섰던 것과 비교하면 감소 추세가 뚜렷하다.

역사는 반복되지만 방식은 달라진다

경제사의 시각에서 보면, 기축 통화의 쇠퇴는 새로운 세계 질서와 금융 패러다임 변화의 신호다. 16세기 스페인 은화, 17세기 네덜란드 길더, 19세기 영국 파운드가 제국주의를 배경으로 세계 기축 통화였지만, 미국 달러 등장과 함께 황혼을 맞이한 것처럼 달러도 언젠가는 그 자리를 다른 통화와 결제 수단에 내줄 가능성이 있다. 다만 이번 변화는 단순한 교체가 아니라 글로벌 경제 구조, 지정학적 권력, 디지털 금융 혁신이 얽힌 복합적 전환이다.

달러의 황혼은 영국 파운드의 몰락과 닮았지만, 이번 변화는 단순한 승계가 아니다. 달러를 대체할 단일 통화는 아직 존재하지 않는다. 대신 다극적 신뢰의 시대, 곧 여러 통화와 결제 수단이 함께 작동하는 복합 기축 체제로 이행하고 있다. 한마디로 '통화의 춘추전국시대'가 펼쳐지고 있다. 금융 패권은 한나라의 통화가 아니라 연결망의 신뢰 구조로 이동 중이다.

달러의 쇠퇴가 의미하는 것은 단지 통화 가치의 하락만이 아니다. 그것은 금융 주권, 국제 정치 영향력, 국가 간 경제 패권의 이동을 함께 수반한다. 기축 통화의 힘은 단순히 돈을 찍어내는 능력에 있지 않다. 그것은 다른 국가들이 그 통화를 신뢰하고, 거래하고, 보유할 때 실현된다. 신흥국과 디지털 자산의 부상, 그리고 다극화되는 세계 경제는 달러가 독점적 신뢰를 누리던 시대를 끝내고 있다.

디지털의 바다, 새로운 기축의 가능성

이 새로운 흐름의 밑바탕에는 기술이 있다. CBDC(중앙은행 디지털화폐), 민간 스테이블코인, 비트코인 같은 탈중앙 통화는 화폐의 본질이 국가의 발행권에서 코드와 알고리즘의 신뢰로 이동하고 있음을 보여준다.

디지털 위안화e-CNY와 mBridge 프로젝트, 달러 스테이블코인 시장의 폭발적 성장, 그리고 다자간 결제 시스템의 확산은 기축 통화 개념 자체를 다시 쓰고 있다. 달러는 여전히 중심이지만, 그 주위에는 수많은 '위성 통화'들이 궤도를 그리며 회전하기 시작했다.

달러의 황혼, 그리고 여명의 경계에서

달러의 황혼은 경고이자 기회다. 미국과 국제 사회 모두에게 이는 새로운 금융 질서를 준비해야 한다는 신호다. 역사 속의 모든 기축 통화는 시간의 흐름 속에서 탄생과 쇠퇴를 반복해 왔다. 오늘의 달러 역시 예외가 아니다. 다만 이번 변화가 세계 경제와 지정학적 안정에 어떤 파장을 가져올지는, 이제 시작될 이야기에 달려 있을 것이다.

달러의 해가 진다고 해서 당장 어둠이 오는 것은 아니다. 태양은 서쪽에서 지면서도 동쪽의 또 다른 여명을 준비한다. 파운드가 그랬듯, 달러 역시 한동안은 세계 금융의 핵심 축으로 남을 것이다. 하지만 더 이상 유일한 태양은 아니다.

신뢰의 시대, 새로운 통화질서의 문턱에서

화폐는 단순한 교환 수단이 아니라 신뢰의 제도다. 그 신뢰의 구조가 바뀌면 세계 경제의 질서도 바뀐다. 지금 달러의 황혼은 경고이자 기회다. 누가 다음 시대의 신뢰를 설계할 것인가. 국가인가, 기술인가, 혹은 시장 그 자체인가. 역사의 시계는 이미 움직이고 있다. 기축 통화의 해가 지고, 새로운 신뢰의 태양이 동틀 시간을 우리는 맞이하고 있다.

2
'선물' 경제와 자본주의가 잃은 신뢰

인류 역사는 '교환'을 통해 사회를 조직해 왔다. 그러나 교환의 형태는 시대와 문화에 따라 달랐다. 고대 사회에서는 물물교환뿐 아니라 '선물'이라는 독특한 경제적 행위가 존재했다. 선물은 단순한 물질적 가치의 이전이 아니라, 신뢰와 의무, 관계를 맺고 유지하는 장치였다. 마오리족의 호코Hoko, 북미 원주민 사회의 포틀래치Potlatch, 고대 중국과 인도에서의 예물과 공물 등은 모두 선물 경제의 전형적 사례다. 이러한 행위에서 경제적 효용은 두 번째 문제였다. 중요한 것은 선물을 주고받는 행위를 통해 공동체 내부의 지위와 신뢰, 사회적 결속을 강화하는 것이었다.

마르셀 모스의 통찰 – 선물의 세 가지 의무

서양의 사회학자 마르셀 모스Marcel Mauss는 그의 고전적 저서 《선물론》

에서 선물이 인간관계를 규정하고 사회적 연대를 생성하는 핵심 메커니즘임을 강조했다. 그는 선물이 단순한 자발적 호의가 아니라 세 가지 의무, 곧 '주어야 한다, 받아야 한다, 그리고 되돌려주어야 한다'는 순환 구조로 작동한다고 보았다. 이렇게 선물은 '주고받음'이라는 순환 속에서 권력과 의무를 형성하며, 인간 사이의 도덕적·사회적 계약을 만들어낸다. 이 순환은 개인의 자유로운 선택이 아니라 공동체의 신뢰와 의무를 매개하는 사회적 계약이었다.

선물에는 경제적 교환이 담지 못하는 도덕적 책임과 시간의 지연된 상호성이 존재했다. 오늘날로 말하면, 선물은 '즉시 결제'가 아닌 '신뢰의 신용거래'였다. 여기에는 경쟁이나 이윤을 우선시하는 논리가 아닌, 상호 존중과 신뢰의 논리가 작동한다.

화폐 경제의 등장 – 관계에서 효율로

근대 자본주의의 출현은 교환의 성격을 근본적으로 바꾸어 놓았다. 화폐는 교환의 매개를 단순화했지만, 동시에 관계를 단절시켰다. 가격이 선물의 상징을 대체했고, 신뢰 대신 계약이, 의무 대신 효율이 자리 잡았다.

이렇게 자본주의 사회에서 '교환'은 거의 전적으로 시장 논리와 화폐 중심으로 재편되었다. 선물의 상징적 가치와 의무감은 대부분 '가격'과 '효율'이라는 척도로 치환된다. 물건은 구매 가능한 대상으로, 인간관계는 소비 행위와 연결된 선택적 관계로 축소된다.

오늘날 우리는 클릭 한 번으로 생일 선물을 보낸다. 스마트폰 앱으로 생일 선물을 주문하는 순간에도, 우리는 종종 관계보다 편의와 효용을 먼저 계산한다. 그 편리함 속에서 '주는 행위의 의미'는 사라지고, 관계는 축소된다. 그럼에도 불구하고 선물은 여전히 존재한다. 그러나 현대의 선물은 사회적 의

무보다는 표현의 수단, 또는 심리적 투자로서 기능하는 경우가 많다.

신뢰의 전환 – 선물에서 거래로

흥미로운 점은, 이러한 변화가 인간관계의 본질을 어떻게 바꾸었는가이다. 선물 경제가 작동하던 시대에는 선물을 통해 관계를 유지하고 사회적 신뢰를 구축했다면, 현대 자본주의에서는 신뢰가 거래를 가능하게 하는 전제조건으로 전환되었다. 곧 선물에서 관계가 우선이었던 것이, 오늘날 시장에서 관계는 거래를 원활히 하는 수단이 된 것이다.

이 전환은 인간관계의 내재적 가치보다 경제적 효용을 우선시하는 사회적 사고방식을 강화했다. 신뢰는 더 이상 공동체의 산물이 아니라, 금융과 플랫폼의 알고리즘 속에서 계산되는 데이터가 되었다.

선물의 귀환 – 인간적 신뢰의 회복 가능성

그럼에도 불구하고, 선물의 힘은 사라지지 않았다. 현대 사회에서 선물은 여전히 인간성 회복의 가능성을 보여주는 장치가 될 수 있다. 기업의 '사내 선물문화', 개인 간의 기념일 선물은 경제적 효용만으로 설명되지 않는다. 우리는 여전히 선물을 통해 감사와 애정, 공동체적 연대를 경험하며, 그것이 주는 내적 만족과 사회적 신뢰는 화폐로 환산할 수 없는 가치이다.

선물은 인간이 '상호성reciprocity'을 통해 공동체를 형성하는 본능을 상기시킨다. 화폐로 환산할 수 없는 신뢰의 경험이 인간 사회를 지탱해 온 가장 오래된 경제 시스템이기 때문이다.

선물에서 다시 신뢰로

결국, 동서고금의 선물 경제와 현대 자본주의를 비교해 볼 때, 중요한 질문은 단순히 '효율적 교환'이 아니라 '어떤 인간관계를 추구할 것인가'이다.

선물 경제가 강조하던 관계 중심의 가치와 현대 자본주의가 강조하는 효용 중심의 가치 사이에서, 우리는 오늘날 어떻게 인간적 신뢰와 공동체적 결속을 회복할 것인가를 고민해야 한다. 이 질문은 단순한 역사적 호기심을 넘어, 우리가 인간 사회를 설계하고 살아가는 방식에 대한 근본적 성찰을 요구한다.

이제 공존의 방식을 찾아야 한다. 경제는 교환으로 움직이지만, 문명은 여전히 선물로 유지된다. 신뢰 없는 교환은 숫자일 뿐이고, 선물이 없는 사회는 더 이상 인간적이지 않다. '주는 경제'가 복원될 때, 우리는 다시 사람 사이의 신뢰로 세계를 잇게 될 것이다.

3
스크루지는
왜 돈에 집착했을까

찰스 디킨스의 《크리스마스 캐럴1843》은 흔히 따뜻한 성탄절의 상징으로 기억된다. 그러나 이 작품은 단순한 휴머니즘 동화가 아니다. 산업혁명기의 런던이라는 냉혹한 자본주의의 현장에서, 돈이 인간의 관계와 사회 구조를 어떻게 뒤틀어 놓는지를 보여주는 경제적·사회적 우화이다.

돈이 인간을 재단하는 사회

주인공 스크루지는 돈에 대한 집착으로 상징되는 인물이다. 돈의 계산법으로 세상을 재단하는 인간이다. 그는 계산에 밝고, 이익에 철저하며, 사회적 연대나 감정에는 무감각하다. 그는 노동자를 비용으로 보고, 자선을 낭비로 여긴다. 가난한 사람들의 고통을 외면하고, 심지어 성탄 자선에 대해서도 "가난한 자들은 구빈원이나 교화소에 가면 되지 않느냐"고 냉소한다. 그의 말은 단순한 냉혈이 아니라, 자본주의적 합리성의 극단을 드러낸다.

그에게 돈은 삶의 수단이 아니라 삶의 유일한 목적이 되었다. 이처럼 스크루지는 자본주의 사회가 만들어낸 새로운 인간형이다. 산업혁명이 불러온 자본 축적의 논리는, 사람들의 마음속에서도 이윤의 계산표를 우선하게 만들었다.

크리스마스캐럴 영화 홍보 이미지

디킨스는 이를 단순한 도덕적 타락이 아니라, 사회 구조의 결과로 본다. 당시 런던의 빈민가에는 수많은 노동자와 고아들이 비참한 환경에서 살아갔고, 부자들은 세금과 자선의 책임을 회피하며 자기 세계에 갇혀 있었다. 스크루지는 이 사회적 무관심의 전형이다. 그는 결코 '악당'이 아니다. 오히려 너무나 합리적이고, 시대의 지배적 가치에 충실한 인물이다. 그렇기에 그의 인색함은 개인의 결함이 아니라 사회적 병리의 거울로 작동한다.

세 유령이 보여준 화폐의 시간

그런 스크루지가 변하게 되는 계기는 세 유령과의 만남이다. 과거·현재·미래의 유령은 각각 돈이 인간의 삶에 미친 영향을 시각적으로 드러낸다.

과거의 유령은 그가 젊은 시절 사랑보다 돈을 택했던 순간을 보여준다. 현재의 유령은 가난하지만 따뜻한 크래칫 가정의 모습을 통해, 돈이 없어도 인간의 연대와 기쁨이 가능함을 보여준다. 미래의 유령은 스크루지의 죽음 이후, 아무도 그의 죽음을 슬퍼하지 않는 차가운 사회의 풍경을 보여준다.

이 환상적 시간 여행은, 단순한 회개담이 아니다. 사실상 인간의 삶이 화폐 중심의 질서에 잠식되는 과정을 되감아 보여주며 인간성 상실과 회복을 다룬 사회적 서사다.

돈은 악마인가, 도구인가

《크리스마스 캐럴》이 특별한 점은, 돈 자체를 악마화하지 않는 데 있다. 디킨스는 돈이 인간의 삶을 파괴한다고 말하지 않는다. 오히려 인간이 돈에 대한 태도를 어떻게 선택하느냐가 핵심이다.

스크루지가 회심한 뒤 재산을 나누고 공동체의 일원으로 돌아갈 때, 돈은 오히려 따뜻한 사회적 관계를 회복하는 매개로 기능한다. 이 전환은 오늘날 ESG·기부문화·사회적 기업 등의 개념으로 이어지는 '윤리적 자본주의'의 원형이라 할 수 있다. 이는 '돈이 선이 될 수도, 악이 될 수도 있다'는 단순한 교훈이 아니라, 경제와 인간성의 균형이라는 근본적 질문이다.

오늘의 스크루지들

19세기 산업혁명기의 런던에서 디킨스가 던진 이 질문은, 오늘날에도 여전히 유효하다. 금융 자본이 전 세계를 지배하고, 알고리즘이 소비와 투자까지 예측하는 시대에 우리는 다시 스크루지의 초상 앞에 서 있다.

"과연 우리는 돈을 도구로 사용하는가, 아니면 돈의 논리에 삶을 내맡기고 있는가?"

《크리스마스 캐럴》은 화폐의 시대에 잃어버린 인간성을 되찾기 위한 문학적 처방이다. 스크루지의 회심은 단순한 개인의 개과천선이 아니라, 탐욕의 질서를 넘어선 인간적 공동체로 회복될 수 있는 가능성의 상징이다.

　화폐가 만들어낸 겨울의 사회 속에서, 인간성의 봄은 여전히 가능하다는 메시지 — 그것이 180년이 지난 지금도 이 작품이 사랑받는 이유일 것이다.

4
칼이 아닌
화폐로 근대를 연 료마

사카모토 료마

에도 막부 말기, 곧 幕末(막말)의 일본은 칼과 무사 정신이 지배하는 봉건 질서의 마지막 불꽃을 태우고 있었다. 에도 막부의 통치는 이미 균열을 보이고 있었고, 서양 함대가 도쿄만을 두드리며 '문호 개방'이라는 압력을 가하고 있었다.

이때 역사에 등장한 인물이 바로 사카모토 료마坂本龍馬다. 흔히 그는 무장봉기를 주도한 혁명가로 기억되지만, 일본 근대의 문을 연 것은 그의 칼이 아니라, 그가 그린 새로운 경제 질서, 특히 화폐와 상업을 축으로 한 개혁적 비전이었다.

봉건적 화폐 체제의 한계

에도 시대의 일본은 다이묘(영주) 중심의 봉건 체제로, 각 번藩이 독자적으로 화폐를 주조하고 세금을 거두었다. 중앙정부인 막부는 금·은·동의 삼화폐 제도를 운영했지만, 지역마다 화폐 가치와 환율이 달라 상호 교역에는 복잡한 환전과 상인들의 신용망이 필요했다. 이는 교역과 자본 축적의 효율성을 저해했고, 중앙의 조세 기반도 약화시켰다. 말하자면 일본 경제는 '전근대적 지역 화폐 경제'에 머물러 있었다.

여기에 페리 제독의 흑선이 도착하면서 상황은 급변했다. 일본은 국제 무역이라는 새로운 경제 질서에 노출되었다. 외국 화폐가 대량으로 유입되고, 금은의 국제 가치 차이로 인해 '금 유출 쇼크'가 발생했다. 봉건적 화폐 체제로는 더 이상 국가 재정도, 무역도 감당할 수 없다는 사실이 분명해졌다.

서구 열강과 불평등 조약 체결

1853년 페리 제독 내항 이후, 에도 막부는 서양과의 통상 개방 압력에 직면했다. 그 결과 1858년, 막부는 미국·영국·프랑스·네덜란드·러시아와 '안세이 5개국 조약'을 체결했다. 이 조약에는 두 가지 중대한 경제적 문제점이 포함되어 있었다.

하나는 치외법권 허용이고(외국 상인은 일본 법이 아닌 자국 법의 적용을 받음), 또 다른 하나는 관세 자주권 상실 및 금은 교환 비율 고정이었다(외국 화폐와 일본 화폐 간의 환율을 고정 비율로 설정). 이 중 두 번째 조항이 바로 금 유출 쇼크의 직접적 원인이 된다.

금 유출 쇼크가 일어난 이유

당시 런던 등 국제시장에서 금과 은의 교환 비율은 약 1:15였다(금 1g = 은 15g). 하지만 일본 국내에서는 금은의 교환 비율이 1:5였다. 이 말은 곧, 일본의 금이 국제시장에서 3배나 비싸게 팔릴 수 있었다는 뜻이다. 외국 상인들은 일본에 '은'을 가져와 '금'을 1:5 비율로 싸게 매입한 뒤, 이를 해외(런던, 상하이 등)로 가져가 국제시장에서 1:15 비율로 '은'으로 바꾸어 막대한 차익을 챙겼다. 이 과정이 반복되면서 단기간에 일본의 금화가 해외로 유출되었고, 일본 국내 유통 시장에는 은화만 남게 되었다.

료마의 발상: 무사에서 상인으로

사카모토 료마는 토사 번의 하급 무사 출신이었지만, 칼보다 경제의 힘을 믿은 혁신가였다. 그는 봉건 질서 속에서 경제의 본질적 문제를 읽어낸 드문 혁신가였다. 그는 정치적 권력투쟁 대신, 상업과 해운을 국가 변혁의 핵심 도구로 삼았다. 그 대표적 결실이 1865년 설립한 '가이엔타이海援隊', 곧 '해원대'다.

겉보기엔 무장 조직처럼 보였지만, 실상은 일본 최초의 민간 상선 회사이자 무역 기업이었다. 가이엔타이는 서양식 상선을 매입해 무기와 물자를 거래하며 자본을 축적했고, 상인 네트워크를 전국으로 확장했다. 료마는 이를 통해 막부와 번이라는 전통적 권력의 통제를 받지 않는 민간 경제 네트워크를 창설해, 곧 새로운 화폐 흐름의 길을 열었다.

이는 단순한 상업 활동이 아니라, 기존 화폐 경제의 경계를 허무는 정치적 행위였다. 가이엔타이를 통해 번을 넘어선 상업·금융 네트워크가 형성되면서, 지역 화폐 간의 환율 문제와 교역 제약이 점차 약화되었고, '전국적 경제권'의 초석이 놓였다.

'대정봉환'과 중앙집권적 화폐 체제의 서막

료마가 추진한 가장 상징적인 개혁안은 바로 '대정봉환大政奉還', 곧 막부가 정권을 천황에게 반납하는 구상이었다. 이는 단순한 정치 권력의 이동이 아니라, 경제 주권의 재편이었다. 중앙집권적 정부가 등장해야만 전국적으로 통일된 화폐 체제와 조세 제도가 가능해지고, 국제 무역에 대응할 수 있는 재정 기반이 마련되기 때문이다.

실제로 메이지 유신 이후 새 정부는 엔화를 기축으로 한 근대 화폐 제도를 수립하고 중앙은행 설립과 금본위제 채택으로 나아갔다. 이 일련의 근대 금융 체제의 문을 연 정치적 전환점에는 료마의 '대정봉환'이 있었다. 그의 개혁은 화폐의 흐름을 중앙으로 집중시키는 첫걸음이었던 셈이다.

칼에서 화폐로, 근대의 전환

사카모토 료마의 진정한 혁신은 무력을 동원해 권력을 탈취한 데 있지 않았다. 그는 시대의 변화 속에서 경제 질서가 곧 정치 질서라는 사실을 간파했다. 그가 해운과 무역, 상업 자본을 통해 봉건적 화폐 경제를 흔들지 않았다면, 메이지 정부가 단기간에 근대적 금융제도를 정비하는 것은 불가능했을 것이다.

근대 일본은 무사들의 칼이 아닌, 상인과 금융의 힘으로 만들어졌다. 료마는 그 변곡점에 서 있던 '경제의 혁명가'였다.

일본 화폐 경제사의 관점에서 볼 때, 사카모토 료마의 개혁은 봉건적 화폐 체제에서 근대적 화폐 경제로의 전환점이다. 그는 새로운 화폐 흐름의 길을 만들고, 중앙집권적 화폐 체제의 정치적 토대를 마련했다. 일본의 근대는 화폐의 힘으로 열렸고, 료마는 그 문을 연 열쇠였다.

5

상평통보, 불완전한 화폐의 운명

조선의 경제사를 단순히 왕조의 흥망이나 정치 사건의 연대기로만 읽는 것은 불충분하다. 17세기 이후 조선의 경제는 화폐, 신용, 그리고 사회적 신뢰의 구조를 중심으로 재편되었다. 그 변화의 상징이 바로 상평통보常平通寶다.

'상평常平'이라는 이름은 '항상 일정한 가치로 통용된다'는 의미를 담고 있다. 곧 화폐 가치의 안

상평통보

정과 신뢰를 제도적으로 보장하겠다는 국가의 선언이었다. 조선 정부는 상평창常平倉의 운영 원리를 응용해, 물가 변동과 지역 격차를 완화하고자 했다.

중앙의 신뢰, 국민의 신용 — 제도적 화폐의 탄생

상평통보의 진정한 혁신은 그 '제도적 신뢰'에 있었다. 그 이전의 화폐인 조선통보나 훈련도감포 등은 지방적 한계와 신뢰 부족으로 실패했다. 그러나 상평통보는 국가가 직접 발행하고 그 가치를 보증한 최초의 전국적 화폐였다. 이로써 거래 당사자는 상대방의 신용보다 국가의 신뢰를 믿고 거래할 수 있었다. 이는 단순한 금속의 가치가 아니라 제도에 의해 담보된 사회적 약속이었다.

화폐가 신뢰의 매개가 될 때, 시장은 보다 효율적으로 작동한다. 상평통보의 유통은 '신뢰의 사회화', 곧 국가가 경제적 신뢰를 독점·관리하는 근대적 제도화의 시발점이었다. 1633년(인조 11) 이후 전국적으로 주조·유통된 이 동전은 단순한 금속 화폐를 넘어, 경제적 신뢰를 제도화한 상징물, 그리고 중앙집권적 국가 운영이 경제 영역으로 확장된 결과를 보여 주었다.

곡물에서 화폐로 — 조선 경제의 구조적 전환

조선 초기, 화폐보다는 곡물과 물물교환이 중심인 경제 구조에서 화폐는 제한적 역할만을 했다. 그러나 상업의 발달과 시장의 확대는 보다 안정적이고 통일된 화폐 체계를 요구했다. 상평통보는 바로 이러한 필요에서 등장한 제도적 산물이었다.

주목할 점은 단순한 주화 발행이 아니라, '상평'의 원칙 곧 지역과 시기에 상관없이 일정한 가치로 유통되도록 한 조치를 통해 통화 안정과 경제 신뢰를 함께 설계했다는 것이다.

상평통보가 만든 시장의 변화

화폐 경제사의 관점에서 상평통보는 두 가지 중요한 의미를 지닌다. 첫째, 중앙집권적 통제와 신뢰 구축의 수단이었다. 왕조가 발행하고 국가가 그 가치를 보증한 상평통보는 지역별 시장에서 발생할 수 있는 가치 혼란을 줄였고, 사람들은 상대방의 거래 의도를 의심하기보다 화폐 자체의 신뢰를 믿고 거래할 수 있었다.

둘째, 화폐 유통을 통해 조선 사회가 점차 '화폐 경제'로 나아가는 구조적 변화를 보여준다. 상평통보가 널리 유통되면서 물물교환 중심의 경제에서 통화 중심 경제로의 이행이 가능해졌다. 화폐가 신뢰와 제도를 기반으로 유통될 때, 가격 결정과 시장 거래의 효율성이 높아지고, 장거리 상거래와 도시 경제가 활성화되었다. 이는 곧 조선 후기 상업 발전과 사회적 분업 확대의 밑거름이 되었다.

불완전한 화폐, 완성된 제도적 실험

그럼에도 상평통보가 완벽한 화폐였던 것은 아니다. 동전의 가치와 무게 불균형, 지역별 유통 문제 등 현실적 한계는 여전히 존재했다. 그러나 중요한 것은 화폐 자체의 물리적 가치보다, 그것이 구현한 '경제적 신뢰의 체계'였다. 경제사에서 화폐는 단순히 교환 수단이 아니라 사회적 신뢰, 중앙 권력, 제도적 설계가 만나 만들어낸 문화적 성취라는 사실을 상평통보는 잘 보여준다.

오늘날의 디지털 화폐와 블록체인 기술도 결국 신뢰 문제와 제도적 설계의 문제를 해결하려는 시도로 이해할 수 있다. 조선의 상평통보가 동전 하나로 전국 경제의 신뢰를 담보했듯, 현대의 화폐 체계 역시 보이지 않는 신뢰와 제도의 정교한 설계 위에서 작동한다. 이러한 관점에서 상평통보는 단순한 역사적 유물에 그치지 않고, 화폐 경제사의 본질적 질문 — '가치와 신뢰는 어떻게 사회적 합의 속에서 작동하는가' — 를 우리에게 던지는 상징적 사례라 할 수 있다.

6

대원군의 패착, 당백전:
신뢰가 무너진 화폐

1860년대 조선은 안팎으로 위기에 처해 있었다. 병인양요와 신미양요 같은 외세의 침략이 잇따랐고, 농민 봉기와 기근이 사회를 뒤흔들었다. 국고는 바닥났고, 조정은 더 이상 전통적인 세수 체계로는 재정을 감당할 수 없었다.

이때 등장한 정책이 바로 대원군의 '당백전當百錢' 발행이었다. 명목 가치로 100전이라 새겨진

당백전

동전은 실제로는 그 가치의 일부에 불과한 '저가 화폐'였다. 그러나 그것은 단순한 화폐 발행의 실패가 아니라, 국가 권력과 경제 신뢰의 충돌을 보여주는 조선 화폐 경제사의 결정적 사건이었다.

재정 위기 속의 긴급 처방

당백전 발행의 배경에는 재정 위기가 있다. 외세 침략과 내부 봉기를 대응하려면 많은 돈이 필요했다. 전통적 세수 체계로는 턱없이 부족했다. 대원군은 화폐 발행으로 즉시 재정을 확보하려 했다. 대원군은 '국가가 보증하는 돈'이라는 권위에 기대어 명목 가치를 100배로 높인 주화를 시장에 풀었다. 오늘날로 치면 '초인플레이션적 통화발행'에 가까운 조치였다. 화폐의 가치와 신뢰를 충분히 고려하지 않은 결과는 참혹했다.

신뢰의 붕괴 — 화폐의 명목과 현실의 괴리

문제는 그 화폐를 사람들이 믿지 않았다는 점이다. 당백전은 '100전'이라 적혀 있었지만, 실제 구리 함량은 기존 상평통보의 5분의 1 수준에 불과했다. 시장은 곧장 반응했다. 사람들은 당백전을 받지 않으려 했고, 쌀과 생필품의 가격은 급등했다. 물가는 불과 몇 년 사이에 3~4배까지 뛰었고, 장사꾼들은 거래를 중단하거나 은화나 외국 동전을 선호했다.

이것은 단순한 통화 가치 하락이 아니라, 국가와 백성 사이의 '신뢰 계약'의 붕괴였다. 그로 인해 가격 상승과 물가 불안이 나타나며 사회적 혼란이 커졌다. 화폐는 금속의 무게가 아니라, 그 가치에 대한 사회적 합의 위에서만 작동한다. 국가가 그 합의를 무너뜨린 순간, 화폐는 더 이상 돈이 아니라 금속 조각에 불과해졌다.

화폐의 사회사 — 권력과 신뢰의 경계

당백전 사건은 조선 경제가 곡물 중심에서 화폐 중심으로 점진적으로 이동하는 과정을 보여주는 전환기이기도 하다. 또한, 화폐는 단순한 거래 수단이 아니라, 사회적 약속과 신뢰에 기반한 힘임을 확인시킨다. 대원군의 시도는 실패했지만, 화폐와 권력, 신뢰가 얽힌 경제적 긴장을 역사 속에 명확히 드러냈다.

당백전 발행은 조선 후기 화폐 경제사의 상징적 사건이다. 그것은 화폐가 단순히 금속의 가치가 아니라, 인간 사회와 국가가 만들어가는 믿음과 약속의 결과물임을 보여준다.

대원군의 당백전 발행과 조선 후기 화폐 경제사의 의미를 정리해 보면, 조선은 오랜 기간 곡물과 현물 중심의 경제 구조를 유지했지만, 당백전을 비롯한 화폐 남발과 외화 유입은 화폐 중심 경제로의 점진적 이동을 촉진했다. 이는 단순히 동전 발행의 문제가 아니라, 경제 주체들이 가치와 신뢰를 판단하는 기준이 금속의 실제 무게에서 화폐 자체의 약속으로 이동하는 과정이었음을 보여준다.

인문적 관점에서 당백전 발행은 또 하나의 의미를 갖는다. 그것은 권력과 경제, 신뢰와 사회의 신상 관계를 시각화한다는 점이다. 대원군은 국가 권력을 통해 재정 문제를 해결하려 했지만, 경제적 신뢰를 간과함으로써 사회적 반발과 혼란을 초래했다. 화폐 경제사는 이렇게 금속의 문제가 아니라 인간 사회의 믿음과 약속의 문제임을 재확인시킨다.

결국 당백전 발행은 실패했지만, 그것이 남긴 역사적 교훈은 오늘날까지 이어진다. 오늘날에도 국가는 여전히 '신뢰의 발행자'이자 '발행량의 관리자', '경제의 보증인'으로서 시험대 위에 있다. 화폐는 단순한 거래 수단이 아니라, 사회적 합의와 국가적 신뢰, 그리고 경제적 현실이 교차하는 공간이라는 점이다. 대원군의 당백전은 조선 후기 경제사에서 권력과 화폐, 신뢰의 긴장 관계를 보여주는 상징적 사건으로, 화폐 경제사의 인문적 이해를 더욱 풍부하게 만든다.

오늘날 중앙은행의 통화정책, 그리고 디지털화폐나 블록체인의 등장은 모두 같은 질문을 던진다.
"화폐의 신뢰는 어디에서 비롯되는가?"

7

케냐는 어떻게
핀테크 성지가 되었나

나이로비의 거리, 사람들은 휴대폰을 손에 쥐고 있다. 그러나 단순한 통화나 메시지를 보내는 것이 아니다. 그 손끝에서 아프리카 금융의 역사가 새롭게 쓰이고 있다. 바로 '모페사M-Pesa'와 그 뒤를 잇는 핀테크 혁명이다.

은행 없는 은행 — 모페사의 탄생

모페사는 2007년, 케냐 통신사 사파리콤Safaricom과 영국의 보다폰Vodafone이 공동 개발한 모바일 송금 서비스로 시작했다. 'M'은 모바일, 'Pesa'는 스와힐리어로 '돈'을 뜻한다. 핵심은 단순했다. 휴대폰과 심카드만 있으면, 누구나 송금·저축·대출이 가능했다. 당시 케냐 국민의 절반 이상은 은행 계좌가 없었다. 모페사는 은행 계좌가 없는 수백만 명의 케냐인에게 금융 접근권을 제공하며 전통적 금융의 한계를 단숨에 뛰어넘었다. 은행 창구 대신 휴대폰을 통해 돈을 주고받는 모페사는, 금융 접근성의 장벽을 무너뜨린 최초의 기술이었다. 모페사는 휴대폰이라는 생활 도구를 통해 돈을 송금하고, 저축하며, 신용거래까지 가능하게 만들었다. 이는 단순한 서비스 혁신이 아니라, 화폐의 민주화였다. 돈이 더 이상 은행이라는 '중앙의 금고'에 묶여 있지 않고, 개인의 손 안으로 이동한 순간이었다.

불평등한 금융 구조 뒤집기

왜 케냐였을까? 케냐는 역사적으로 금융 불평등의 상징이었다. 식민지 시절부터 금융 자본은 도시와 엘리트 계층에 집중되었고, 농촌 주민과 비공식 경제 종사자들은 금융 시스템 밖에 존재했다. 그들은 현금을 들고 다니며 거래하거나, 공동체 내 '비공식 신용망'에 의존했다.

곧 돈은 있었지만 '금융'은 없었다. 모페사는 이 불평등한 구조를 뒤집었다. 휴대폰이 은행을 대신했고, 이동통신망이 금융 인프라가 되었다. 이제 농민, 상인, 노점상, 여성 소상공인까지 자신의 경제적 운명을 스스로 관리할 수 있게 된 것이다. 모페사는 단순한 송금 앱이 아니라, '금융 포용Financial Inclusion'의 사회적 실험장이었다.

모바일 지갑, 디지털 결제, 소액 대출 서비스는 금융 접근성을 극적으로 확대했다. 사람들은 이제 은행 문턱에 구애받지 않고, 자신의 손끝에서 돈을 움직인다. 금융은 더 이상 엘리트만의 영역이 아니다. 이 혁명은 케냐를 넘어 아프리카 전역으로 확산되고 있다. 모바일 금융은 창업 자금, 사회적 안전망, 심지어 개발 원조의 효율성을 재정의하며 경제적 권력의 분산을 촉진하고 있다.

경제사의 시각에서 보면, 케냐 핀테크는 단순한 기술 혁신을 넘어 화폐와 금융의 사회적 역할을 재편하는 사건이다. 돈이 중앙화된 은행 시스템에 묶이지 않고 공동체와 개인 사이를 자유롭게 흐른다. 이는 금융 민주화와 경제적 자립이라는 현대 경제의 패러다임을 보여주는 사례다.

나이로비의 핀테크 기업과, 손에 휴대폰을 쥔 수많은 케냐인들이 만들어가는 변화는, 화폐 경제사에서 새로운 장을 열고 있다. 중앙 집중 권력 구조를 넘어, 개인과 공동체 중심의 금융 혁명이 현실이 된 것이다. 아프리카 금융 혁명은 더 이상 먼 미래의 꿈이 아니다. 지금 케냐에서 벌어지고 있는 사건이며, 이는 세계 금융사의 흐름에도 시사점을 던지고 있다.

8
비트코인은 마법이다:
사토시가 연 미래

2009년 겨울, 이름조차 알려지지 않은 한 인물이 나타났다. 사토시 나카모토中本哲史. 그는 금과 은, 은행과 중앙 권력도 필요 없는 돈을 발명했다. 화면 속 코드 한 줄, 네트워크 속 블록 하나가 현실 세계의 권력과 가치를 흔들었다. 그것이 바로 비트코인이다.

화폐의 역사, 믿음의 역사

인류의 화폐사는 곧 기록과 신뢰, 그리고 권력의 역사였다. 고대 수메르 점토판은 거래의 흔적을 남겼고, 르네상스 피렌체의 장부는 금융의 질서를 세웠으며, 근대 중앙은행의 금고는 국가의 신용을 보증했다. 화폐는 언제나 권력자의 손끝에서 만들어지고 움직였다. 금화 한 닢이 전쟁을 결정하고, 왕의 서명이 통화의 가치를 보증했다. 그 세계에서 '돈'이란 곧 권력의 물질화였다. 신뢰는 국민의 것이 아니라, 왕과 은행의 독점물이었다.

사토시, 질서를 뒤집다

그러나 사토시는 이 질서를 뒤집었다. 그는 금 대신 연산을 통해 비트코인을 캐게 하고, 은행 대신 네트워크를 만들었다. 거래는 제3자의 승인 없이 이루어지고, 기록은 블록체인이라는 공공 장부 속에서 모두에게 공개된다.

이 장부는 위·변조가 불가능하며, 가치는 권력자의 명령이 아니라 참여자들의 합의로 결정된다.

신뢰는 더 이상 중앙의 인장이 아니라 코드의 규칙성에서 나온다. 비트코인은 인류 최초로 '탈권력화된 화폐'를 현실에 구현했다.

경제사의 전환 — 돈이 권력을 벗어나다

경제사적 관점에서 비트코인은 단순한 기술이 아니라 화폐 권력의 구조 자체를 전복한 사건이다. 수천 년 동안 화폐는 왕과 국가, 은행의 지배 아래 있었다. 그들은 화폐를 발행하고, 가치를 통제하며, 신뢰를 독점했다.

그러나 이제 신뢰는 중앙의 금고가 아닌 분산된 네트워크의 규칙 속에 있다. 비트코인은 '가치를 결정하는 권력'을 국가에서 코드로 옮겼다. 이것은 곧 화폐의 민주화, 더 나아가 경제 주권의 분산이다.

물론 그 길은 순탄하지 않다. 채굴의 에너지 소모, 투기적 가격 변동, 규제의 불확실성은 여전히 그림자다. 하지만 역사는 언제나 혼란을 동반한 혁명으로 진보해 왔다. 비트코인은 바로 그 혼란의 중심에서, "돈은 무엇으로 존재할 수 있는가"라는 근본적 질문을 다시 던지고 있다.

마법의 본질 — 기술이 아니라 신뢰다

비트코인은 마법처럼 느껴진다. 그러나 그 마법은 신비가 아니라 수학적 약속과 사회적 합의에서 비롯된다. 사토시는 인간의 탐욕과 실수를 알고리즘에 맡겼고, 그 결과 신뢰는 개인의 손이 아닌 네트워크의 질서로 대체되었다.

과거의 돈이 '왕의 명령'이었다면, 비트코인은 '인간이 만든 규칙에 대한 믿음'이다. 곧 권력의 신뢰에서 규칙의 신뢰로의 전환 — 이것이 비트코인이 불러온 가장 근본적인 변화다.

화폐의 본질은 금속과 신용, 법률과 은행에 있는 것이 아니라 믿을 수 있는 규칙과 기록 속에 존재한다. 과거에는 돈이 인간 권력의 연장선이었다면 이제는 인간이 만든 규칙과 기술이 돈을 움직인다. 그리고 마법은 현실이 된다. 화면 속 코드와 네트워크가 만들어낸 비트코인은 단순한 소프트웨어가 아니다. 그것은 역사 속 권력 구조와 화폐의 운명을 새로 쓰는 장대한 경제사적 사건이다.

사토시가 남긴 마법의 질문

사토시 나카모토가 우리에게 남긴 가장 위대한 유산은 기술이 아니라 질문이다.

"화폐란 무엇이며, 신뢰는 어디에서 오는가?"

비트코인은 그 질문의 실험장이자, 인류가 스스로 신뢰를 발명한 첫 사례다. 화폐의 본질이 금속이나 종이, 중앙은행의 명령이 아니라 합의와 기록의 정직성에 있다는 사실을 증명했다. 화면 속 코드가 만든 이 마법 같은 화폐는, 이제 더 이상 가상virtual이 아니다. 그것은 현실의 권력, 제도, 경제 질서를 다시 쓰는 문명적 혁명의 서막이다.

비트코인은 마법이다. 하지만 그 마법은 요술이 아니라 인류가 신뢰를 스스로 만들어낸 이성의 산물이다. 사토시의 익명은 사라졌지만, 그가 남긴 코드 속에서 우리는 여전히 인간의 믿음과 부, 그리고 권력이 다시 발명되는 역사의 순간을 목격하고 있다.

9
러브크래프트의 공포와
통화 불안

소설가 러브크래프트

하워드 필립스 러브크래프트H.P. Lovecraft의 작품을 읽다 보면, 단순한 공포 소설 이상의 것이 느껴진다. 그의 세계에서 진정한 공포는 인간이 통제할 수 없는 질서의 붕괴, 그리고 그 속에서 드러나는 문명과 신뢰의 붕괴에 대한 두려움이다.

그런데 이 불안의 정체를 깊이 들여다보면, 러브크래프트의 공포는 단지 초월적 존재에 대한 두려움이 아니라, 그가 살던 시대의 경제적 불안, 통화의 불안정, 사회적 불평등이 투영된 심리적 풍경이기도 하다.

그 공포는 익숙한 세계의 붕괴, 그리고 인간이 통제할 수 없는 질서와 존재에 대한 두려움이다. 그러나 러브크래프트의 작품에는 또 다른 층위가 숨어 있다. 바로 경제적 불안과 사회적 불평등, 그리고 그것이 빚어내는 인종주의적 사고이다.

통화 불안의 시대에 태어난 공포

19세기 말~20세기 초 미국의 금융 환경은 급격한 통화 변동과 금융 공황으로 특징지어진다. 금본위제와 은본위제 사이의 갈등, 신용 팽창과 붕괴, 그리고 은행 파산은 시민들에게 극도의 불안감을 안겼다. 1873년, 1893년, 1907년 ― 거듭된 금융 공황 속에서 사람들은 '돈의 가치' 자체를 믿지 못하게 되었다. 화폐 가치의 불안정은 단순히 경제적 혼란을 넘어, 사회 전체의 신뢰 체계를 흔드는 심리적 재난으로 작용했다.

러브크래프트가 살던 뉴잉글랜드의 도시들 ― 프로비던스, 보스턴, 뉴욕 ― 역시 이러한 금융 불안에서 자유롭지 않았다. 통화 가치의 변동은 단순한 가격 상승을 넘어 사회적 불안, 불신, 그리고 타자에 대한 혐오로 연결되었다. 통화 가치의 요동과 신용의 붕괴는 '문명의 기반이 언제든 무너질 수 있다'는 공포로 이어졌고, 그는 이 불안을 괴물과 이질적인 존재의 은유로 옮겨 놓았다.

괴물은 언제나 '경제적 타자'였다

러브크래프트의 작품에서 등장하는 괴물이나 외계 존재는 종종 인종적 '타자', 즉 낯선 인종·이민자·빈민층을 상징한다. 그의 소설에는 문명의 경계가 무너지고, 도시가 타락하고, 인간이 비이성적 공포에 휩싸이는 장면이 반복된다. 이것은 단순한 인종적 편견의 산물이 아니다.

경제적 불안이 깊어질수록, 사회는 불안의 원인을 외부의 '타자'에게 전가한다. 화폐 가치의 붕괴 → 사회적 불신 → 인종적 공포와 배제라는 메커니즘이 작동하는 것이다. 러브크래프트의 공포는 바로 그 과정의 예술적 형상화였다. 그의 괴물은 통화 불안의 그림자이며, 그의 인종주의적 세계관은 경제적 불안이 만들어낸 심리적 방어기제로 읽을 수 있다.

금융 공황과 인종주의의 공통 구조

역사적으로도 금융 위기와 인종주의는 자주 맞닿았다. 19세기 미국의 금융 공황 때, 많은 신문과 정치인들은 경제난의 책임을 이민자, 흑인, 원주민에게 돌렸다. '경제적 혼란 → 사회적 희생양 찾기'는 근대 자본주의 사회가 위기에 대응하는 익숙한 방식이었다. 러브크래프트의 시대 역시 다르지 않았다.

그의 공포는 '이해할 수 없는 것'에 대한 두려움이자, 실은 자신이 이해할 수 없게 된 경제 체제 곧 자본주의의 불가해한 질서에 대한 공포였다. 그는 이 경제적 불안을 '괴물'의 형상으로 재현했고, 그 괴물은 곧 불안한 화폐 체제의 은유였다.

이런 관점에서, 러브크래프트 소설은 경제사적 상상력을 통해 당시 미국 사회의 금융 불안과 인종주의적 사고의 상관관계를 이해하는 일이 된다. 공포 속에 숨겨진 통화의 그림자는 오늘날에도 금융과 사회적 불평등, 그리고 배제의 문제를 성찰하게 만든다.

10

화폐 개혁:
무너진 신뢰를 다시 세우는 법

인류의 역사에서 화폐는 단순한 교환의 수단이 아니었다. 그것은 권력과 신뢰, 그리고 사회적 질서의 상징이었다. 왕의 인장, 은행의 금고, 중앙은행의 통화 정책 — 이 모든 것은 돈을 둘러싼 신뢰의 형태였다. 따라서 화폐개혁monetary reform은 언제나 단순한 화폐 단위 변경이 아니라, 사회가 무엇을 믿고 누구를 신뢰할 것인가를 다시 쓰는 '사회적 계약의 재편'이었다.

프랑스혁명의 지폐, 새로운 질서의 선언

1789년 프랑스 혁명은 단순히 정치 체제의 교체가 아니었다. 혁명 정부는 구체제의 금화·은화를 폐지하고, 혁명 이념을 상징하는 새로운 지폐 '아시냐Assignats'를 발행했다. 이 지폐는 단순한 화폐가 아니라, 왕정의 신용을 거부하고 공화국의 신뢰를 세우려는 상징적 선언이었다. 곧 화폐개혁은 단지 물가 조정이 아니라, 사회 전체의 권력관계와 가치 체계를 새로 정의하는 정치적 행위였다.

바이마르의 교훈 — 화폐의 붕괴와 신뢰의 파탄

20세기 초 독일의 바이마르 공화국은 전쟁 배상금과 재정난 속에서 통제되지 않은 화폐 발행으로 하이퍼인플레이션을 초래했다. 하루 만에 빵값이 수십 배로 오르고, 사람들은 돈 대신 물건을 교환하며 생존했다.

1923년 정부는 긴급히 '렌텐마르크Rentenmark'를 발행하며 옛 화폐를 폐기했지만, 국민의 마음속 신뢰는 이미 무너져 있었다. 이 사건은 화폐의 가치는 금속이 아니라 믿음에서 비롯된다는 진실을 남겼다. 경제적 조치처럼 보였던 화폐개혁은 사실상 심리적·사회적 재난 복구의 행위였다.

권력의 도구로 변질된 화폐개혁

그러나 역사는 종종 화폐개혁이 '신뢰의 회복'이 아니라 권력의 강화로 변질되는 사례를 보여준다. 1923년 독일의 개혁은 채권자와 외국 자본의 이익을 보호하며 서민과 노동자의 저축을 사실상 소멸시켰다.

1970년대 인도 정부가 단행한 고액권 폐지도 '부패 척결'이라는 명분 아래, 정치적 반대 세력을 압박하고 시민의 자산을 일시적으로 동결시키는 통제 수단으로 작용했다. 이처럼 화폐개혁은 경제의 명분으로 포장된 정치 행위가 될 수 있다. 화폐가 국가의 신뢰를 상징하는 동시에 국가가 시민을 통제하는 가장 미묘한 장치이기 때문이다.

결국 화폐의 안정은 숫자나 물가의 문제가 아니라, 투명성과 시민의 감시 위에서만 유지될 수 있는 신뢰의 체계임을 역사는 경고한다.

인문적 관점에서 볼 때, 화폐개혁의 의미는 단순히 경제적 안정이나 물가 조정에 국한되지 않는다. 그것은 인간의 사회적 신뢰 구조를 시험하고, 권력과 공동체의 관계를 재편하며, 시대적 가치를 반영하는 행위다. 과거의 혁명과 전쟁 속에서 화폐는 권력과 저항의 도구였다. 오늘날 디지털 시대에서는 신뢰와 연결의 매개체로 진화하고 있다. 결국 화폐개혁은 사회와 인간의 상호작용을 비추는 거울이자, 우리가 무엇을 믿고 살아가는지를 보여주는 상징적 사건인 셈이다.

디지털 시대 — 신뢰의 기술로서의 화폐

오늘날 화폐개혁의 무대는 지폐가 아니라 디지털 네트워크 위로 옮겨졌다. 각국 중앙은행이 추진하는 CBDC(중앙은행 디지털화폐) 실험은 화폐의 형태를 바꾸는 것이 아니라, 국가와 국민 사이의 신뢰 메커니즘을 재설계하는 시도다. 중국의 디지털 위안화, 유럽의 디지털 유로, 한국은행의 CBDC 실험은 모두 "누가 화폐를 발행하고, 누가 그 신뢰를 보증할 것인가"라는 근본적 질문을 던지고 있다.

한편, 비트코인과 같은 탈중앙화 암호화폐는 국가나 제도의 통제를 벗어난 또 다른 신뢰 구조를 제시한다. 그 신뢰의 근거는 중앙은행이 아니라 알고리즘과 합의의 네트워크이다. 곧 인간의 신뢰가 권력에서 기술로 이동하고 있는 것이다.

화폐개혁의 본질 — 신뢰의 재정의

역사를 관통하는 화폐개혁의 본질은 변하지 않았다. 그것은 단순히 화폐 단위를 바꾸거나 물가를 안정시키는 행위가 아니라, 사회적 신뢰를 다시 설계하는 사건이다. 프랑스 혁명기의 지폐, 바이마르의 렌텐마르크, 그리고 오늘날의 디지털 통화 실험까지 — 모두가 "누구를 믿고 무엇을 가치로 인정할 것인가"라는 인류의 오래된 질문에 대한 서로 다른 답이었다.

결국 화폐개혁은 경제정책이 아니라 문명사적 거울이다. 그 거울 속에는 우리가 신뢰하는 제도, 그 제도를 둘러싼 권력, 그리고 그 권력을 감시하려는 시민의 의지가 함께 비친다. 화폐는 언제나 인간의 믿음을 닮는다. 디지털 시대의 화폐 역시 기술이 아니라 신뢰의 문제다. 우리가 무엇을 믿느냐에 따라, 돈은 단순한 교환 수단이 될 수도, 새로운 사회의 언어가 될 수도 있다.

이처럼 화폐개혁은 기술과 맞물려 인간과 사회가 무엇을 믿는지에 대한 질문을 던진다. 과거 혁명과 전쟁 속 화폐개혁이 권력과 저항의 도구였다면, 오늘날 디지털 시대의 화폐 혁신은 신뢰와 연결의 도구다. 사회적 약속이 디지털로 구현되는 순간, 인간은 여전히 화폐를 통해 공동체와 자신이 맺는 관계를 확인하고 재정의한다.

결국 화폐개혁의 본질은 변하지 않는다. 그것은 단순히 경제적 안정이나 물가 조정이 아니라, 사회와 인간이 무엇을 믿고 살아가는지를 보여주는 상징적 사건이다. 오늘날 우리는 새로운 기술 속에서 신뢰를 재발명하고 있으며, 화폐는 그 중심에서 인간과 사회를 연결하는 가장 중요한 거울로 남아 있다.

화폐개혁과 권력: 정치적 도구로서의 화폐의 역사

인류 역사에서 화폐는 단순한 교환의 수단을 넘어, 권력과 통제의 도구로 종종 사용되어 왔다. 특히 화폐개혁은 경제적 안정과 신뢰 회복이라는 명목 아래, 정치적 목적을 숨기고 국민을 통제하거나 권력 기반을 강화하는 수단으로 악용된 사례가 적지 않다. 이러한 역사를 살펴보는 일은, 오늘날 우리가 화폐와 경제정책을 이해하고 비판적으로 수용하는 데 중요한 교훈을 제공한다.

가장 대표적인 사례 중 하나는 1923년 독일의 하이퍼인플레이션과 관련된 화폐정책이다. 제1차 세계대전 패전 후, 베르사유 조약의 전쟁 배상금 부담과 정부의 재정난 속에서 독일 정부는 대규모 화폐를 발행했다. 초기에는 경제 회복을 위해 필요한 조치처럼 보였지만, 통제되지 않은 화폐 발행은 곧 루비콘강을 넘어선 인플레이션으로 이어졌다. 결국 정부는 1923년 11월, 기존의 마르크를 단위로 삼아 새로운 렌텐마르크를 도입하는 화폐개혁을 단행했다. 표면상으로는 화폐 안정화를 위한 정책이었지만, 사실상 부유한 채권자와 외국 자본을 보호하고 국민의 저축을 사실상 소멸시키는 정치적 목적이 함께 있었다. 이는 화폐개혁이 단순한 경제적 행위가 아닌, 권력과 사회적 계층 구조를 재편하는 수단으로 작용할 수 있음을 보여준다.

비슷하게 1970년대 초 인도에서 시행된 화폐개혁도 정치적 목적을 내포하고 있었다. 인도 정부는 500루피와 1000루피 지폐를 폐지하며 새로운 지폐로 교체했다. 표면적으로는 검은돈과 부정 자금을 차단하기 위한 조치였지만, 실제로는 특정 계층과 정치적 반대 세력을 견제하는 수단으로 사용되었다. 갑작스러운 화폐 교체로 국민들의 자산이 일시적으로 묶이고 혼란이 발생했으며, 정부는 이를 통해 권력 강화와 정치적 통제를 확대할 수 있었다.

역사는 화폐개혁이 경제적 필요를 가장한 정치적 도구로 변질될 위험을 반복적으로 보여주었다. 화폐의 신뢰는 단순한 수치상의 안정이 아니라, 사회 구성원 모두가 공유하는 합의와 신뢰 위에서 유지된다. 따라서 화폐개혁이 권력에 의해 악용되면, 단순한 경제 혼란을 넘어 사회적 불신과 분열을 초래한다.

오늘날, 디지털화폐와 금융 시스템의 급속한 변화 속에서 우리는 과거의 교훈을 되새겨야 한다. 기술적 편리함과 혁신은 새로운 통화 정책과 경제 도구를 가능하게 하지만, 정치적 악용 가능성 또한 높아진다. 정부나 중앙은행의 화폐 정책이 경제적 목적과 사회적 신뢰 회복이라는 본연의 목표에서 벗어나 권력 강화의 수단으로 변질되지 않도록, 투명성과 시민 감시가 필수적이다. 또한, 개인 역시 금융과 화폐의 역사적 맥락을 이해하고 비판적으로 사고함으로써, 단순한 피해자가 아닌 사회적 감시자로서 역할을 수행해야 한다.

화폐개혁은 단순한 화폐 교체 이상의 의미를 가진다. 그것은 사회적 신뢰와 권력 구조를 재편하는 행위이며, 역사는 이를 신중하게 다루어야 함을 우리에게 가르친다. 경제적 명분 뒤에 숨겨진 정치적 의도를 읽어낼 수 있는 시민과 학문적 통찰이야말로, 오늘날의 화폐와 금융을 건강하게 유지하는 최선의 방법이다.

11

미국 vs 중국, 최후의 금융 패권 전쟁

2025년, 세계는 새로운 형태의 화폐 전쟁에 직면해 있다. 이는 단순한 통화의 경쟁이 아니라, 국가의 경제적 주권과 국제적 영향력을 결정짓는 전면전이다. 미국과 중국은 각각의 전략을 통해 디지털화폐를 활용하여 글로벌 금융 질서의 주도권을 두고 치열하게 맞서고 있다.

미국의 디지털 달러 전략: 규제와 혁신의 균형

미국은 디지털화폐 경쟁에서 두 가지 주요 전략을 추진하고 있다.

하나는 민간 주도의 스테이블코인Stablecoin 시장을 지원하고 법적 규제의 틀을 정비하는 것이다. 2025년 7월, 도널드 트럼프 대통령은 스테이블코인의 발행자에게 미국 국채와 달러로 자산을 100% 담보하도록 요구하는 'GENIUS Act'를 서명했다. 이는 민간 디지털화폐의 신뢰성을 보장하면서도, 모든 디지털 달러 흐름이 궁극적으로 미국 통화 체계의 통제 아래에 머물도록 설계된 장치다. 동시에 달러 패권 연장과 미국 국채 수요 증진이라는 두 마리 토끼를 모두 잡는 전략이다.

또 다른 전략은 디지털 자산에 대한 금융 기관의 참여를 촉진하는 것이다. 2025년 9월 2일, 미국 금융 시장이 들썩일 만한 풍경이 펼쳐졌다. 미국 증권거래위원회SEC와 상품선물거래위원회CFTC. 서로 다른 길을 걸어왔던 미국 금융 규제의 두 거인이 한자리에 섰다. 그리고 이렇게 선언했다. "등록된 증권·상품 거래소에서 암호화폐(코인) 현물 거래를 허용한다." 해당 발표는 단순한 행정 공지가 아니다. 말 그대로 암호화폐 시장이 '변방의 코인방'에서 '월가 메인 스트리트'로 이사 가는 날이 온 것이다.

폴 앳킨스 SEC 의장과 캐롤라인 팜 CFTC 수장(직무대행)은 입을 모아 "시장 참여자에게 거래 장소의 선택권을 주는 것이 중요하다"고 강조했고 "이번 조치가 암호화폐 시장 혁신을 미국으로 되돌리는 데 있어 중요한 진전을 의미한다"고 평가했다. 이는 단순한 규제 완화를 넘어, 암호화폐 시장이 제도권 금융으로 편입되는 중요한 전환점이 됐다는 평이다.

지금까지 비트코인과 이더리움은 코인베이스나 바이낸스 같은 전용 거래소에서만 거래할 수 있었다. 하지만 이번 결정으로 앞으로는 뉴욕증권거래소NYSE나 나스닥NASDAQ, 시카고옵션거래소CBOE, 시카고상품거래소CME 같은 주류 증권 거래소와 상품 거래소에서도 비트코인을 직접 거래할 수 있게 된다. 시티은행은 2026년부터 비트코인과 같은 디지털 자산을 안전하게 보관할 수 있는 서비스인 '디지털 자산 수탁 서비스'를 출시할 계획을 발표했다.

이는 월가의 전통적 금융 기관이 암호화 자산을 제도권 안으로 편입시키려는 움직임으로, 미국이 '규제된 혁신'을 통해 디지털 금융의 중심을 계속 유지하려는 의지를 보여준다. 요컨대 미국의 전략은 자유시장과 규제의 절묘한 균형 속에서 달러 패권의 '디지털 버전'을 재구축하는 데 초점이 맞춰져 있다.

중국의 디지털 위안화 전략: 중앙집권적 통제와 국제화

중국은 디지털 위안화e-CNY를 통해 금융 시스템의 중앙집권적 통제를 강화하고, 국제적인 영향력을 확대하려 하고 있다. 2025년 9월, 중국은 상하이에 디지털 위안화 운영 센터를 개설하여, 블록체인 기반의 국경 간 결제 플랫폼CBDC, Cross-Border Bridge을 구축했다. 이러한 플랫폼은 110개국 이상과 1400개 이상의 금융 기관과 위안화 기반의 실시간 결제를 지원하고 있다.

또한, 중국은 디지털 위안화의 국제화를 위해 '일대일로Belt & Road' 국가들과의 거래에서 위안화 결제를 확대하고 있다. 일대일로 프로젝트에 관련된 나라 숫자가 예상보다 많다. 2023년 10월 제3회 일대일로 국제협력 정상포럼에는 140여 개국과 30개 국제기구 대표들이 참가했다.

이로써 무역 상대국들이 미국 달러 결제망SWIFT에 의존하지 않고 중국의 결제 인프라에 직접 연결되도록 유도하고 있다. 이는 곧 '달러의 글로벌 신뢰망을 잠식하는 전략적 설계'다. 중국의 목표는 단순히 통화 발행이 아니라, "디지털 금융 질서의 플랫폼을 장악하는 것"에 있다.

디지털화폐 경쟁의 세계적 파급력

이러한 미국과 중국의 디지털화폐 경쟁은 단순한 양국 간의 문제가 아니다. 이는 전 세계적으로 금융 시스템의 구조와 국제 거래의 방식을 재편성하는 중대한 전환점을 의미한다. 탈달러화를 추구하는 브릭스와 제3세계는 CBDC 기반 결제 시스템을 추진하고 있다. 미국 등 서구 진영은 달러 연동 스테이블코인이 대세를 이루고 있다. 일부 국가들은 CBDC와 스테이블코인을 동시에 사용할 계획이다.

　탈달러화 추세가 브릭스 이외에 다른 나라들로 퍼져 나가고 있다. 예를 들어, 아프리카의 COMESA(동남아프리카 공동시장) 지역은 중국 기술을 바탕으로 한 디지털 결제 시스템을 도입하여, 미국 달러에 대한 의존도를 줄이고, 지역 통화 간의 거래를 촉진하고 있다. 또한, 중동과 러시아, 중앙아시아 일부 국가들은 중국의 디지털 위안화를 채택하여, 미국의 금융 제재를 우회하거나, 국제 거래에서의 자율성을 확보하려는 움직임을 보이고 있다. 이는 미국의 금융 패권에 도전하는 새로운 질서의 형성을 예고한다.

　세계 각국이 디지털 화폐를 통해 자국 통화의 독립성과 거래 효율성을 확보하려는 가운데, 기존 국제 금융 질서 ― SWIFT, IMF, 달러 중심 결제망 ― 는 서서히 다극화의 길로 나아가고 있다.

화폐 패권의 본질 ― 신뢰와 기술의 전쟁

　이 거대한 경쟁의 본질은 기술이 아니다. 그것은 '신뢰를 누가 설계하고 지배할 것인가'의 문제다. 미국은 법과 제도, 시장의 투명성을 기반으로 신뢰를 구축하는 반면, 중국은 국가 주도의 통제와 속도, 그리고 물리적 인프라 확장을 통해 신뢰를 '강제'한다.

　결국 디지털화폐는 신뢰의 형태를 기술적으로 재편하는 도구다. 그 형태가 자유 시장적이든, 중앙집권적이든 간에 화폐의 본질은 여전히 인간 사회의 '신뢰의 기술Technology of Trust'로 귀결된다.

디지털 시대의 새로운 금융 문명

오늘날의 디지털화폐 전쟁은 단순한 기술 경쟁을 넘어 금융 주권financial sovereignty의 재정의를 요구하고 있다. 화폐는 더 이상 종이도, 금속도 아니다. 그것은 데이터, 알고리즘, 네트워크 위에서 작동하는 새로운 권력 구조다.

따라서 미국과 중국의 경쟁은 "누가 돈을 더 잘 찍을 것인가"의 싸움이 아니라, "누가 더 신뢰받는 디지털 질서를 만들 것인가"의 싸움이다. 미국이 제도적 신뢰를, 중국이 구조적 통제를 앞세운다면, 21세기의 화폐 패권은 이 두 모델의 충돌과 융합 속에서 새롭게 정의될 것이다.

결국 디지털 화폐는 기술의 문제가 아니라 신뢰의 문제다. 화폐를 통제하는 자가 아니라, 신뢰를 설계하는 자가 금융 문명의 미래를 지배한다. 미국과 중국은 바로 그 '신뢰의 패권'을 둘러싼 전쟁을 치르고 있다.

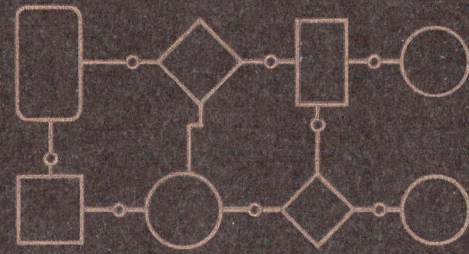

The Currencies That Changed the World and Bitcoin

7

돈이 사라진 시대,
돈보다 중요한 것

알고리즘 시대, 우리는 무엇으로 살아남는가

Why the Rich Abandon Dollars and Buy Bitcoin?

1
탈중앙화의 함정과 인간의 책임

21세기 정보 혁명의 상징으로 떠오른 블록체인 기술은 흔히 '신뢰 없는 신뢰trustless trust'를 구현하는 기적의 기술로 찬양된다. 중앙기관 없이도 거래가 안전하게 기록되고, 스마트 계약을 통해 사회적 약속을 자동으로 이행할 수 있다는 점에서 블록체인은 기술적 혁신의 정점으로 평가된다.

그러나 그 매혹적인 가능성 뒤에는, 우리가 쉽게 간과하는 치명적 위험이 숨어 있다. 그 위험은 단순한 해킹이나 기술적 결함이 아니라, 인간 사회의 구조와 윤리적 토대를 근본적으로 흔들 수 있는 위험이다.

첫째, 블록체인은 '불가역성immutability'이라는 특성을 지닌다.

거래가 한 번 기록되면 누구도 이를 바꿀 수 없고, 검증 가능한 영구 기록으로 남는다. 이는 금융 거래의 투명성을 담보한다는 점에서 강점이지만, 동시에 인간적 유연성을 박탈한다. 인간은 본질적으로 불완전하며, 실수를 통해 배우고 성장한다. 그러나 블록체인은 이러한 인간적 실수를 용납하지 않고, 시스템의 완벽성을 우선한다. 오류를 수정할 수 없는 사회에서 우리는 얼마나 자유로울 수 있는가? 기술의 논리가 인간적 판단을 압도할 때, 인간은 자신의 책임과 판단 능력을 점점 잃게 된다. 불가역성이라는 원칙은 편리함 뒤에 숨은 인간적 독재를 내포한다.

둘째, 블록체인은 탈중앙화와 자동화를 통해 권력을 분산시키지만, 동시에 책임을 흐리게 만든다.

스마트 계약이 문제를 일으켜도 '계약 코드가 문제였다'는 논리만 남고, 그로 인한 피해는 개인이 고스란히 떠안기 쉽다. 전통 사회에서는 법과 윤리가 인간 사이의 책임을 규정했지만, 블록체인은 이를 코드에 위임한다. 기술은 우리를 편리하게 만들지만, 동시에 인간적 도덕과 사회적 책임의 영역을 축소시키는 위험을 내포한다. 권력은 분산되지만 책임은 사라지고, 인간적 판단과 연대는 기술적 시스템 속에서 점점 희석된다.

셋째, 블록체인은 경제적 불평등을 심화시킬 가능성을 지닌다.

겉으로는 기술이 모두에게 동등한 기회를 제공하는 듯 보이지만, 현실에서는 초기 참여자와 자본을 가진 소수가 시스템을 장악하게 된다. 탈중앙화라는 명목 아래, 권력은 눈에 보이지 않게 재분배되며, 사회적 약자와 소외된 집단은 배제될 위험이 존재한다. 기술이 정의로운 사회를 약속하는 것이 아니라, 새로운 형태의 '디지털 엘리트주의'를 재생산할 수 있다는 점은 우리가 결코 간과해서는 안 될 치명적 함정이다.

기술의 위험은 기술의 결함보다는 그것을 다루는 인간의 태도에 있다

블록체인의 위험도 기술 자체라기보다, 기술이 제시하는 '완벽한 시스템'에 인간이 맹목적으로 의존하려 할 때 증폭된다. 기술이 모든 것을 해결해 줄 것이라는 믿음이 강해질수록, 인간은 윤리적 성찰과 공동체적 판단을 포기하게 된다. '신뢰 없는 신뢰' 속에서 우리는 아이러니하게도 진짜 신뢰를 잃고, 분산된 권력 속에서 책임을 잃어버린다.

철학적 관점에서 보면, 블록체인은 인간의 이상과 욕망을 투영한 거울이다. 기술 속에서 우리는 인간의 불완전성과 사회적 연대의 필요성을 동시에 마주한다. 탈중앙화와 자동화의 시대일수록, 우리는 인간적 판단과 윤리를 적극적으로 회복해야 한다. 기술은 사회를 투명하고 효율적으로 만들 수 있지만, 인간의 책임과 도덕성을 대신할 수는 없다. 블록체인 시대의 진정한 과제는 기술 그 자체가 아니라, 기술 속에서 인간과 사회가 어떤 의미를 회복할 것인가에 있다.

결국 블록체인의 치명적 위험은 시스템의 오류나 해킹이 아니라, 인간이 기술에 모든 판단을 위임하고, 사회적 의미를 소홀히 할 때 발생한다. 블록체인은 단순한 도구가 아니라, 인간과 사회를 시험하는 거울이다. 그 거울 속에서 우리는 스스로를 직시하고, 기술적 가능성과 인간적 한계를 동시에 성찰해야 한다.

2
알고리즘의 시대, '생각하는 인간'의 가치

임마누엘 칸트는 인간 존재의 근본적 물음을 세 가지로 정리했다.

"우리는 무엇을 아는가?",

"우리는 무엇을 할 수 있는가?",

"우리는 무엇을 희망할 수 있는가?"

이 세 문장은 단순한 철학적 명제가 아니라, 인간이 자신을 이해하고 세계를 구성하는 사유의 구조를 드러낸다. 그러나 오늘날, 알고리즘이 인간의 사고와 선택을 대신 설계하는 시대에 이르러 칸트의 세 질문은 이렇게 다시 쓰일 수밖에 없다.

"우리가 아는 것은 진정 우리의 앎인가?"

"우리의 선택은 자유로운가?"

"우리는 아직도 희망할 수 있는가?"

1. 우리는 무엇을 아는가 — 정보의 시대, 앎의 불확실성

우리는 매일 눈에 보이지 않는 알고리즘이 짜놓은 세계 안에서 살아간다. SNS의 뉴스피드, 온라인 상점의 추천 목록, 검색 결과의 순위 — 이 모든 것은 보이지 않는 수식과 코드가 선별한 '현실의 단면'이다. 그렇다면 우리가 아는 것은 진정 우리의 지식인가, 아니면 알고리즘이 우리에게 제공하는 지식의 그림자인가?

칸트에게 앎은 '인식의 한계'를 성찰하는 행위였다. 오늘날 그 성찰은 기계가 구성한 세계의 경계를 인식하는 능력, 곧 칸트의 '비판적 지성critical intelligence'을 유지하는 일과 직결된다. 알고리즘은 효율적으로 정보를 분류하지만, 맥락을 이해하지 못한다. 인간의 지식이란 데이터를 수집하는 것이 아니라, 그 데이터 사이의 의미와 관계를 해석하는 행위다. 따라서 알고리즘 시대의 앎은 더 많은 정보가 아니라, 더 깊은 분별과 성찰의 능력을 요구한다.

우리가 매일 마주하는 정보의 홍수 속에서, 인간의 앎은 선택적이고 제한된 시야 속에 갇히기 쉽다. 예를 들어, 알고리즘이 내 성향에 맞춰 보여주는 뉴스는 종종 우리가 이미 믿고 있는 생각만 강화한다. 우리가 아는 사실이 진실인지, 편향된 정보인지 구분하는 능력은 더 이상 철학적 사색만으로 얻어지지 않는다. 오늘날의 앎은 데이터를 이해하고, 기계가 놓친 맥락을 채워 넣으며, 그 안에서 인간적 판단을 만들어내는 능력으로 확장된다.

2. 우리는 무엇을 할 수 있는가 — 예측의 시대, 자유의 의미

오늘의 알고리즘은 우리의 소비 습관, 인간관계, 정치적 성향까지 예측한다. 우리가 클릭하는 광고, 선택하는 음악, 투표하는 정당까지 이미 데이터의 수학적 패턴 속에 기록되어 있다.

이때 인간의 행동은 얼마나 자유로운가? 자유는 더 이상 무한한 가능성이 아니라, 예측된 경로를 벗어나는 용기로 정의되어야 한다. 추천 시스템이 제시하는 목록 속에서 다른 길을 선택할 때, 우리는 비로소 '행위의 주체'로서 존재한다.

작은 저항 — 유행하지 않은 책을 읽고, 트렌드 밖의 예술을 선택하며, AI의 제안을 의심하는 사유 — 이 바로 인간적 자유의 증거다. 칸트가 말한 자유는 '도덕적 자기 결정'이었다면 오늘날의 자유는 기계의 효율성 속에서 인간의 의미를 지켜내는 결단이다.

이 자유는 때로 매우 작고 미세한 선택 속에서도 드러난다. 하루의 뉴스피드 속에서 소수의 목소리를 찾아 읽거나, 대중적 콘텐츠가 아닌 독립적 창작물을 선택하는 행위, 또는 데이터를 기반으로 한 추천 대신 직관에 따라 결정을 내리는 순간, 우리는 인간으로서의 주체성을 확인한다. 알고리즘이 제시하는 편리함과 효율성 속에서도 인간은 스스로 사고하고 판단할 수 있어야 한다.

3. 우리는 무엇을 희망할 수 있는가 — 새로운 계몽의 윤리

알고리즘은 미래를 데이터 기반으로 예측한다. 건강 상태, 직업 전망, 심지어 사회적 성공 가능성까지 수치와 확률로 보여준다. 그러나 인간이 진정 희망할 수 있는 것은 예측 가능한 결과가 아니라, 기계가 계산할 수 없는 '창조적 미래'다. 희망은 통계와 데이터의 범위를 넘어선 영역에 존재한다. 우리가 꿈꾸는 새로운 길, 우리가 만들어내는 예술과 발명, 우리가 상상하는 공동체와 사회는 기계가 설계할 수 없는 영역이다.

알고리즘 시대의 인간은 이제 새로운 계몽의 주체가 되어야 한다. 칸트가 18세기 계몽의 시대에 "스스로 사유하라"는 명제를 던졌다면, 오늘날 우리는 "알고리즘을 넘어서 사유하라"는 과제를 부여받고 있다. 우리가 알고, 선택하며, 희망하는 모든 순간은 인간적 삶을 지키는 작은 저항이다.

오늘날 인간에게 필요한 것은 단순한 지식이나 정보가 아니다. 그것은 정보와 데이터를 비판적으로 읽고, 인간적 의미를 부여하며, 불확실한 미래 속에서도 창조적 가능성을 상상하는 능력이다. 알고리즘이 편리함과 예측 가능성을 제공하더라도, 인간이 기계적 세계 속에서 스스로 주체가 되는 힘은 오직 질문과 성찰에서 나온다.

4. 인간의 질문으로 돌아가다

오늘날 인간에게 필요한 것은 단순한 '지식'이 아니라 사유의 용기다. 데이터를 읽고, 그 한계를 인식하며, 기계가 제공하지 못하는 의미와 윤리를 스스로 만들어내는 능력 — 그것이야말로 알고리즘 시대의 새로운 인간적 역량이다. 우리는 스스로에게 묻는다.

"나는 무엇을 알고, 무엇을 선택하며, 무엇을 꿈꿀 수 있는가?"

그 질문에 답하는 과정 자체가 인간의 존엄이다. 질문에 답하는 과정에서 인간은 비로소 주체로 서며, 알고리즘의 세계 속에서도 인간다움을 유지할 수 있다. 앎과 자유와 희망은 기계가 대신할 수 없다. 인간이 인간인 이유는 스스로 질문하고, 판단하고, 꿈꾸는 능력에 있다. 그리고 그 능력이야말로 알고리즘 시대의 마지막 인간적 성찰이자, 우리 모두가 지켜야 할 미래다.

3
자유라는 환상과 보이지 않는 강제

고대, 중세 사회에서 경제외적 강제는 신분, 관습, 종교와 같은 명확한 제약을 통해 인간의 선택을 제한했다. 농노는 토지와 귀족에 묶였고, 여성과 하층민은 혈연과 사회적 규범 속에서 제한된 삶을 살았다. 이러한 강제는 개인의 자유를 억압했지만 동시에 사회 질서를 유지하는 기능을 수행했다.

현대 사회는 법적 평등과 자유시장의 이상을 내세운다. 그러나 표면적 자유 뒤에는 데이터, 경쟁, 사회적 기대라는 새로운 형태의 '경제외적 강제'가 자리하고 있다. 신분의 굴레는 사라졌지만, 산업 구조와 알고리즘, 신용 시스템이 다시 인간의 선택을 조율하고 제한한다. 실질적으로 개인의 선택과 행동은 산업별 구조, 기술, 사회적 기대에 의해 제약된다. 이를 산업별로 살펴보면 다음과 같다.

금융 산업: 신용과 데이터의 보이지 않는 족쇄

오늘날 금융은 개인의 경제적 자유를 결정짓는 핵심 인프라다. 그러나 그 시스템은 역설적으로 보이지 않는 신분제를 만들어내고 있다. 신용 점수, 대출 이력, 소비 패턴은 개인의 기회를 평가하는 주요 척도다.

FICO 보고서2024에 따르면 미국 성인의 4분의 1이 신용 문제로 금융 접근에 제약을 받고 있으며, 한국에서도 약 30%의 개인이 신용 기록 때문에 주거·금융 상품 선택의 어려움을 겪는다. 금융의 '평등한 기회'는 사실상 알고리즘이 승인한 사람에게만 열려 있다. 중세의 농노가 토지에 묶여 살았다면, 현대의 개인은 데이터의 토지 — 신용 점수와 금융 기록 — 에 묶여 산다. 다만 차이는, 그 족쇄가 더 이상 눈에 보이지 않는다는 점이다.

교육산업: 학력과 사회적 계층의 재생산

교육은 자유와 평등의 사다리로 여겨졌지만, 오늘날 그것은 계층을 재생산하는 정교한 메커니즘으로 변했다. 부모의 경제력과 학력이 자녀의 학업 성취와 진로를 결정짓는 구조는 OECD 연구2023에서도 반복적으로 나타났다. 예를 들어, 부모 소득 상위 20% 자녀가 상위 대학 진학 가능성은 하위 20% 대비 약 4배 높다.

이처럼 교육은 과거 신분제와 유사하게 사회적 계층을 재생산하며, 개인의 선택권을 제한한다. 법적으로는 누구나 고등교육을 받을 자유가 있지만, 현실적으로는 경제적·사회적 조건이 결정적 변수로 작동한다.

IT·플랫폼 산업: 알고리즘과 행동 제약

디지털 플랫폼은 인간의 행동을 가장 세밀하게 통제하는 21세기의 새로운 봉건 제도다. 소셜미디어, 쇼핑몰, 스트리밍 서비스의 알고리즘은 우리가 볼 뉴스, 살 상품, 들을 음악을 결정한다. MIT 미디어랩2023은 "개인의 콘텐츠 소비 중 70% 이상이 알고리즘에 의해 유도된다"고 분석했다.

이는 '맞춤형 자유'라는 이름의 통제된 선택이다. 알고리즘은 우리의 기호를 학습해 '편리한 경로'를 제시하지만, 그 경로 밖으로 벗어나려는 시도는 점점 희귀해진다. 우리는 자유롭게 클릭한다고 느끼지만, 그 자유는 이미 데이터가 설계한 확률의 범위 안에 있다.

노동 시장: 경쟁과 사회적 기대

노동 시장의 자유 역시 착시다. 표면적으로는 누구나 직업을 선택할 수 있지만, 현실에서는 경쟁과 평가가 보이지 않는 규율의 장치로 기능한다. 세계경제포럼WEF 2023년 보고서에 따르면, 글로벌 근로자의 약 70%가 '사회적 기대와 경쟁 때문에 진로 선택이나 생활 방식을 조정한 경험'이 있다고 응답했다. 한국 고용노동부 조사에서도 직장인의 60%가 '구조직 압박으로 인해 이직을 고려'한 적이 있다고 밝혔다.

이는 과거 군사적·사회적 의무가 개인의 행동을 제한했던 것과 유사하다. 단지 현대의 제약은 경쟁, 성과, 평판이라는 형태로 나타난다. 성과주의와 경쟁 문화는 과거의 군사적 의무나 종교적 복종처럼, 개인의 내면에 '자기 감시'를 심어 놓는다. 현대인은 더 이상 강제로 명령받지 않는다. 대신 스스로를 효율화하며, 자유 의지로 복종한다.

자유의 역설 — 구조 속의 인간

고대의 강제는 외형적으로 명확했다. 신분과 관습은 이름이 있었고, 제도가 있었다. 그러나 현대의 강제는 보이지 않는 구조와 수치, 데이터, 알고리즘의 형태로 내면화된다. 법적으로는 모두가 자유롭지만, 실질적으로 인간의 행동은 산업 구조와 기술 시스템에 의해 조정된다.

이것이 바로 '자유의 환상Fantasy of Freedom'이다. 우리는 자유롭다고 느끼지만, 그 자유는 이미 시스템이 허용한 선택지 안에서만 작동한다. 중세의 신분제가 물리적 감금이었다면, 현대의 제약은 심리적·구조적 감금이다.

의식적 선택의 기술 — 자유를 되찾는 사유

그렇다면 우리는 어떻게 이 구조적 강제 속에서 자유를 회복할 수 있을까?

첫째, 자신이 속한 산업 구조와 데이터 환경을 인식하는 것이 출발점이다. 무의식적 참여를 멈추고, 금융·교육·노동·플랫폼의 구조가 나의 선택을 어떻게 형성하는지 관찰해야 한다.

둘째, 의도적 일탈 — 곧 알고리즘의 추천을 거부하고, 경쟁 대신 협력을 택하며, 평가 대신 의미를 추구하는 '의식적 선택의 기술' — 이 필요하다. 이 작은 저항이야말로 인간이 구조를 초월하는 유일한 방법이다.

결론적으로, 자유는 주어지지 않는다. 현대의 경제외적 강제는 더 이상 강압적 명령으로 작동하지 않는다. 그것은 시스템의 효율성과 편리함 속에 스며든 유연한 통제다. 따라서 진정한 자유는 주어지는 것이 아니라, 끊임없이 인식하고, 의심하고, 선택하는 과정 속에서 만들어가는 것이다.

자유는 제도나 기술의 결과가 아니라 의식의 훈련이다. 눈에 보이지 않는 강제의 시대, 인간은 다시금 스스로에게 묻는다.

"*나는 진정 자유로운가, 아니면 구조가 허락한 선택 속에서 자유를 느끼고 있는가?*"

이 질문에 대한 성찰이야말로 현대 사회의 가장 근원적인 해방의 시작이다.

4

블록체인 이후,
권력은 재구성된다

  인류의 경제사는 언제나 기술과 신뢰의 재편이었다. 금화에서 지폐로, 지폐에서 전자 결제로, 그리고 블록체인으로 이어진 혁신의 궤적은 단순히 거래 방식을 바꾼 것이 아니라 권력과 질서의 중심을 바꾼 사건이었다.

  그중에서도 블록체인은 하나의 정점이었다. 중앙은행과 금융기관이 독점하던 '신뢰의 기계장치'를 해체하고, 화폐를 검증가능한 코드로 재정의했기 때문이다.

  그러나 이것은 끝이 아니라 시작이었다. 블록체인의 탈중앙화가 열어젖힌 세계는 이제 완전 자동화된 신뢰 체제, 곧 '인공지능이 스스로 가치를 관리하는 금융 문명'으로 진입하고 있다.

블록체인 이후, '자율 금융 생태계'의 출현

  금융의 다음 지각 변동은 이미 시작되었다. 인공지능 기반 스마트 계약이 인간의 개입 없이 자동으로 금융 거래를 수행하고, 중앙은행 디지털화폐 CBDC가 실시간으로 통제 가능한 화폐를 탄생시키며, 분산 신원증명DID 기술은 개인의 신뢰와 권리를 디지털로 재구성하고 있다.

경제사의 관점에서 보면, 새로운 기술은 곧 기존 질서에 충격을 준다. 19세기 은행 붕괴와 금본위제의 몰락이 그러했고, 21세기 초 전자화폐와 디지털 결제의 폭발적 확산이 그 예다. 블록체인 이후, 다음 기술은 화폐의 본질 자체를 흔들 것이다.

가상의 시나리오를 떠올려 보자. 어느 날, AI 기반 알고리즘이 글로벌 금융 네트워크에서 자동으로 위험을 계산하고 국가 간 화폐 이동을 최적화한다. 특정 금융 기관이나 중앙은행의 개입 없이, 시장이 스스로 가치와 금리를 조정한다. 동시에 DID 시스템이 개인 신용을 실시간으로 평가하며 자동으로 대출, 보험, 거래를 결정한다. 이 과정에 은행 창구도, 인간의 중재도 존재하지 않는다. 이때 기존 은행의 신용 기반 대출 모델은 상당 부분 무력화된다.

'신용을 평가하는 인간의 시선'이 사라지고, '데이터가 인간을 평가하는 질서'가 등장한다. 기존 금융 질서를 지탱하던 '인간 중심 신뢰'가 기술 중심 신뢰로 바뀌는 순간이다.

화폐 통제 권력의 이동

이 변화는 단순한 기술 혁신이 아니라 화폐 통제 권력의 해체를 의미한다. 중앙은행의 통화 정책, 정부의 금융 규제, 국제 송금 시스템 — 이 모든 전통적 권력 장치는 AI와 블록체인 기반의 분산 네트워크 속에서 점차 기능이 축소될 수 있다.

국가는 이 새로운 질서에 적응하기 위해 디지털화폐CBDC를 앞다투어 발행하며, '중앙화된 통제'를 '디지털화된 감시'로 대체하려 할 것이다. 그러나 통제의 형태가 변할 뿐, 그 근본에는 여전히 '신뢰의 독점'을 향한 욕망이 자리한다.

결국 글로벌 금융 패권의 중심은 법과 제도에서 데이터와 알고리즘으로 이동하고, '누가 돈을 찍는가'보다 '누가 데이터를 통제하는가'가 더 중요한 문제로 부상한다.

이 충격은 단순한 기술적 혁신을 넘어 사회적, 정치적 파급력을 가진다. 화폐를 통제하던 권력 구조가 흔들리면서 국가는 새로운 규제와 통제 수단을 모색할 수밖에 없다. 글로벌 금융 질서는 '디지털 알고리즘과 데이터 권력' 중심으로 재편될 것이다. 인간은 단순한 거래 참여자에서 가치 생태계의 감시자이자 조정자로 바뀔 수도 있다.

기술 중심 신뢰 vs 인간 중심 신뢰

블록체인은 신뢰를 기술로 옮겨놓은 첫 실험이었다. 그러나 다음 단계에서는 인간적 신뢰의 근간 자체가 변형된다. 과거에는 계약과 규범, 도덕이 신뢰를 지탱했다면, 이제는 알고리즘의 정확성과 데이터의 투명성이 그 역할을 대신한다. 이것은 인류에게 근본적인 질문을 던진다.

"신뢰가 기술로 대체된 사회에서, 인간은 무엇을 기준으로 서로를 믿을 것인가?"

AI는 인간보다 더 빠르고 정확하게 거래를 수행하지만, 그 과정에는 윤리적 판단, 관계적 의미, 책임의 감정이 없다. 기술이 완벽할수록, 인간은 결정의 윤리로부터 멀어진다. 블록체인 이후의 세계는 그래서, "가장 신뢰할 수 있지만 가장 비인간적인 시스템"이 될 위험을 안고 있다.

화폐의 본질은 여전히 인간이다

그러나 인간이 화폐를 사용하는 이유는 변하지 않는다. 화폐는 단순한 거래의 수단이 아니라, 서로를 신뢰하기 위한 사회적 약속이자 언어이기 때문이다. 기술은 그 언어의 형식을 바꾸지만, 그 언어의 의미를 완전히 대체하지는 못한다.

AI가 시장을 관리하고, 데이터가 신용을 평가하더라도 화폐의 본질은 여전히 '인간이 만든 약속' 위에 서 있다. 문제는 인간이 그 약속의 의미를 잊는 순간, 기술은 언제든 신뢰의 도구에서 통제의 기계로 변할 수 있다는 점이다.

인간의 역할 — 관찰자에서 참여자로

다가오는 금융 문명은 우리에게 새로운 존재 방식을 요구한다. 우리는 더 이상 단순한 '소비자'나 '투자자'가 아니다. 데이터 생태계 속에서 우리는 감시자이자 피감시자, 시스템을 운영하는 동시에 그 시스템에 의해 평가받는 존재가 되었다.

이 세계에서 인간의 역할은 기술을 거부하는 것이 아니라, 기술 속에서 인간적 의미를 복원하는 일이다. 신뢰의 자동화 시대일수록, 그 신뢰의 윤리와 목적을 질문할 수 있는 주체로 남는 것 — 그것이 인간의 마지막 역할이다.

블록체인 이후, 인간의 선택

블록체인은 인간이 기술을 통해 신뢰를 재발명한 첫 실험이었다. 그러나 그 실험이 완결되기도 전에, AI와 데이터가 주도하는 '신뢰의 자동화 시대'가 시작되고 있다. 다가올 충격은 기술의 진보가 아니라, '신뢰와 권력의 중심이 인간으로부터 얼마나 멀어질 것인가' 하는 문제일 것이다.

인류는 오랫동안 '신뢰의 중심'을 인간의 의지와 윤리에 두었다. — '이 사람은 믿을 만하다', '국가가 책임진다', '법이 보증한다' 그러나 블록체인과 AI의 결합은 '신뢰의 권한'을 인간에서 기술로 완전히 이전시킨다. 곧 앞으로는 "누구를 믿는가"가 아니라 "무엇이 자동으로 결정되는가"가 더 중요한 질문이 되는 시대가 된다. 이 변화는 단순한 기술 혁신이 아니라 문명적 전환, 곧 '인간 중심 질서의 약화'를 의미한다.

인류 경제사의 다음 장은 이미 열렸다. 이제 선택은 우리에게 달려 있다. 기술이 만든 신뢰의 체계 속에서 우리가 여전히 인간으로 남을 것인가, 아니면 효율과 데이터의 완벽함에 스스로를 내맡길 것인가. 블록체인 이후의 충격은 결국, 인간의 선택 그 자체일 것이다.

5

신뢰는 이제
알고리즘이 만든다

인류 역사에서 화폐는 단순한 교환 수단이 아니라 신뢰의 기술사였다. 고대 메소포타미아에서 점토판에 기록된 채무증서가 신용을 대체했듯, 은행권과 국가 발행 화폐는 '이 지폐는 가치가 있다'는 믿음 위에 세워졌다. 화폐의 힘은 곧 신뢰였고, 신뢰는 제도와 사람의 약속 속에서 검증되었다.

그러나 21세기 들어, 신뢰는 점차 사람에서 알고리즘으로 이전되고 있다. 우리는 더 이상 사람을 믿지 않는다. 대신 데이터가 만든 점수와 코드를 믿는다.

알고리즘이 만든 신뢰의 구조

에어비앤비Airbnb와 우버Uber는 인간의 신뢰 체계를 바꿔놓은 대표적 플랫폼이다. 이용자는 상대방을 직접 알지 못해도, 평점과 리뷰, 거래 기록으로 만들어진 '신뢰 점수'를 기반으로 거래한다. 한 줄의 리뷰와 다섯 개의 별이 개인의 신용을 대신한다. 신뢰는 더 이상 경험과 관계의 산물이 아니라, 데이터가 계산한 확률적 평가가 되었다.

이제 신뢰는 인간의 감정이 아니라 알고리즘의 수학적 언어로 표현된다. 플랫폼은 이러한 데이터를 수집하고 가공하며 '거래의 안전성'이라는 새로운 형태의 통화로 신뢰를 상품화한다.

화폐의 진화 — 제도에서 코드로

비트코인으로 상징되는 디지털화폐 혁명은 이 '신뢰의 알고리즘화'를 한 단계 더 밀어붙였다. 블록체인은 거래 기록을 공개 장부에 저장함으로써 '누구도 조작할 수 없는 신뢰'를 기술로 구현했다. 국가나 은행이 보증하지 않아도, 암호화된 코드가 스스로 신뢰를 증명하는 체계가 등장한 것이다.

이로써 화폐의 본질은 제도적 약속에서 기술적 검증으로 옮겨갔다. 중앙은행과 금융기관이 수행하던 신뢰 관리의 역할을 이제는 블록체인 네트워크와 스마트 계약이 대신한다. 신용 평가, 계약 이행, 자산 이전 — 모든 것이 인간의 개입 없이 코드로 실행된다.

플랫폼의 권력 — 신뢰의 새로운 주권자

그러나 신뢰가 기술로 이전되면서 그 통제권은 국가에서 플랫폼으로, 제도에서 데이터 기업으로 옮겨가고 있다. 한때 화폐의 신뢰를 국가가 독점했다면, 이제는 구글, 아마존, 메타, 텐센트 같은 플랫폼 제국이 신뢰의 중개자가 되었다.

그들의 알고리즘은 인간의 거래뿐 아니라 평판, 신용, 관계, 심지어 정치적 의견 형성까지 조율한다. 신뢰의 심장은 여전히 인간 사회에 있지만, 그 박동을 조절하는 손은 이제 데이터 기업의 서버 속에 있다.

알고리즘의 한계 — 인간의 직관이 사라질 때

문제는 알고리즘이 신뢰를 효율적으로 관리할 수 있을지라도, 인간적 판단과 윤리적 맥락을 대체할 수는 없다는 점이다. 알고리즘은 패턴을 예측하지만, 용서나 이해, 망설임 같은 인간적 신뢰의 요소를 계산하지 못한다.

데이터 기반의 신뢰 시스템은 투명해 보이지만, 그 안에는 보이지 않는 편향과 불평등이 숨어 있다. 점수가 신뢰를 대체할 때, 관계는 숫자로 환원되고, 신뢰는 감정이 아닌 상품이 된다.

결국 우리는 '신뢰의 민주화'와 '알고리즘의 지배' 사이에서 흔들리고 있다. 평가 시스템이 투명할수록, 인간의 직관과 윤리는 그늘로 밀려난다.

신뢰의 주권을 되찾기 위해

플랫폼 경제는 인간이 만든 신뢰를 기술이 재현하려는 거대한 실험이다. 이 실험이 성공하려면, 우리는 기술을 맹신하지 않고 '신뢰의 윤리'를 다시 설계해야 한다. 데이터가 판단하더라도, 그 판단의 원칙은 인간이 정해야 한다. 알고리즘이 평가하더라도, 그 평가의 의미는 인간이 해석해야 한다. 결국, 신뢰를 만드는 권력은 기술이 아니라 사회적 합의와 감시에서 나온다. 코드는 신뢰를 기록할 수 있지만, 신뢰를 '창조'할 수는 없다. 그 창조의 주체는 여전히 인간이어야 한다.

신뢰의 역사는 이제 인간의 약속에서 알고리즘의 계산으로 옮겨가고 있다. 그러나 신뢰의 본질은 변하지 않는다. 그것은 언제나 "타인을 믿을 수 있는가"라는 인간의 질문이다. 기술은 그 질문에 답할 수 없지만, 우리가 그 질문을 던질 수 있게 하는 새로운 거울이 될 수는 있다.

6
DAO는 윤리적인가?
코드의 딜레마

"코드는 법이다CODE IS LAW."

위의 이 짧은 문장은 블록체인의 정신을 압축한다. DAODecentralized Autonomous Organization(탈중앙화 자율조직)는 이 철학의 가장 극단적 구현이다. 중앙 권력 없이 스마트 계약이 조직의 규칙을 자동 집행하고, 누구나 의사결정 과정에 참여하며, 모든 기록이 투명하게 공개된다. 이상적으로 보면 DAO는 권력이 집중 없이 공정과 자유를 실현하는 새로운 형태의 '디지털 민주주의'다.

그러나 현실은 이념처럼 단순하지 않다. 2022년 DAO 프로젝트 'Fei Protocol' 사태는 그 상징적 사례였다. 코드와 토큰 경제 위에 세워진 거대한 DAO가 코드 오류로 큰 손실을 안기며 커뮤니티 전체를 혼란에 빠뜨렸다. 탈중앙화는 권력을 분산시켰지만, 책임 또한 함께 흩어버렸다. 탈중앙화는 공정성을 보장할 수는 있어도 윤리적 판단을 대신하지는 못한다.

권력, 신뢰, 그리고 윤리의 역사

역사적으로 보면 이런 딜레마는 새로운 화폐와 금융 혁신에서 반복되었다. 고대 메소포타미아의 점토판 채무증서, 르네상스 피렌체의 은행, 근대의 중앙은행과 신용화폐까지 돈은 단순한 교환 수단이 아니라 신뢰를 압축한 사회적 장치였다. 신뢰를 유지하기 위해 권력이 필요했고, 권력은 종종 윤리적 기능을 수행했다. 중앙집권적 통제는 단순한 권력 집중이 아니라 분쟁 조정과 사회적 신뢰 유지라는 윤리적 역할을 담당했다.

DAO는 이 전통적 구조를 뒤집는다. 이제 신뢰는 제도나 권위가 아니라 코드와 알고리즘 속에 새겨진다. 문제는 그 코드가 언제나 완전하지는 않다는 점이다. 코드와 탈중앙화는 자유와 투명성을 제공하지만 책임은 분산된다. 윤리적 판단은 단순한 규칙이 아니라 상황에 맞는 인간적 선택을 요구한다. 현실의 윤리적 판단은 상황과 맥락, 인간의 공감 능력에서 비롯되지만, 알고리즘은 그러한 맥락을 이해하지 못한다. DAO가 아무리 정교하더라도 이해관계 충돌이나 예기치 않은 사건 앞에서 윤리적 판단과 책임은 여전히 인간에게 달려 있다. DAO는 투명성과 자율성을 약속하지만, 동시에 '책임의 공백'을 낳는다.

자율성과 윤리의 간극

DAO의 철학은 기술적 완결성과 도덕적 책임 사이의 긴장 위에 서 있다. 스마트 계약은 '조건이 충족되면 실행한다'는 명확한 논리를 따른다. 그러나 인간의 세계는 그렇게 단선적이지 않다.

어떤 결정이 옳은가를 판단하기 위해서는 이익, 정의, 공정, 공동체의 선

같은 복합적 가치가 필요하다. 곧 윤리란 코드로 표현될 수 없는 영역이다.

DAO는 이러한 간극을 외면할 수 없다. 아무리 완벽한 알고리즘이라도 예기치 못한 사건 앞에서는 결국 인간의 판단에 의존해야 한다. DAO의 '탈중앙화된 자유'가 '무책임한 자유'로 변질되지 않으려면, 기술적 거버넌스만큼 도덕적 거버넌스가 함께 설계되어야 한다.

새로운 신뢰 구조를 향해

그럼에도 DAO가 의미 없는 실험은 아니다. Constitution DAO, Uniswap DAO, Arbitrum DAO 등은 참여자의 집단지성과 투명한 의사결정이 실제로 작동할 수 있음을 보여주었다. 이들은 단지 자본을 운용하는 조직이 아니라, '신뢰를 코드로 실험하는 사회적 실험실'이다. DAO의 윤리적 성공은 코드의 정교함보다 참여자들이 책임과 신뢰를 어떻게 관리하느냐에 달려 있다.

화폐 경제사가 보여주듯 혁신은 언제나 기술과 윤리, 자유와 책임 사이의 긴장 속에서 역사적 결과를 만들어 왔다. DAO 역시 탈중앙화의 이상을 실현하면서 동시에 책임과 윤리라는 오래된 딜레마를 우리 앞에 던진다. 디지털 경제 시대, 우리는 기술과 인간적 판단이 어떻게 공존할 수 있는지, 새로운 신뢰 구조를 어떻게 만들 수 있는지 끊임없이 물어야 한다.

7

기후 위기와 화폐:
가치를 시험하는 시대

우리는 지금 두 개의 거대한 힘 앞에 서 있다. 하나는 인간이 만들어낸 가장 정교한 신뢰의 상징인 화폐이고, 다른 하나는 인간의 기술과 소비가 불러온 지구적 재난인 기후 위기다. 언뜻 보기에 화폐와 기후는 전혀 다른 차원의 문제처럼 보인다. 그러나 이 둘 사이에는 인간 사회의 선택과 가치관이 투영된 심층적 연결고리가 존재한다.

화폐: 신뢰의 언어에서 욕망의 도구로

화폐는 단순히 재화를 교환하는 수단에 머무르지 않는다. 그것은 희망과 불안, 권력과 탐욕, 그리고 미래에 대한 신뢰를 담는 그릇이다. 우리가 기후 위기를 다루는 방식 역시 결국 '미래에 대한 신뢰'를 얼마나 화폐적 논리로 환원할 것인가에 달려 있다.

온실가스 배출권 거래제, 탄소세, 기후 관련 ESG 금융상품과 같은 메커니즘은 기후 문제를 화폐 단위로 환산하는 시도다. 그러나 이러한 환산은 때로 문제의 핵심을 흐리기도 한다. 산림 파괴나 해양 생태계의 붕괴, 대기의 변화처럼 눈에 보이지 않는 피해들은 시장 논리 속에서 점점 더 '측정 불가능한 가치'로 밀려난다. 이럴 때 화폐는 신뢰의 언어가 아니라 책임 회피의 언어가 된다. 또 반대로 '비가시적 피해'를 수치와 가격으로만 평가하려 들면, 인간과 자연의 관계는 효율과 이익 계산의 틀 속에 갇힌다.

시간과 책임의 불균형

화폐의 본질은 시간이다. 우리는 현재의 노동을 미래의 가치로 환산하고, 미래의 이익을 현재의 가격으로 거래한다. 그러나 이 시간의 계산법은 언제나 현재를 유리하게 만든다. 오늘 우리가 소비하는 에너지는 미래 세대의 생태적 자산을 갉아먹는다. 하지만 화폐는 종종 현재의 욕망과 이익을 우선시하도록 설계되어 있다. 주식시장의 단기 수익, GDP 성장률, 소비 중심의 지표들은 미래 세대의 생태 자산을 잠식하면서도 '성장'이라는 이름으로 정당화된다.

결국 기후 위기는 화폐가 미래를 어떻게 평가하는가에 대한 인문학적 시험이다. 우리가 화폐로 신뢰를 측정하는 한, 그 신뢰의 기준이 단기적 이익에 머무르는 순간 지구는 신뢰를 잃은 채 붕괴해 간다.

화폐는 파괴의 도구인가, 회복의 도구인가

그럼에도 화폐는 기후 대응의 도구가 될 수도 있다. 지속 가능한 금융, 그

린본드, 재생에너지 투자와 같은 흐름은 화폐가 단순한 교환의 수단을 넘어 '가치의 방향'을 설정할 수 있는 도구임을 보여준다. 핵심은 인간이 무엇을 가치로 삼느냐의 문제이다.

화폐는 중립적이지 않다. 그 안에는 사회가 무엇을 존중하고, 무엇을 희생할 수 있는지가 새겨져 있다. 만약 우리가 생명, 자연, 공동체의 지속 가능성을 화폐 시스템 안에 녹여낼 수 있다면 기후 위기는 재앙이 아니라 문명적 성찰과 혁신의 계기가 될 것이다.

화폐와 기후: 인간의 선택에 대한 질문

화폐와 기후, 두 힘은 서로 다른 언어로 같은 질문을 던진다.
"무엇을 소중히 여기는가?"
우리는 화폐를 통해 자연을 사고팔고, 미래를 계산하며, 사회와 인간의 의미를 선택한다. 그 선택은 경제적 풍요나 환경적 안정에 그치지 않는다. 그것은 인간의 윤리와 책임, 인간다움의 본질까지를 새롭게 묻는 질문이다. 기후 위기는 단지 지구의 문제가 아니라, 인간이 자신을 어떻게 정의하느냐의 문제다.

오늘 우리가 내리는 선택은 미래의 세대가 아닌, 오늘의 우리 자신을 증명하는 시험지다. 화폐가 인간의 신뢰를 담는 그릇이라면, 이제는 그 안에 지구와 생명의 신뢰까지 담아야 한다.

인간적 화폐, 윤리적 지구

기후와 화폐는 결국 같은 이야기를 말한다.

'*신뢰 없는 화폐는 붕괴하고, 윤리 없는 경제는 지속될 수 없다.*'

이제 화폐는 단순한 경제적 도구가 아니라 인간의 윤리를 담는 설계 언어가 되어야 한다. 기후 위기 시대의 금융은 숫자가 아니라 가치의 방향, 거래가 아니라 공존의 약속으로 다시 쓰여야 한다. 지금 우리가 화폐와 기후 사이에서 내리는 선택은 미래의 우리가 아닌, 오늘의 우리 자신을 정의한다.

8

플랫폼 제국,
국가의 권력을 넘보다

21세기 경제의 중심에는 이제 더 이상 단순한 생산과 소비만이 존재하지 않는다. 우리가 살고 있는 디지털 시대는 '플랫폼 경제platform economy'라 불리는 새로운 경제 구조를 만들어냈다. 아마존, 구글, 네이버, 카카오 같은 플랫폼들은 물리적 상품과 서비스의 거래를 넘어, 인간의 시간과 관심, 정보와 데이터를 거래 가능한 가치로 바꾸어 화폐화하는 새로운 메커니즘을 창출했다.

하지만 이 변화의 이면에서 오래된 질문이 되살아난다. "무엇이 진짜 가치인가?", "우리는 누구를 믿고, 어떤 기준으로 신뢰를 구성하는가?" 플랫폼이 경제의 중심이 된 지금, 화폐의 본질 — 가치, 신뢰, 권력 — 은 다시 인간적 질문의 형태로 돌아온다.

신뢰의 전환: 제도에서 알고리즘으로

전통적 화폐는 국가와 제도의 보증을 바탕으로 신뢰를 얻었다. 화폐의 가치는 중앙은행의 신용과 공동체의 합의로 유지되었다. 그러나 플랫폼 경제에서는 이 신뢰의 구조가 완전히 바뀌었다.

디지털 플랫폼 내 화폐 — 포인트, 크레딧, 암호화폐, 보상 토큰 — 는 국가가 아닌 기업과 알고리즘에 의해 신뢰를 부여받는다. 예컨대, 유튜브의 광고 수익 분배, 인스타그램의 노출 알고리즘, 카카오페이나 위챗페이의 디지털 잔액은 모두 코드에 의해 작동한다. 그 결과, 신뢰의 중심은 인간 제도가 아니라 보이지 않는 코드와 기업의 규칙으로 이동했다.

이 신뢰는 빠르고 편리하지만, 동시에 불투명하다. 이용자는 플랫폼의 알고리즘을 믿지만, 그 작동 원리를 완전히 이해하지 못한다. 곧 플랫폼 화폐의 신뢰는 코드와 알고리즘 속에 숨겨져 있다. '설명되지 않은 신뢰'는 데이터 시대의 새로운 신앙 형태가 되어버렸다.

가치의 재편: 노농에서 데이터로

또 다른 쟁점은 '가치의 주체성'이다. 플랫폼 경제는 '가치'의 주체를 바꾼다. 산업 시대의 화폐가 노동과 상품 교환의 대가였다면, 플랫폼의 화폐는 참여와 데이터의 산물이다. 유튜버의 조회 수, 인스타그램의 '좋아요', 틱톡의 알고리즘 노출은 모두 사용자의 활동이 만든 새로운 형태의 가치다.

그러나 이 가치는 공정하게 환원되지 않는다. 사용자가 생산한 콘텐츠와 데이터는 플랫폼의 자산으로 축적되고, 실질적 경제 보상은 소수 크리에이터와 플랫폼 기업으로 집중된다. 이 과정에서 화폐의 본질적 의미 — '가치를 공정하게 교환하는 약속' — 이 흔들린다. 사용자는 참여를 통해 경제적 주체가 되지만, 그들의 노동은 '보상과 착취의 경계선' 위에 놓인다.

권력의 집중: 공공에서 사적 영역으로

플랫폼 경제의 또 다른 쟁점은 경제 권력의 집중과 불평등의 심화다. 전통적 화폐 시스템에서는 중앙은행이 통화 공급을 조절하며 공공적 균형을 모색한다. 그러나 플랫폼 내 화폐는 특정 기업 생태계의 내부 통화로 기능한다.

2024년 기준, 상위 10대 플랫폼이 전 세계 디지털 광고 시장의 80% 이상을 차지했다. 이들은 데이터와 결제, 소비 행태를 동시에 통제하며 경제적 결정권을 시민으로부터 가져간다. 화폐는 공공재가 아니라 사적 네트워크의 통제 수단으로 변하고 있다. 그 결과, 디지털화폐의 흐름은 소비자 간의 거래가 아니라 기업 간의 권력 이동으로 귀결된다.

인간과 신뢰의 재정의

인문학적 관점에서 볼 때, 플랫폼 화폐의 쟁점은 기술이나 경제의 문제가 아니라 인간의 문제다.

화폐는 본래 사회적 신뢰를 매개하는 장치였다. 그러나 지금, 그 신뢰가 인간의 이해를 넘어 기계적 규칙 속으로 사라지고 있다. 우리는 다시 묻는다.

"무엇을 믿고, 누구에게 가치를 부여하며, 어떤 관계를 신뢰할 것인가?"

이 질문은 단순히 결제 방식의 문제가 아니라 인간의 존재론적 질문이다. 플랫폼이 신뢰의 중심이 되는 순간, 우리는 기술적 효율성을 얻는 대신 인간적 관계의 온도와 윤리적 책임을 잃을 위험을 감수한다.

기술의 시대, 인간의 윤리를 다시 묻다

플랫폼 경제는 화폐의 틀을 넘어 새로운 가능성을 제시한다. 그러나 그 가능성은 신뢰와 공정, 인간의 존엄이라는 오래된 가치 위에서만 지속될 수 있다. 플랫폼은 데이터를 거래하고, 알고리즘은 신뢰를 계산하지만, 가치의 방향은 여전히 인간이 정해야 한다. 화폐의 문제는 결국 돈의 문제가 아니다. 그것은 기술과 시장 속에서 인간이 어떤 삶을 선택할 것인가에 대한 윤리적 결단의 문제다.

9
비트코인 시대의 새로운 윤리

21세기, 우리는 전례 없는 화폐의 변화를 목도하고 있다. 눈에 보이지 않는 코드로, 탈중앙화된 블록체인 위에서 작동하는 비트코인. 그것은 자유를 약속하지만, 동시에 인간 존재와 윤리의 근본을 흔드는 낯선 세계다.

비트코인은 우리에게 묻는다. "인간은 무엇으로 신뢰를 만드는가?"

과거의 화폐는 국가와 공동체라는 거대한 틀 속에서 사람들의 삶과 도덕을 연결했다. 화폐를 주고받는 행위는 단순한 계산이 아닌, 사회적 약속과 책임의 표시였다. 그러나 탈중앙화된 디지털화폐 시대, 신뢰는 더 이상 인간의 손에 있지 않다. 알고리즘이 그 자리를 대신하고, 우리는 기계가 보증하는 거래 속에서 존재한다. 그 결과 인간이 스스로를 사회적 존재로 느끼는 감각은 점차 희미해지고, 도덕적 판단은 선택적 기능으로 밀려났다.

자유의 확장, 책임의 후퇴

비트코인의 세계에서 윤리는 선택이 된다. 익명성과 국경 없는 거래는 자유를 극대화하지만, 동시에 책임을 가볍게 만든다. 범죄적 이용과 무분별한 투기, 극단적 탐욕이 가능해지며, 이 모든 것은 기술이 제공한 '자유'의 그늘이다. 보이지 않는 코드 속에서 사회적 불평등은 증폭된다. 도덕은 시장의 속도와 수익성에 밀려난다. 인간이 스스로 만든 질서 위에서 스스로를 시험해야 하는 시대, 우리는 자유와 책임, 탐욕과 도덕 사이의 긴장 속에서 불안하게 걷고 있다.

비트코인은 인간의 시간 감각과 가치관까지 뒤흔든다. 가격의 급등과 폭락, 끊임없는 정보의 과잉 공급 속에서 인간은 불안과 조급함에 휩싸인다. 장기적 책임과 지속 가능성은 사라지고, 공동체적 신뢰는 효율과 수익성 앞에서 위태롭게 흔들린다. 화폐가 더 이상 사회적 약속과 인간적 가치의 매개가 아닌 시대, 인간 존재 자체가 기술과 숫자 속에 포획될 위험에 직면한다. 신뢰는 코드가, 판단은 알고리즘이 대신한다.

그럼에도 불구하고, 비트코인은 인간에게 질문을 던진다.

"우리가 진정으로 신뢰할 수 있는 것은 무엇인가?",

"자유와 책임, 탐욕과 윤리, 개인과 공동체 사이에서 인간은 어떤 길을 선택해야 하는가?"

비트코인이 제공하는 탈중앙화의 세계는 단순한 금융 혁신이 아니라, '신뢰를 인간에게서 기술로 이전한 문명적 사건'이다. 이 실험은 인간에게 새로운 윤리적 각성을 요구하며, 인간 존재의 근본적 의미를 다시 묻는다.

인간, 여전히 윤리적 존재로 남을 수 있을까

결국 비트코인 시대의 인간은 단순한 거래 주체가 아니다. 인간은 스스로의 윤리적 선택과 존재를 성찰해야 하는 존재다. 기술과 알고리즘이 자유를 제공할 수는 있어도, 그 자유의 방향과 책임은 오직 인간이 결정하고 그 결과를 떠안아야 한다. 인간만이 자신의 내면과 공동체에 대해 책임질 수 있다. 디지털 자본의 효율과 탈중앙화의 유혹 속에서, 인간은 여전히 인간으로 남기 위한 길을 걸어야 한다. 그리고 그 길 위에서 비트코인은 우리에게 묻는다.

"당신은 자유를 선택하겠는가, 아니면 책임을 선택하겠는가?"

이 질문 앞에서 인간은 여전히 윤리적 존재로 서야 한다. 그것이 비트코인이 우리 시대에 던지는 가장 깊은 철학적 도전이다.

10

인간, AI, 그리고 디지털 자산의 공존

우리는 이제 전에는 상상조차 할 수 없었던 세계 속에 살고 있다. 손끝에서 즉시 전송되는 디지털 자산, 인간의 생각을 흉내 내는 인공지능, 그리고 보이지 않는 알고리즘이 우리의 선택과 판단을 안내하는 세계. 이 세계에서 인간의 삶은 그 어느 때보다 풍요로워졌지만, 동시에 묘한 공허와 불안이 함께 자라나고 있다.

암호화폐와 블록체인 기술은 신뢰의 본질을 근본적으로 바꿔 놓았다. 더이상 은행이나 정부라는 전통적 권위에 의지하지 않아도 거래가 기록되고 가치가 존재할 수 있다.

하지만 이 신뢰는 차갑고 정밀한 코드 속에 감춰져 있을 뿐, 인간의 따뜻한 손길이나 눈빛에서는 느낄 수 없다. 우리는 '믿는다'는 감정을 디지털로 바꾸어 놓았지만, 정작 인간의 마음이 느끼는 울림은 그 속에서 찾기 어렵다.

인공지능의 질문: 인간다움은 무엇인가

인공지능은 또 다른 근원적 질문을 던진다. 인간만의 고유 영역이라 여겼던 판단과 창작, 상상과 감정까지 모방하는 존재 앞에서 우리는 스스로를 돌아본다.

"기계가 계산할 수 없는 것은 무엇인가?, 기계가 대체할 수 없는 인간다움은 무엇인가?."

우리는 기술의 속도와 정확성 앞에서 스스로의 존재를 끊임없이 점검한다. 그리고 문득 깨닫는다. 알고리즘은 삶을 효율적으로 만들 수 있지만, 삶의 의미를 만들어주지는 않는다는 사실을. 결국 인간은 기술의 주인이 아니라, 기술과 공존하며 스스로의 자리를 다시 찾아야 한다는 사실을.

그럼에도 인간의 삶은 멈추지 않는다. 친구에게 건네는 작은 손길, 사랑하는 이를 향한 속삭임, 눈물과 웃음으로 채워지는 일상의 순간들은 기술이 흉내 낼 수 없는 영역이다. 인공지능이 아무리 발전해도, 그 속에는 인간의 감정, 도덕, 관계의 온기가 들어갈 자리가 없다. 인간이 인간답게 살아가는 삶의 정서와 윤리는 코드로 환원될 수 없다. 기술이 만들어내는 효율은 삶의 속도를 높이지만, 삶의 의미는 여전히 인간의 마음에서 시작된다.

결국 우리의 과제는 명확하다. 기술과 함께 살아가되, 인간다움의 본질을 지키는 일. 디지털 세계 속 신뢰가 코드와 알고리즘에서만 머무르지 않고, 인간의 마음과 삶 속에서 의미를 갖도록 만드는 일. 인간은 이제 효율과 속도뿐 아니라, 사유와 감정의 깊이를 동시에 지켜야 하는 존재가 되었다. 기술은 도구일 뿐, 삶의 의미는 오직 인간 자신에게서 나온다.

AI와 블록체인은 인간의 능력을 확장시키지만, 인간의 감성과 책임을 대신하지는 못한다. 인공지능과 디지털 자산의 시대, 우리는 속도와 효율의 바다 위를 항해하면서도, 여전히 인간의 마음이라는 등대를 바라보며 길을 잃지 않아야 한다. 그것이 오늘날 우리에게 남겨진 가장 중요한 숙제다.

인공지능과 디지털 자산 시대의 인간

정리하면, 인공지능과 디지털 자산이 일상의 풍경으로 자리 잡은 오늘, 우리는 이전과는 전혀 다른 방식으로 세계를 인식하고 삶을 설계한다. 한때 인간만이 수행할 수 있다고 믿었던 판단과 선택, 창작과 거래가 이제는 알고리즘과 블록체인에 의해 자동화된다. 이러한 변화 속에서 우리는 인간다움의 의미를 재정의해야 하는 시대를 맞이했다.

11

익명성의 종말: 모든 거래는 추적된다

　암호화폐 시장에 또 다른 충격파가 던져졌다. 2025년 10월 14일 미국과 영국의 검찰이 범죄 조직의 비트코인 약 12만 7천 개를 압수했다고 발표한 것이다. 이는 현재 시세로 약 150억 달러 규모에 달하는 물량이다. 해당 압수는 'Prince Group이라는 캄보디아 기반의 사기 조직pig butchering scam' 과 연계된 것으로 기소 문서에 명시되어 있다. 압수 배경은 마약·랜섬웨어 관련 불법 송금이었지만, 시장은 즉각 '규제 리스크' 확대 신호로 받아들였다.

　압수된 비트코인은 결국 미국 정부 자산으로 전환된다. 특히 이번 규모는 전체 유통 비트코인의 약 1.2%에 해당하는 역사상 최대 규모이다. 미국 정부는 과거에도 2021~2023년 사이 실크로드 사건, 비트파이넥스 해킹 자금 등에서 BTC를 압수한 사례가 있다.

정부의 압수는 '규제의 현실화' 신호

이번 사건의 진짜 함의는 정부의 암호화폐 감시 체계가 완전히 정착 단계로 들어섰다는 점이다. 블록체인 포렌식 기업 체이널리시스Chainalysis의 분석을 토대로 각국 수사기관이 불법 자금을 실시간으로 추적하고 있으며, 이제 '익명성Anonymity'은 더 이상 절대적인 방패가 아니라 거의 대부분의 케이스에서 익명성이 뚫릴 위험이 크다.

글로벌 암호화폐 시장에서 '익명성'은 한때 혁명의 상징이었다. 국가의 통제를 받지 않는 자금 이동, 감시받지 않는 자유, 그리고 탈중앙 금융의 이상이었다. 하지만 2025년 현재, 그 신화는 무너지고 있다. AI 기반 블록체인 포렌식 기술이 전 세계 수사망을 하나로 엮으며 '추적 불가능한 돈'은 더 이상 존재하지 않게 됐다.

이로써 시장은 투명성과 합법성의 기준이 강화되는 전환기에 들어섰다. 이는 단기적으로는 투자심리를 위축시키지만, 장기적으로는 제도권 편입을 가속화하는 계기가 될 수 있다. ETF, RWA(실물자산 토큰화) 등 제도형 자금 유입이 늘어나는 이유도 여기에 있다.

블록체인 포렌식Forensics이란 무엇인가?

'포렌식Forensics'은 디지털 증거를 수집·분석하는 과학 수사 기법을 뜻한다. 과거에는 컴퓨터나 휴대폰 데이터를 복구하거나 추적하는 기술이었다면, 블록체인 포렌식은 한마디로 '블록체인 상의 돈의 흐름을 해독하는 기술'이다.

블록체인은 거래 내역이 모두 '공개 장부' 형태로 영구 저장된다. 곧 모든 송금 기록이 누구나 볼 수 있게 남아 있다. 누구든 해당 지갑 주소가 언제, 누구에게, 얼마를 송금했는지 확인할 수 있다. 곧 거래 내역은 완전히 투명하다.

문제는 '주소'가 익명이라는 점이다. 이 주소가 '사람 이름'이 아닌 무작위의 영문·숫자 조합이다. 이 때문에 많은 이들이 '비트코인은 익명 거래 수단'이라고 착각하지만, 사실상 '가명'일 뿐, 완전한 익명은 아니다.

체이널리시스Chainalysis의 역할, 암호화폐 세계의 'FBI 백엔드'

미국 뉴욕에 본사를 둔 체이널리시스Chainalysis는 세계 50여 개국 정부와 수사기관, 은행, 거래소와 협력하는 대표적인 블록체인 포렌식 전문기업이다. 이 회사는 인공지능과 온체인 데이터 분석을 활용해, 특정 지갑 주소의 거래 패턴·거래 상대·유입 경로를 추적한다.

예를 들어, 거래소로 송금된 시점, 믹서Mixer(익명화 도구) 사용 여부, 해킹 자금과의 연결 고리, 실명 인증KYC된 거래소 계좌로의 전환 시점 등을 실시간으로 자동 감지한다. 이 과정에서 '지갑 주소 클러스터링wallet clustering' 기법이 핵심이다.

이는 여러 개의 지갑 주소가 동일한 사용자가 통제하는지를 거래 시점·금액·상호연결 패턴으로 분석해 파악하는 방식이다. 예컨대 한 사용자가 다섯 개의 지갑을 통해 같은 거래소에 동일 시점 송금을 반복한다면, AI는 이를 '동일 실체'로 분류한다. 이렇게 그룹화된 데이터는 '불법 자금 네트워크 지도illicit money flow map'로 시각화된다. 이는 거래 패턴을 통해 여러 지갑이 동일한 개인 또는 조직이 통제하고 있음을 식별해 내는 기술로, 범죄 자금의 '디지털 족적digital footprint'을 재구성한다.

각국 수사기관의 활용 방식

2014년 뉴욕에서 창립된 체이널리시스는 현재 전 세계 50개국 이상의 정부기관, 수사기관, 중앙은행, 그리고 거래소에 분석 솔루션을 제공한다. 그들의 데이터베이스는 1,000억 건 이상의 거래 기록과 10억 개 이상의 주소 클러스터로 구성되어 있다.

이제 이 기술은 미국, 영국, 유럽연합, 한국, 일본 등 주요국 검찰·경찰·국세청·금융정보분석원FIU 이 모두 사용하고 있다. 예를 들어, 미국 연방수사국FBI은 실크로드Silk Road 다크웹 자금 7만 비트코인을 추적할 때 체이널리시스의 기술을 이용했다. 영국 국가범죄청NCA은 랜섬웨어 그룹 리윅Ryuk의 비트코인 흐름을 포착해 자금을 동결시켰다.

한국의 금융정보분석원FIU도 최근 '트래블룰Travel Rule' 시행 이후, 체이널리시스와 유사한 분석 엔진을 도입해 불법 송금 모니터링 시스템을 가동 중이다. 이처럼 블록체인상 거래가 '공개 데이터'라는 점을 역이용해 실시간 자금 추적이 가능한 시대가 열린 것이다.

익명성의 종말: 왜 더 이상 방패가 아닌가

초기 비트코인은 '정부가 감시하지 못하는 자산'으로 불렸다. 그러나 지금은 아니다. 블록체인 포렌식 기술의 확산을 제도적으로 뒷받침하는 것이 국제자금세탁방지기구FATF의 트래블룰Travel Rule과 글로벌 거래소의 KYC(고객 신원확인) 정책이다. 2023년 이후, FATF는 1,000달러 이상 암호화폐 송금 시 송신자·수신자 정보를 함께 전송하도록 의무화했다. 곧 암호화폐 거래가 사실상 은행 송금 수준의 실명제로 바뀐 것이다. 바이낸스·코인베이스·업비트 등 주요 거래소는 모두 KYC 절차를 완료해야만 입출금을 허용한다. 이로써 블록체인 네트워크는 법정 금융과 완전히 연결된 투명 회로로 진화했다.

체이널리시스, 엘립틱Elliptic, TRM Labs 등은 AI 알고리즘으로 수천만 개의 지갑 간 네트워크 관계를 분석한다. 그 결과, 믹서나 프라이버시 코인 Monero, Tornado Cash 같은 기술을 써도 90% 이상 거래 경로를 재구성할 수 있다는 연구 결과가 나와 있다.

암호화폐도 '투명 금융'으로의 진화

2024년 체이널리시스의 보고서에 따르면, '익명화 도구'를 거친 불법 자금의 92%가 결국 추적 가능했다. 결국 '익명성은 기술적으로 가능하지만, 제도적으로 불가능한 시대'가 된 셈이다. 곧 당국이 마음만 먹으면 불법 자금의 흐름은 반드시 '끝점End point(실명 거래소 계좌)'에서 드러난다.

이는 '투명 금융'으로의 진화이다. 이 흐름은 단순한 규제 강화가 아니라, 암호화폐 시장이 제도권 금융 인프라로 편입되는 과정이다. 비트코인은 이제 더 이상 '익명 네트워크의 돈'이 아니라 '투명한 데이터 기반 금융자산'으로 변모하고 있다. '감시받는 자유'를 대가로 '신뢰받는 시장'을 얻는 시대가 열린 것이다.

결론적으로 이번 압수는 단순한 '범죄 단속'이 아니라, 비트코인의 제도권 진입 과정에서 불가피한 정화 과정이다. 장기적으로 불투명한 자금이 정리되고 투명한 기관 자금이 들어올 토대가 마련되는 셈이다. 요컨대, 이번 사건은 비트코인이 '범죄의 도구'에서 '감시 가능한 자산 클래스'로 변모하는 역사적 분기점으로 기록될 가능성이 높다.

The Currencies That Changed the World and Bitcoin

Epilogue

기술보다 오래가는 것

돈의 인문학이 던지는 마지막 질문 "우리는 지금 무엇을 믿고 있는가?"

Why the Rich Abandon Dollars and Buy Bitcoin?

에필로그 기술보다 오래가는 것

돈의 인문학이 던지는 마지막 질문
"우리는 지금 무엇을 믿고 있는가?"

이제 돈의 인문학이 던지는 마지막 질문을 하고자 한다.

오늘날 우리는 기술의 속도에 압도당하며 살아간다. 블록체인, 디지털 결제, AI 기반 금융 서비스까지, 돈의 형태와 흐름은 현저하고 빠르게 변하고 있다. 그러나 기술이 아무리 발전해도 돈이 인간 사회에서 수행하는 근본적인 역할은 변하지 않는다. 돈은 단순한 거래 수단이 아니라 인간의 신뢰와 믿음을 응축한 사회적 기호다.

인류 역사에서 화폐는 수없이 형태를 바꾸어 왔다. 조개껍데기와 돌, 금속과 지폐, 오늘날의 디지털 화폐까지. 각 시대의 기술은 새로운 화폐를 만들어냈지만 그것이 유지되기 위해 필요한 것은 언제나 '사람들의 믿음'이었다. 로마 제국의 은화가 한때 가치를 지녔던 것은 금속 자체의 가치 때문이 아니라, 시민들이 그것을 신뢰했기 때문이다. 중세의 은행가들이 빚어낸 신용 증서 역시 기술적 혁신이 아니라 상인과 통치자가 서로의 약속을 믿었기에 효력을 발휘했다.

현대 사회에서도 상황은 크게 다르지 않다. 디지털 결제와 암호화폐가 가져온 혁신은 편리함과 속도를 제공하지만, 기술만으로는 화폐의 가치를 지탱할 수 없다. 테슬라 주식, 비트코인, NFT — 모두 인간의 믿음이 없으면 종잇조각에 불과하다. 경제학자들이 강조하는 '신뢰의 인프라'란 결국 사람과 사람 사이의 관계, 공동체가 공유하는 믿음의 체계에 다름아니다.

이 책은 그 믿음의 역사를 탐구한다. 화폐의 변천을 따라가다 보면 한 가지 질문이 반복적으로 나타난다. '우리는 무엇을 믿고 있는가?' 금속인가, 디지털 기록인가, 아니면 인간 사회 그 자체의 약속인가? 기술이 아무리 발전해도, 그 끝에 남는 질문은 단순하고도 근본적이다. 돈의 가치는 기술이 아니라 인간이 서로를 신뢰하는 힘 속에서 살아남는다.

따라서 오늘날 우리가 마주한 변화의 속도 속에서도 가장 오래가는 자산은 기술이 아니라 믿음이다. 돈의 형태가 어떻게 변하든 그 핵심은 변하지 않는다. 화폐 경제사는 결국 인간이 무엇을 신뢰하고, 어떤 약속 위에 사회를 세워왔는지를 기록하는 역사이다. 그리고 그 기록은 우리에게 마지막으로 묻는다.

"지금, 우리는 무엇을 믿고 있는가?"

기술은 언젠가 낡고, 사라질지 모른다. 하지만 인간의 신뢰와 믿음, 그 위에 쌓이는 사회적 약속은 기술보다 오래 살아남는다. 이 질문에 대한 답이 앞으로의 경제와 사회를 결정할 것이다.

참고문헌

마르셀 모스, 박세진 옮김, 《증여론》, 파이돈, 2025
밀턴 프리드먼, 김병주 옮김, 《화폐경제학》, 한국경제신문, 2024
존 메이너드 케인즈, 정명진 옮김, 《평화의 경제적 결과》, 부글북스, 2016
존 메이너드 케인즈, 신태환 옮김, 《화폐론》, 비봉출판사, 1992
존 메이너드 케인즈, 이주명 옮김, 《고용, 이자, 화폐의 일반 이론》, 필맥, 2010
홍익희, 《모든 돈의 미래 비트코인》, 거인의정원, 2024
홍익희, 《나는 리플로 미래를 준비한다》, 헤리티지, 2025
홍익희, 《로스차일드 이야기》, 오픈하우스, 2021

사진 출처

P.42, 43, 51, 52하단, 68, 77, 78, 79, 83, 85, 88, 89, 90, 91, 102, 103하단, 109, 130	ⓒ 책과삶
P.48	ⓒ DAVID CHAUM
P.73, 94	ⓒ Gettyimages
P.75	ⓒ The California State University
P.98	ⓒ 한국은행
P.103상단	ⓒ BRICS PAY
P.159	ⓒ National Catholic Reporter
P.179	ⓒ goodreads
P.183	ⓒ Granger Art On Demand
P.213	ⓒ UrduPoint

*별도의 출처 표기가 없는 이미지는 모두 '위키피디아'를 활용하였습니다.

세상을 바꾼 화폐들 그리고 비트코인

왜 부자들은 달러를 버리고 비트코인을 사는가

초판 1쇄 발행	2025년 12월 12일

지은이	홍익희
펴낸이	정재훈, 김재석

편집	최창원
기획	정재훈, 모양태, 전승엽, 최창원
디자인	윤강희
마케팅	윤강희

펴낸곳	책과삶
출판등록	제2025-000030호
주소	서울특별시 성동구 연무장5가길 25 SK V1 Tower 1006호
전화	02-6956-3181
팩스	070-5089-5992
인쇄	예림인쇄

✉ 이메일	booksnlife25@gmail.com
ⓞ 인스타그램	@booksnlife25
b❘ 블로그	blog.naver.com/booksnlife_

ISBN	979-11-993278-2-5 (00320)

- 책값은 뒤표지에 있습니다.
- 잘못되거나 파손된 책은 구매처에서 교환해드립니다.
- 이 책은 저작권법에 따라 보호를 받는 저작물이므로 무단 전재와 복제를 금합니다.

> 「책과삶」은 독자 여러분의 소중한 원고를 기다립니다.
> 삶을 깊이 있게 바라보는 당신의 이야기를 들려주세요.